“DESAPOSENTADORIA” NO SERVIÇO PÚBLICO

ROGÉRIO VIEIRA SANTIAGO

"DESAPOSENTADORIA" NO SERVIÇO PÚBLICO

ATUALIZADA CONFORME A LEGISLAÇÃO VIGENTE E JURISPRUDÊNCIA RECENTE

2ª EDIÇÃO

Del Rey
editora

Belo Horizonte
2017

Impresso no Brasil | Printed in Brazil

EDITORA DEL REY LTDA
www.delreyonline.com.br

Editor: Arnaldo Oliveira

Editor Adjunto: Ricardo A. Malheiros Fiuza

Editora Assistente: Waneska Diniz

Revisão: Angela Maria Guzzella Ramos
(Responsabilidade do autor)

Diagramação: Lucila Pangracio Azevedo

Capa: Alfstudio

Editora / MG
Rua dos Goitacases, 71 - Lj. 20/24
CEP 30190-050 – Belo Horizonte – MG
TelS: (31) 3284-5845 – (31) 3284 3284
editora@delreyonline.com.br

S235d Santiago, Rogério Vieira
"Desaposentadoria" no serviço público. Atualizada conforme a legislação vigente e jurisprudência recente 2. edição / Rogério Vieira Santiago. Belo Horizonte: Del Rey, 2017.

xxvi + 230 p.

ISBN: 978-85-384-0495-8

1. Desaposentação, Brasil. 2. Servidor público, aposentadoria, anulação, Brasil. I. Título.

CDU: 35.087.43(81)

Dedico este trabalho técnico-jurídico a minha mulher, Fabiana Machado Santiago, que além de companheira de todas as horas, é ainda grande entusiasta da forma com que conduzo a profissão de advogado, sempre atento ao fato de que o maior patrimônio do causídico é sua clientela, à qual deve ele dedicar todos os esforços para bem e fielmente patrocinar os interesses dela, respeitando em todas as hipóteses as normas de posturas de cunho ético positivadas.

Ainda, dedico este trabalho a toda gama de advogados militantes mineiros, desde o mais jovem ao mais experiente, que hoje vivenciam problemas das mais variadas ordens para permanecerem trabalhando de forma independente e autônoma, mas que mesmo assim, não desistem da "*luta pelo direito*"...

A meus pares, advogados militantes mineiros, me dirijo aqui, tomando emprestadas as palavras de *Piero Calamandrei*[1], em sua célebre obra "*Eles, Os Juízes, Vistos por Nós, os Advogados*", fazendo minhas suas palavras, "*in verbis*":

> "...Juízes e advogados chegaram a acordo para corrigir a definição clássica de advogados:
> Vir *bonus dicendi peritus*.
> - A probidade, diz o advogado, é certamente a primeira qualidade do causídico, tomando-se por probidade no sentido de que nunca pode afirmar ao juiz uma coisa que sabe, de certa forma, ser contrária à verdade. Mas visto que o advogado é obrigado ao segredo profissional e que não pode, para não trair a verdade, deve calar-se a tempo e encontrar no silêncio o meio de conciliar o seu dever de lealdade para com o juiz com o seu dever de advogado para com o cliente.
> - O advogado honesto, diz o juiz, é evidentemente um precioso auxiliar da Justiça, mas porque, quando fala, um advogado, tenho obrigação de desconfiar dele e de pensar que me quer enganar em benefício do seu cliente, a sua lealdade comigo manifesta-se principalmente por seu silêncio. A mais segura prova de lealdade que um advogado pode dar a um juiz, para afastar dele suspeitas, inquietações e perdas de tempo, é o silêncio. É pelo silêncio que se mede a sua sensatez e discrição.
> Desta forma, juiz e advogado, cada um por um caminho diferente, são levados a dar do perfeito advogado, esta definição revista e

[1] PIERO, Calamandrei, in "Eles, Os Juízes, Vistos por Nós, os Advogados", Editora Livraria clássica, 5ª ed., 1975.

> aumentada: Vir bonus tacendi peritus..." (Piero Calamandrei, "in" "Eles, Os Juízes, Vistos por Nós, os Advogados", Ed. Livraria Clássica, 5ª ed., 1975, p. 67/68)

Tomo emprestadas aqui as palavras de *Piero Calamandrei* para sensibilizar o advogado mineiro, "*leal*" e "*honesto*", quanto à importância muito maior de ser mero defensor de interesses alheios, passando a condição de ser parte integrante da "*máquina judiciária*", enquanto impulsionador dela, sem o que ela permanece inerte e, os direitos dos cidadãos, relegados a mera retórica dos manuais e livros de direito.

Aos magistrados mineiros, também dedico esta obra técnico-jurídica, pois sem o contato advogado-magistrado que venho mantendo, sempre de forma ética, respeitosa e saudável, nesses mais de 20 (vinte) anos de militância na atividade advocatícia, não teria vivido tão intensamente o "*direito vivo*" dos tribunais, a permitir o alargamento de minha cultura e meus horizontes.

À nobre classe da magistratura mineira, me dirijo também tomando como minhas as palavras sempre atuais de *Piero Calamandrei*, "*in verbis*":

> "...Gosto do juiz porque me sinto feito da mesma essência de que ele é feito; respeito-o, porque sinto que, pelo menos em potencial, vale o dobro de mim, advogado.
>
> Se a embriologia pudesse estender as suas investigações ao campo psicológico, descobriria que a alma do juiz é composta de dois embriões de advogado, colocados um contra o outro, como os Gêmeos da Bíblia, condenados a combaterem-se desde o seio materno. A imparcialidade, virtude suprema do juiz, é a resultante psicológica de duas parcialidades que se combatem. Não devem os defensores melindrar-se com o juiz – ainda o mais consciencioso – não parece escutar com grande atenção os seus discursos em audiência. Está assim porque, antes de pronunciar sua sentença, deve durante longo tempo escutar a discussão tremenda de dois contraditores, que se agitam no fundo da sua consciência..." (Piero Calamandrei, "in" "Eles, Os Juízes, Vistos por Nós, os Advogados", Ed. Livraria Clássica, 5ª ed., 1975, p. 52/53)

Da mesma forma, dedico esta obra a todos os promotores de justiça mineiros, em especial aqueles que têm assento funcional na Promotoria de Defesa do Patrimônio Público do Estado de Minas Gerais, reconhecendo aqui que o contato profissional que com eles mantenho é fator que sempre conduz a amadurecimento e crescimento.

De igual sorte, dedico esta obra a todos os serventuários da justiça com quem venho convivendo no dia a dia forense e, também, àqueles com quem ainda conviverei em minhas "*andanças*" nos mais diversos foros deste país, na certeza de que a atividade jurisdicional depende tanto da operosidade dos magistrados, a quem constitucionalmente foi incumbida a missão de "*dizer o direito*" posto, quanto dos promotores de justiça, a quem foi constitucionalmente incumbida a missão de servir de substituto legal da sociedade organizada, ocupando o polo ativo de determinadas ações tipificadas, bem como de fiscalizador do cumprimento da lei nos feitos em que determinada sua atuação como "*custos legis*" e, ainda, dos ditos serventuários, verdadeiros "*heróis anônimos*" que viabilizam que a atividade jurisdicional se extravase dos limites do processo em que outorgada, para ganhar concretude no "*mundo dos vivos*".

Sem a operosidade destes "*heróis anônimos*", a máquina judiciária produziria trabalhos jurisdicionais que, entretanto, ficariam eternamente enclausurados dentro dos processos em que proferidos, deixando por conseguinte a sociedade organizada sem uma solução concreta e plenamente exequível de seus conflitos de interesses que sobrevêm judicializados. Tratam-se de verdadeiros agentes da justiça e não meros auxiliares dela, pois sem a operosidade deles, a atividade jurisdicional ficaria eternamente despida de concretude e, o Estado-juiz, apenas arremedo de Estado-juiz.

SUMÁRIO

HOMENAGEM ESPECIAL xv

PREFÁCIO xxi

O AUTOR xxiii

I INTRODUÇÃO 1

1.1 Objetivo 1

1.1.1 Experiência vivenciada no livro "aposentadoria no serviço público" lançado pelo autor em 2011, publicado pela Editora Del Rey: 1

1.1.2 Objetivo central deste livro, à época da publicação de sua primeira edição: 4

1.1.3 Julgamento do "leading case" representativo da controvérsia instaurada incidentalmente ao Recurso Extraordinário nº 661.256, à época relatado pelo Ministro Luis Roberto Barroso, na sessão plenária ocorrida em 26/10/2016 e seus reflexos no mundo jurídico: 13

1.1.4 Paralelo entre os fundamentos constantes dos votos vencedores, sufragados quando do julgamento do "leading case" representativo da controvérsia instaurada incidentalmente ao Recurso Extraordinário nº 661.256, na sessão plenária ocorrida em 26/10/2016 – obstaculizadores do exercício da chamada "desaposentadoria no RGPS" -, relativamente às mesmas questões técnico-jurídicas, só que afetas ao RPPS: 21

1.1.5 Existência de exemplos de Regimes Jurídicos Únicos já concebidos no plano legislativo com hipóteses típicas de "desaposentação" no RPPS, ainda que concebidos no plano legislativo infraconstitucional com nomenclatura diversa: 32

1.1.6 Outras fórmulas de recrutamento de "mão de obra" corriqueiramente utilizadas pela Administração Pública I – "terceirização" e uso de "contratação precária" – Incentivo de uso do instituto da "desaposentadoria" no RPPS para corrigir estas distorções: 33

1.1.7 Método adotado para as pesquisas que redundaram na publicação tanto do livro "aposentadoria no serviço público", em 2011, quanto deste livro, intitulado "desaposentadoria no serviço público", objeto da presente atualização de seu conteúdo material: ... 40

II ORGANIZAÇÃO DO ESTADO BRASILEIRO APÓS 05/10/1988 ... 51

2.1 Bases princípiológicas sobre as quais o Estado Brasileiro foi recriado após 05/10/1988 no plano constitucional federal: ... 51

2.2 O pacto federativo consagrado no art. 1º, do texto constitucional republicano de 1988 – concepção de um estado federal cujos municípios integram o pacto federativo ... 60

2.3 Reflexos da forma conceptiva de Estado Federal no texto constitucional republicano de 1988 nas demais normas que vieram positivadas no corpo permanente do mesmo – "supernormatização" no plano constitucional ... 63

2.4 Paralelo entre os dois textos constitucionais republicanos promulgados depois de findos períodos políticos-administrativos de feições ditatoriais na história republicana brasileira (CR/1946 X CR/1988): ... 65

2.5 Reflexos imediatos da "supernormatização" constitucional idealizado pelo constituinte federal de 1988 – concepção de normas constitucionais desarmônicas – desorganização dos poderes constituídos recriados: ... 77

2.6 Reflexos mediatos "supernormatização" constitucional idealizado pelo constituinte originário federal de 1988 – concepção de normas constitucionais desarmônicas – adoção de atividade legislativa imprópria pelo poder judiciário mediante adoção da chamada "posição concretista" ... 89

2.7 Reflexos mediatos "supernormatização" constitucional idealizado pelo constituinte originário federal de 1988 – concepção de normas constitucionais desarmônicas – necessidade de realinhamento da atividade jurisdicional aos fins a que o poder judiciário foi concebido no plano constitucional – adoção de "fontes de direito" alternativas na hipótese de "*vacatio legis*", em substituição à adoção da chamada "posição concretista" ... 98

2.8 Reflexos mediatos "supernormatização" constitucional idealizado pelo constituinte originário federal de 1988 – concepção de normas constitucionais desarmônicas – causa de lentidão do supremo tribunal federal no deslinde dos principais conflitos de interesses que lhe são postos a exame 100
2.9 Reflexos mediatos "supernormatização" constitucional idealizado pelo constituinte originário federal de 1988 – concepção de normas constitucionais desarmônicas – criação de uma Corte Constitucional com excesso de atribuições, pouquíssimos membros, escolhidos quase que livremente pela chefia do poder executivo federal – consequências num estado recém-redemocratizado 104

III COMPETÊNCIAS LEGISLATIVAS QUE SOBREVIERAM DISTRIBUÍDAS ENTRE OS ENTES FEDERATIVOS NO SEIO DA "SUPERNORMATIZAÇÃO" DO TEXTO CONSTITUCIONAL REPUBLICANO 115
3.1 Forma com que o constituinte originário distribuiu competência, entre os Entes Federativos, para legislar acerca de "previdência social" – falta de outorga de competência aos municípios para tanto: 115
3.2 eflexos da falta de competência dos municípios para instituir regimes próprios de previdência para abrigar seu funcionalismo no momento presente: 121
3.2.1 Desequilíbrio econômico-financeiro dos regimes próprios de previdência que foram concebidos por municípios, mesmo contrariando a ordem constitucional: 121
3.2.2 Consequências da concepção de regimes próprios de previdência pelos municípios, mesmo estando estes despidos de competência para tanto em relação a seus servidores: 128

IV NECESSIDADE / UTILIDADE DE EXERCÍCIO DE ATIVIDADE LEGISLATIVA PLENA PARA "DESAPOSENTADORIA NO SERVIÇO PÚBLICO" 141
4.1 O que constitui "desaposentadoria no serviço público"??? 141
4.2 "Desaposentadoria" tem conteúdo material de significância equiparada a "renúncia de aposentadoria"??? 147

V CONSEQUÊNCIAS PRÁTICAS DO USO DO INSTITUTO CONHECIDO DE FORMA IMPRÓPRIA POR "DESAPOSENTADORIA" NO ÂMBITO DO RPPS POR SEU TITULAR 155
5.1 Efeitos da "desaposentadoria no serviço público" para aqueles que aposentaram com direito à percepção de proventos proporcionais e enxergam no instituto da "desaposentadoria" uma fórmula hábil à integralização de seus proventos..155
5.1.1 Dicotomia entre o momento da consumação do "direito material à aposentadoria" e o momento que este direito pode produzir efeitos jurídico-previdenciários – importância desta dicotomia para dela se enxergar a possibilidade do uso do direito a "desaposentadoria" no RPPS 155
5.1.2 Prova da quebra do princípio da universalidade da atividade arrecadatória no RPPS – exemplo do RPPS mineiro legislado – fator que abre espaço para uso do instituto da "desaposentadoria" de forma responsável:...162
5.1.3 Quebra do princípio da universalidade da atividade arrecadatória no RPPS – exemplo do RPPS mineiro legislado – não incidência de imposto de renda nos proventos de inatividade que terão sua origem na "conta individualizada" do servidor público 165
5.1.4 Quebra do princípio da universalidade da atividade arrecadatória no RPPS – exemplo do RPPS mineiro legislado – acoplado à incidência de contribuição previdenciária – não imposto de renda – incidente sobre os proventos de inatividade – viabilidade do exercício responsável do direito a "desaposentadoria"...................167
5.2 Efeitos da "desaposentadoria no serviço público" para aqueles que desejam usar do instituto para retomar trajetória jurídico-laborativa no serviço público: 171
5.2.1 Limitações constitucionalmente impostas ao exercício do direito "a "desaposentadoria" no RPPS com o fito de, através dele, retomar a vida laborativa 172
5.2.2 Limitações que podem ser impostas, através de atividade legislativa infraconstitucional, ao exercício do direito "a "desaposentadoria" no RPPS, com o objetivo de retomada, pelo "desaposentado", de sua vida laborativa:.......................................175
5.3 Exercício do direito a "desaposentadoria no serviço público" para fins de retomada de trajetória jurídico laborativa é uma espécie de provimento derivado de cargo público???.................................178

5.3.1 Dicotomia entre o momento de aquisição do "direito material à aposentadoria" e o momento que este direito pode produzir efeitos jurídico-previdenciários – "pedra de toque" para dirimir esta controvérsia 178

5.3.2 Desnecessidade de lei formal para exercício do direito a "desaposentadoria" no RPPS – outra circunstância que entremostra que a retomada da vida laborativa é apenas efeito reflexo da "desaposentação" e não constitui fórmula de provimento derivado de cargo público: 185

5.3.3 Iter procedimental constitucionalmente determinado para que o "direito material" à aposentadoria consumado possa produzir efeitos jurídico-previdenciários – circunstância que entremostra que a retomada da vida laborativa pode redundar de efeito reflexo de eventual denegação do registro do ato declaratório pela corte de contas, sem que esta retomada importe em provimento derivado de cargo público: 188

5.4 Efeitos reflexos daqueles diretos, ocasionados pelas formas usuais de exercício do direito individual à "desaposentadoria no serviço público" 194

5.4.1 Consequências mediatas ao momento em que o aposentado no RPPS requer à unidade gestora do regime sua "desaposentadoria", independentemente da finalidade que ele, no requerimento, declinar que pretende dela fazer uso 194

5.4.2 Possibilidade de, após a retomada da trilha jurídico-laborativa pelo "desaposentado", que este conserte eventual equívoco na situação jurídico funcional dele antecedente ao momento em que ele por primeiro requereu que seu "estado de fato" de aposentado produzisse efeitos – direito que decorre da unicidade da vinculação jurídico laboral 198

5.4.3 Multiplicidade de efeitos reflexos daqueles diretos do uso do instituto da "desaposentadoria" – possibilidade de rompimento de "velhos paradigmas" e eliminação de praxes administrativas viciosas – efeito moralizador do instituto 200

VI CONSIDERAÇÕES FINAIS 205

6.1 O instituto da "desaposentadoria" – criação doutrinária que veio ao ."mundo jurídico" para produzir muito mais reflexos que os timidamente almejados quando de sua concepção 205

6.2 – Necessidade de se promover uma releitura do instituto da "aposentadoria no serviço público" a partir da quebra de velhos paradigmas gerada pelo advento do instituto impropriamente concebido em sede doutrinária sob a denominação de "desaposentadoria" 212

6.3 Aplicabilidade do instituto impropriamente concebido por "desaposentadoria" àqueles que se encontram aposentados nos regimes próprios de previdência eventualmente concebidos pelos municípios brasileiros, percebendo proventos de inatividade 214

6.4 Desfazimento de impropriedades semânticas comumente utilizadas por operadores do direito previdenciário – medidas reputadas importantes pelo autor para evitar desvirtuamento de determinados institutos jurídicos 215

6.5 Processo eletrônico – solução ou medida paliativa para a sobrecarga do aparelho judiciário??? 220

6.6 Sugestão do autor para melhoria da atividade jurisdicional em matéria previdenciária: 224

VII MENSAGEM FINAL 227

REFERÊNCIAS 229

HOMENAGEM ESPECIAL

O autor, segundo se pode ver do início desta obra, entendeu por bem agradecer formalmente a todos os operadores do direito com quem ele vem convivendo, nesses vinte anos de militância como advogado.

Ele assim o fez, por estar cônscio de que só teria ele se amadurecido profissionalmente e, se capacitado cada vez mais para bem servir a seus clientes, fruto das relações profissionais mantidas para com seus próprios pares, advogados militantes, serventuários, promotores de justiça e magistrados.

Não obstante este trabalho técnico-jurídico seja resultado de todas estas experiências vividas juntamente a todos os operadores do direito mineiro, daí o agradecimento que formalmente foi feito a todos, indistintamente, o autor também não poderia iniciar esta obra sem aqui fazer uma homenagem especial a quem, hoje, provavelmente seja o advogado mais experiente e experimentado de todo o Estado de Minas Gerais, no trato do direito administrativo judicializado.

Aqui, o autor pede licença a todos os operadores do direito para reconhecer, no Professor Edgard Moreira da Silva (OAB/MG 9936), o exemplo do advogado estudioso, sério, comprometido e, o exemplo do colega solidário, sempre aberto a diálogo com seus próprios pares em busca da troca de experiências.

Fica o registro da admiração do autor para com o Professor Edgard Moreira da Silva[1], seja pela postura sempre independente e ética na "*luta*" pelo direito posto a seu patrocínio, seja pela postura sempre solidária para com os advogados mais jovens, que sempre encontram nele uma "*palavra de incentivo*".

E, ainda, o registro da admiração do autor para com a generosidade do homenageado, que sempre o tratou de "*igual para igual*", se dispondo a ouvi-lo, dialogar, trocar experiências, dando o exemplo de que o contato entre os advogados mais veteranos com os mais jovens é sempre enriquecedor para ambos os lados.

---

[1] Professor Edgard Moreira da Silva in http://arladvogados.adv.br/o-advogado

Ao ver o Professor Edgard Moreira da Silva, no alto de seus 48 (quarenta e oito) anos de exercício da profissão de advogado, laborando no dia a dia forense ao lado de seus pares, com vigor e intensidade de invejar a qualquer colega mais inexperiente, fica o autor a imaginar, hoje contando 20 (vinte) anos de exercício da profissão de advogado, se daqui duas décadas e meia ele ainda terá forças para seguir nesta mesma "*luta*", seguindo os passos do homenageado.

Ver a força e o vigor com que o Professor Edgard Moreira da Silva permanece trabalhando diuturnamente em busca de soluções para os reclames de seus clientes, sabedor de que ele mantém todo este ritmo intenso de trabalho por precisos 48 (quarenta e oito) anos, sem se deixar esmorecer pelas dificuldades por que todos os advogados, vistos como um gênero, hoje perpassam para exercer sua profissão na plenitude, faz o autor acreditar que o "*tempo para ele não passa*"...

Ao homenagear o Professor Edgard Moreira da Silva, enquanto advogado e colega exemplar, acredita o autor estar, na pessoa dele, homenageando a todos os advogados publicistas mineiros...

Acreditando que o homenageado é o exemplo perfeito do profissional a que o autor se referiu, no artigo por ele escrito em 24/04/2014 e que sobreveio publicado no site da ARL – Advogados Associados neste mesmo dia, intitulado "*O ADVOGADO*", termina ele esta homenagem singela transcrevendo o que, para ele, constitui a rotina do advogado e do ser humano que atende pelo nome de Edgard Moreira da Silva, "*in verbis*":

> "A sociedade brasileira em geral tem uma visão bastante distorcida do que representa o "papel" do advogado dentro de um Estado recém-redemocratizado, como é o brasileiro.
>
> Infelizmente, a classe dos advogados não tem recebido da sociedade organizada a que ela serve, a importância que o constituinte originário de 1988 lhe proporcionou.
>
> Há quem diga que o descrédito da profissão perante a sociedade organizada a que ela serve, deriva do sentimento de indignação desta mesma sociedade para com aqueles que, no exercício regular da atividade advocatícia, defendem interesses de pessoas tidas pelo senso comum do povo como "inimigos da nação".
>
> Enxerga-se que a sociedade brasileira em geral encontra-se tão saturada de tantos desmandos e abusos de poder, que acaba por "julgar" e

"condenar" quem, em princípio, é apenas sujeito passivo de um processo judicial, tão só com lastro nas informações, às vezes pouco confiáveis, ou tendenciosas, dos meios de comunicação.

Como consequência deste "julgamento" e "condenação" feitos pela sociedade brasileira organizada a quem pratica condutas tidas como "fora do senso normal de conduta esperado do cidadão de bem", esta mesma sociedade "julga" e "condena" aqueles que assumem a posição de defensores constituídos por estes mesmos que ela já "julgou" e "condenou".

Há quem radicalizadamente diga que a prática de certas condutas não comporta defesa e, que "advogado de bandido, bandido é"...

Vê-se, claramente, nestas espécies de posicionamentos, uma sociedade cansada de assistir a atividade advocatícia como meio para que os "julgados" e "condenados" pelo senso comum do povo, se livrem de suas responsabilidades.

Quanto a este sentimento despertado na sociedade, de que a atividade advocatícia, muitas vezes, liberta quem ela, sociedade, "julgou" e "condenou", indubitavelmente trata-se de sentimento reflexivo de uma sociedade desiludida com a morosidade com que tramitam os processos judiciais e, sobretudo, com o desequilíbrio entre a condenação às vezes impostas a determinado acusado pelo Poder Judiciário, com o senso de reprovação e repúdio despertado na conduta do agente apenado.

Todas estas ilações servem para agora afirmar que a atividade advocatícia é vista com elevada dose de preconceito pela sociedade a que ela serve.

O resgate da confiabilidade da profissão do advogado, como instrumento posto à disposição do cidadão para alçada às vias judiciárias, sem sombra de dúvidas, exige que se "separa o joio do trigo".

E, "separar o joio do trigo" aqui, significa entender que o exercício da capacidade postulatória pelo advogado, em defesa dos interesses que lhe foram confiados a patrocínio por terceiros, apenas possibilita que o acusado dentro de um devido processo legal, possa defender-se validamente, com todos os meios de prova e recursos que lhe são postos a disposição pela legislação nacional.

Não tem o advogado o "poder" nem de "julgar", menos ainda o de "condenar" ninguém, mas apenas o de exercer a capacidade postulatória para evitar que qualquer pessoa, desde o mais afortunado até o mais miserável, se veja processado e condenado sem acesso mínimo aos meios de defesa.

No exercício da capacidade postulatória, também não é dado ao advogado "julgar" a conduta de seu cliente, menos ainda "reprova-la" com base nos valores humanos que ele, advogado, carrega consigo.

Exercer a advocacia, significa despir-se momentaneamente de seus valores humanos para defender os valores humanos de terceiros, observados obviamente os limites legalmente impostos para o exercício profissional.

Difícil para todo advogado, desde o mais experiente até o neófito, é despir-se diariamente de seus próprios valores humanos, para assumir a defesa dos valores de terceiros que, muitas vezes, despertam no ser humano que está por detrás do advogado, um sentimento de repulsa.

Há de se ter em mente que o exercício da profissão de advogado não traduz nenhum senso de concordância do profissional com a conduta de seu cliente, menos ainda, um senso de que todo interesse posto ao patrocínio do advogado tem de alinhar-se ao senso de ética e moral que ele, advogado, enquanto ser humano, carrega consigo.

Para os profissionais do direito que não conseguem separar seus próprios valores, daqueles que lhe são confiados a patrocínio, o exercício da profissão de advogado muitas vezes conduz a um "conflito interno" entre o ser humano e o advogado que, em verdade, se fundem numa única pessoa humana.

Necessário é enxergar o advogado como um ser humano que também carrega consigo seus valores, seus conceitos, preconceitos, mas que quando assume a capacidade postulatória de terceiros, não defende valores, nem interesses próprios, mas os alheios, que com os dele não se confundem.

Ao exercer a capacidade postulatória, além de despir-se de seus valores humanos, para defender os valores alheios que lhe são confiados a patrocínio, o ser humano que está por detrás do advogado não está a "aprovar", nem "desaprovar" a conduta e os interesses submetidos a seu patrocínio.

De outra banda, há também aqui de sobrelevar-se que o exercício da capacidade postulatória não proporciona ao advogado um "cheque em branco" para a defesa dos interesses alheios.

Obviamente, os limites para exercício da profissão de advogado estão na Lei Federal 8906/94, no Código de Ética e no Regulamento Geral da OAB.

Os limites legalmente impostos ao exercício da profissão de advogado é que devem servir de balizamento para que o profissional não se transforme em mais um "agente emperrador" da máquina judiciária e, "instrumento" posto à disposição do cidadão que pratica condutas proibidas, para continuarem a salvo da reprimenda estatal.

Há aqui também de se fazer uma segunda "separação do joio do trigo", pois nem sempre o senso de reprovabilidade que a sociedade tem para com esta, ou aquela conduta humana, é traduzida no tamanho da pena em tese que o agente praticante desta conduta possa nela estar incurso.

Inegavelmente, vivenciamos um momento histórico onde a grande maioria das leis estão em descompasso com a realidade da sociedade moderna, hoje experimentando mutações cada vez mais impressionantes.

Também não é "papel" do advogado, no exercício da profissão, "julgar" se determinada norma de conduta imposta pelo Poder Legislativo ao brasileiro, é "justa", ou "injusta".

> Dentro de um Estado Redemocratizado, o verdadeiro "papel" do advogado é assegurar que ninguém neste país seja "julgado" e "condenado" nem por ele, ser humano que está por detrás do advogado, menos ainda seja "pré-julgado" e "condenado" pela sociedade organizada, mas sim que todos possam ter seu direito de defesa respeitado, dentro de um devido processo legal que seja julgado (sem aspas) pelas autoridades judiciárias deste país não na base do "qualquer jeito", mas sim dentro dos limites legalmente impostos à atividade jurisdicional.
>
> Acordar todos os dias, adentrar no escritório, despir-se de seus valores humanos para eficazmente defender os valores e interesses de terceiros que lhe são confiados a patrocínio e, ao final do dia forense, deixar a "beca" descansando no mesmo escritório, para retomar a vida civil como todo cidadão comum brasileiro, é o desafio a ser vencido diariamente para evitar que o ser humano-advogado se torne um "justiceiro" e, o advogado-ser humano, se torne um profissional "preconceituoso"..." ("in" http://arladvogados.adv.br/o-advogado/)

E, agora sim terminando este capítulo, o autor singelamente agradece o homenageado pelo convívio afável, pelas lições sempre recebidas e, sobretudo, pela generosidade com que sempre foi tratado pelo mesmo.

PREFÁCIO

Foi com especial satisfação que recebi a honrosa missão do Dr. Rogério Santiago, para prefaciar este seu trabalho.

Nosso sentimento se transformou em entusiasmo, com a visão que a obra permite sobre o tema que constitui o seu núcleo.

A leitura dos pontos a que se dedicou o autor, com sua característica ousadia – destacada por ele próprio no intróito do trabalho – ocasiona encontro facilitado do instituto da "*desaposentadoria*", nomenclatura eivada de imperdoável imprecisão por ele próprio advertida.

Advogado experimentado nas lides do direito público-previdenciário, o autor reúne, para este desafio, a experiência que o seu trabalho anterior mostrou (o livro "*Aposentadoria no Serviço Público*" - 2011- Ed. Del Rey), com o destaque de que a obra fornece, com ampla referência jurisprudencial, uma opinião estudada, especializada, e consolidada em Côrtes de intensa jurisdição previdenciária.

Com uma notável naturalidade, o trabalho flui e percorre a visão crítica dos regimes de previdência social estruturados na Carta/88 e nas três emendas constitucionais que remodelaram e interferiram no âmbito constitucional originário (as ECs 20/98, 41/2003 e 47/2005).

O livro abarca, ainda, a visão dos macrossistemas de previdência social, sob crítica aos "*remendos*" legislativos que os contaminaram e desestruturam.

Prossegue, na vinculação do "*rombo da previdência*" às tentativas de sua redução por reformas.

O trabalho sublinha a inserção do tema-principal (a "*desaposentadoria*") na *repercussão geral* que o Supremo Tribunal Federal, incidentalmente ao julgamento do recurso extraordinário nº 661.256, acolheu.

A partir daí, o livro enfrenta, com lucidez, os reflexos da concepção do Estado Federal, destacando a "*supernormatização no plano constitucional*".

O desenvolvimento desta visão vai à profundeza da edição de um paralelo entre os textos constitucionais republicanos em suas feições pós-períodos ditatoriais (1946 e 1988) e a atividade legislativa imprópria, pelo judiciário (através da adoção da "posição concretista") .

Os reflexos da "supernormatização" prosseguem tratados em comparativo com a lentidão do STF no deslinde de conflitos, resultado da atual superatribuição de competências da Côrte constitucional.

A obra caminha também sobre o tratamento da competência legislativa, dada aos entes federados pela Constituição, sobre a previdência social, pondo em relevo a falta de outorga específica de competência para tal aos Municípios.

Quanto a estes, imerge no *deficit* de competência para que os entes locais possam legislar em matéria previdenciária, causa do desequilíbrio econômico-financeiro dos regimes próprios de previdência dos mesmos, com a consequência da concepção por eles de regimes desprovidos de regular estruturação.

O instituto da "desaposentadoria" é, ao final, conceituado, sob os vetores jurídicos e jurisprudenciais citados no estudo.

O trabalho fornece, ademais, indagações provocativas, que levam à reflexão, dentre as quais a que põe em confronto o conteúdo material da "desaposentadoria" e a "renúncia de aposentadoria", além da dicotomia entre o direito material à aposentadoria e o momento de seu surgimento no âmbito do RPPS.

A obra está, em suma, assinalada por uma invulgar visão questionadora do autor, que conduz o leitor por um caminho sólido, com elementos facilitadores da investigação e do conhecimento do instituto da "desaposentadoria".

Fernando Botelho

** Ex-Desembargador do Tribunal de Justiça de Minas Gerais*

(8ª. Câmara Cível – Direito Público)

** Ex-Magistrado/Carreira da Justiça Estadual/MGI*

O AUTOR

Rogério Vieira Santiago é mineiro, nascido em 07/05/1972, em Belo Horizonte/MG, filho mais novo dos três que advieram frutos do casamento de seus pais Urbano Brochado Santiago e Maria Luíza Vieira Santiago (ambos já falecidos, sendo a primeira em 23/08/1995, ao passo que o segundo, em 14/05/2001). É casado com Fabiana Machado Santiago desde 18/05/2001, não tendo ainda descendentes.

Tem entre os familiares, um histórico de Advogados que marcaram época dentro da profissão, cada qual a seu tempo: o bisavô materno Abílio Machado, o avô paterno Joaquim de Moura Santiago Filho e o pai Urbano Brochado Santiago.

Antes de abraçar a carreira de Advogado, foi um destacado Atleta. Entreabrindo um breve retrospecto de sua vida, é de se registrar que entre os anos 1980 e 1992, o autor foi Atleta do voleibol brasileiro, tendo defendido as cores do Minas Tênis Clube, de Belo Horizonte/MG, e das seleções mineiras das mais diversas categorias. Também defendeu as cores da seleção nacional de voleibol em sua trajetória esportiva, tendo como grande marco o fato de ter integrado a equipe brasileira que, pela primeira vez na história deste esporte especializado, sagrou-se campeã mundial, em competição ocorrida em janeiro de 1990 em Dubai / Emirados Árabes Unidos.

Recebeu o "**Diploma do Mérito Esportivo Nacional**" em solenidade realizada no ano de 1990, em Brasília, dentro do Palácio do Planalto, pelas mãos do Presidente da República, Fernando Collor de Mello. Recebeu, ainda, da Federação Mineira de Voleibol e da Confederação Brasileira de Voleibol, o diploma de "**Atleta Benemérito**", outorgado à sua pessoa, em reconhecimento de sua importância para a evolução do esporte, legado deixado enquanto atleta exemplar.

Terminou a carreira esportiva por opção livre e voluntária, passando logo adiante a preparar-se para exercer a Advocacia, assim que terminasse o curso de bacharelado em direito que cursava, à época, na Faculdade de Direito Milton Campos. Nesse período, foi estagiário, com muito orgulho, do escritório Paulo Eduardo Mello e advogados associados, onde aprendeu o que é ser Advogado e como deve o Advogado se comportar no exercício da profissão. Graduou-se em 13/07/1995, pela Faculdade de Direito Milton Campos e, logo a seguir, habilitou-se para o exercício da advocacia trilhando os passos ditados pela Lei Federal nº 8906/94.

Recebeu, por ato de generosidade de seu pai, uma sala dentro do escritório profissional deste último, localizado, à época, na Rua Espírito Santo, nº 845, loja nº 17, Bairro Centro, Belo Horizonte/MG, para iniciar o exercício da profissão. Começou literalmente do "zero" e cresceu profissionalmente ladeado a seu sócio e amigo Alexandre Desotti Costa.

Após a morte do pai, o autor e seu sócio transferiram a sede dos escritórios para a Avenida Olegário Maciel, nº 1611, conjunto 06, Bairro de Lourdes. Ali fundaram juntos a Santiago e Desotti Advogados Associados no ano de 2001.

No final do exercício de 2011, o autor deixou a sociedade de advogados fundada em 2001 e retornou às suas origens, "*do zero*", objetivando promover o regresso de sua advocacia às origens dela: uma advocacia "*artesanal*", voltada para o atendimento personalizado do cliente, preterindo a quantidade pela qualidade dos serviços abraçados, crente de que o exercício da profissão como "*autônomo*" e, de cada caso concreto abraçado para patrocínio como se fosse o único, constitui a forma mais hábil a que ele cumprisse a "*função social*" que gravita sobre a profissão de advogado militante.

Atualmente, mantém o escritório profissional sediado na Rua São Paulo, nº 1781, sala nº 602, Bairro de Lourdes, Belo Horizonte/MG, tendo ali fundado, em 2016, a Rogério Santiago Advocacia – Sociedade de Advogados (inscrita na OAB/MG sob o nº 5158), junto à sua sócia, tanto na profissão abraçada, quanto na "vida a dois", Fabiana Machado Santiago.

Mantém-se permanentemente em contato com o antigo sócio Alexandre Desotti Costa, já que a quebra do liame societário formal não redundou numa separação total de vidas profissionais. Tanto isto é verdade, que ambos permanecem unidos informalmente, numa sociedade que gira em torno dos milhares de processos que solidariamente patrocinam, até hoje.

Orgulha-se de ter participado da formação profissional de vários estudantes de direito que com ele estagiaram, seja no primeiro, no segundo ou no atual escritório.

Detém o título de especialista em direito de empresa outorgado tanto pelo Instituto de Educação Continuada da Pontifícia Universidade Católica do Estado de Minas Gerais quanto pela Universidade Gama Filho do Estado do Rio de Janeiro.

Tornou-se especialista em direito público no plano fático, após longa experiência ocupando o cargo de Procurador-Chefe da Imprensa Oficial do Estado de Minas Gerais, período em que recebeu do governo mineiro a "*Medalha de Honra da Inconfidência*".

Descobriu, através da publicação do livro "Aposentadoria no Serviço Público",

I
INTRODUÇÃO

1.1 OBJETIVO:

1.1.1 Experiência vivenciada no livro "aposentadoria no serviço público" lançado pelo autor em 2011, publicado pela Editora Del Rey:

O autor, naquela obra, procurou trazer para o leitor uma visão crítica acerca de todos os regimes próprios de previdência social que vieram discriminados no texto constitucional republicano promulgado em 1988, bem como nas três emendas constitucionais que remodelaram todos estes regimes no plano constitucional federal em 1998 (EC federal nº 20/98), 2003 (EC federal nº 41/2003) e 2005 (EC federal nº 47/2005). Buscou "*sair do lugar comum*" dos livros jurídicos, cujos autores, como um gênero, se limitam a reproduzir opiniões que doutrinadores mais diversos têm acerca das questões abordadas nos livros, sem que ao final ao menos descrevam o que eles, autores, acham ou deixam de achar acerca de tais questões.

Munido da vontade de trazer para a comunidade jurídica como um todo a visão personalizada dos macrossistemas dos regimes próprios de previdência existentes no plano constitucional e, das visíveis discrepâncias identificadas entre as normas positivadas perante as bases principiológicas sobre as quais eles, regimes, deveriam se assentar, é que o autor entendeu por bem publicar um livro "*sui generis*", pois só ele e unicamente ele, autor, foi quem exteriorizou a opinião sobre os mais diversos temas que lá foram abordados.

As citações jurisprudenciais que ilustraram alguns dos argumentos expedidos no bojo daquela obra, foram extraídas de processos em que o autor funcionou como patrono de uma das partes contendoras. Ou seja: trouxe para o leitor sua visão pessoal dos macrossistemas dos regimes próprios de previdência social constantes do texto constitucional republicano de 1988, bem como das três emendas que os remodelaram, trazendo a título ilustrativo precedentes jurisprudenciais extraídos de processos em que o autor funcionou como advogado de uma das partes, apenas no intuito de manter a coerência de fazer daquela obra jurídica um trabalho técnico-jurídico singular, distinta das que lhe servem de gênero, já que delimitado seu objetivo em trazer à comunidade jurídica, única e exclusivamente, as impressões críticas e personalíssimas que teve acerca das mais diversas questões nele abordadas.

E também: o que lá se buscou foi, através da visão crítica e personalíssima do autor acerca dos mais diversos regimes próprios de previdência que foram positivados no texto constitucional republicano promulgado em 05/10/1988, bem como nas Emendas Constitucionais promulgadas nos anos de 1998, 2003 e 2005, que vieram ao mundo jurídico com o escopo de remodelá-los, incentivar todos os leitores à reflexão sobre o que estará por vir num futuro, se não se conceber uma agenda "*suprapartidária*" e "*pró Brasil*" com o objetivo de definir um único rumo a ser trilhado, independentemente de quem esteja, ou venha a estar à frente da chefia do poder executivo federal, já que todas as três reformas promovidas no texto constitucional republicano acima descritas, nada mais se constituíram em "*remendos*" que, em muitos casos, não comportam interpretação conjunta, tampouco harmônica, pois retiraram dos macrossistemas positivados, toda a coerência que marcou o alinhamento das normas constitucionais positivadas às bases principiológicas sobre as quais elas se assentaram em 1988.

Ainda: o autor quis trazer para o leitor a visão amplificada do que para o público leigo se denomina "*rombo da previdência*", que vem se aumentando em proporções geométricas, em grande parte, por opções políticas que retiraram da "*previdência*", tal qual veio normatizada no plano constitucional em 05/10/1988, da condição de fonte primária para que o Estado Brasileiro tentasse cumprir, num prazo mais curto, os objetivos delineados nos incisos do art. 3°, da CR/88. Mostrou o autor que as três reformas constitucionais dos macrossistemas dos regimes próprios de previdência no plano constitucional ocorridas em 1998, 2003 e 2005, foram tentativas distintas entre si de redução do "*déficit*" das contas públicas, retirando dos macrossistemas positivados toda uma coerência que, em 1988, eles tinham, para com as bases principiológicas sobre as quais foram concebidos, em especial os princípios da universalidade e da solidariedade, à época adotados para fazer da "*previdência social*", no plano constitucional, uma ferramenta hábil a distribuição de justiça social.

Nos dias atuais, passados mais de 6 (seis) anos da publicação do livro "*Aposentadoria no Serviço Público*", o autor assiste o trâmite do Projeto de Emenda Constitucional nº 287/2016, de iniciativa do atual Chefe do Poder Executivo Federal, Presidente Michel Temer, atualmente em regime de discussão no âmbito da Câmara dos Deputados, que objetiva nada mais, nada menos, que "*remendar*" novamente os macrossistemas tanto do regime geral, quanto do regime próprio de previdência social hoje positivados no plano constitucional federal.

Tal como nas reformas constitucionais anteriores ocorridas em 1998, 2003 e 2005, a proposta de emenda constitucional em questão objetiva numa última análise apenas e tão somente reduzir o "*déficit*" nas contas públicas (vistas como um todo único e não de forma segregada nos mais diversos "*orçamentos*" que, juntos, viabilizam a execução das despesas públicas das mais diversas naturezas), desta feita de forma mais radicalizada que nas anteriores e, aí talvez o mais grave, tentando aproximar os novos regramentos projetados para disciplinar o regime próprio, daqueles projetados para disciplinar o regime geral de previdência social, "*misturando*" regimes de previdência de origens e bases principiológicas historicamente distintas, sem qualquer preocupação outra que não a de pura e simplesmente reduzir quantitativamente os orçamentos da seguridade social constantes das próximas leis orçamentárias anuais na base do "*qualquer jeito*".

Aguarda o autor, com um *mix* de ansiedade e preocupação, o trâmite deste Projeto de Emenda Constitucional nº 287/2016, de iniciativa do atual Chefe do Poder Executivo Federal, Presidente Michel Temer, para que adiante, se esta proposição vier a ser aprovada pelo Congresso Nacional, cuidar para que a obra "*Aposentadoria no Serviço Público*" seja atualizada para futura nova edição, trazendo a visão crítica e personalíssima dele acerca de todas as mutações constitucionais e seus possíveis reflexos nas vidas dos brasileiros, mantendo desta forma o compromisso assumido em 2011 para com os leitores de sua obra, de fazê-la uma obra única e singular, distinta daquelas que tratam da mesma matéria.

1.1.2 Objetivo central deste livro, à época da publicação de sua primeira edição:

A iniciativa do autor em publicar este novo trabalho técnico-jurídico, derivou do fato de que o tema "*desaposentadoria*" foi reconhecido como de *"repercussão geral"* pelo excelso Supremo Tribunal Federal, incidentalmente ao julgamento do recurso extraordinário nº ***661.256***, sendo que o feito, após a aposentadoria de seu primitivo relator, trespassou à relatoria do insigne Ministro Luis Roberto Barroso.

Referido "*leading case*", foi o representativo da controvérsia para fins de produção dos efeitos meta individuais previstos no art. 543-B, §3º, do CPC/1973 (à época vigente), em relação aos processos que estivessem em curso perante os mais diversos tribunais da federação e contivessem idêntico "*pano de fundo*".

Importante é rememorar que, quem por primeiro reconheceu o "*leading case*" do recurso extraordinário nº ***661.256*** como representativo da controvérsia para fins de produção dos efeitos meta individuais próprios daqueles recursos reconhecidos pelo excelso pretório como de "*repercussão geral*", foi o Min. Carlos Ayres Britto, que, à época, funcionava como seu relator.

Para evitar prolixidade desnecessária, o autor entende por bem transcrever na íntegra a decisão proferida pelo Min. Carlos Ayres Britto, incidentalmente ao julgamento do recurso extraordinário nº ***661.256***, fazendo deste o "*leading case*" representativo da controvérsia para que, depois de deslindado, pudesse ele produzir os efeitos meta individuais próprios da "*repercussão geral*" reconhecida para os fins previstos no art. 543-B, §3º, do CPC/1973 (à época vigente), "*in verbis*":

> "***REPERCUSSÃO GERAL NO RECURSO EXTRAORDINÁRIO 661.256***
>
> ***Cuida-se, na origem, de ação ordinária ajuizada por segurado contra o Instituto Nacional do Seguro Social INSS.***

2. De acordo com a petição inicial, ao aposentar-se, o autor já possuía mais de 27 anos de contribuição. Isso não obstante, permaneceu em atividade remunerada, promovendo as respectivas contribuições previdenciárias. Dessa forma, caso não fosse titular de benefício previdenciário, o autor poderia agora pleitear o benefício de aposentadoria por tempo de contribuição, o que, aos mais de 35 anos de tempo de contribuição, seria concedido sobre o coeficiente de cálculo máximo do seu salário-de-benefício. Daí requer o autor a condenação do INSS em cessar o atual benefício [...] e, imediatamente, conceder-lhe o benefício da aposentadoria por tempo de contribuição com DIB em 21.09.2006.

3. O pedido foi julgado improcedente em primeiro grau de jurisdição. Na seqüência, o Tribunal Regional Federal da 4ª Região deu parcial provimento à apelação interposta pelo autor.

Eis a ementa do respectivo acórdão:

> "PREVIDENCIÁRIO. DESAPOSENTAÇÃO PARA RECEBIMENTO DE NOVA APOSENTADORIA. POSSIBILIDADE. AUSÊNCIA DE NORMA IMPEDITIVA. NECESSIDADE DE DEVOLUÇÃO DO MONTANTE RECEBIDO NA VIGÊNCIA DO BENEFÍCIO ANTERIOR.
>
> 1. Tratando-se a aposentadoria de um direito patrimonial, de caráter disponível, é passível de renúncia. 2. Pretendendo o segurado renunciar à aposentadoria por tempo de serviço para postular novo jubilamento, com a contagem do tempo de serviço em que esteve exercendo atividade vinculada ao RGPS e concomitantemente à percepção de proventos de aposentadoria, os valores recebidos da autarquia previdenciária a título de amparo deverão ser integralmente restituídos. Precedente da Terceira Seção desta Corte. 3. O art. 181-B do Dec. n. 3.048/99, acrescentado pelo Decreto nº 3.265/99, que previu a irrenunciabilidade e a irreversibilidade das aposentadorias por idade, tempo de contribuição/serviço e especial, como norma regulamentadora que é, acabou por extrapolar os limites a que está sujeita, porquanto somente a lei pode criar, modificar ou restringir direitos (inciso II do art. 5º da CRFB)."

4. Deu-se, então, a interposição de recurso especial pelo segurado e embargos de declaração pelo INSS.

5. Desprovidos os embargos, o INSS manejou, simultaneamente, recursos especial e extraordinário. A seu turno, o autor manifestou interesse na apreciação do recurso especial anteriormente interposto.

6. Prossigo para anotar que os três recursos (dois especiais manejados pelo autor e pelo INSS e um extraordinário interposto pela autarquia previdenciária) foram admitidos pelo Vice-Presidente do Tribunal Regional da 4ª Região.

7. No Superior Tribunal de Justiça, a relatora dos recursos especiais, ministra Laurita Vaz, negou seguimento ao apelo do INSS e deu parcial provimento ao do segurado. Essa decisão foi mantida no julgamento do subseqüente agravo regimental.

Leia-se a ementa do acórdão:

"PROCESSUAL CIVIL E PREVIDENCIÁRIO. AGRAVO REGIMENTAL NO RECURSO ESPECIAL. PEDIDO DE SOBRESTAMENTO. AUSÊNCIA DE AMPARO LEGAL. VIOLAÇÃO À CLÁUSULA DE RESERVA DE PLENÁRIO. INEXISTÊNCIA. APRECIAÇÃO DE DISPOSITIVOS CONSTITUCIONAIS EM SEDE DE RECURSO ESPECIAL. INADMISSIBILIDADE. RENÚNCIA A BENEFÍCIO DE APOSENTADORIA. POSSIBILIDADE. DIREITO PATRIMONIAL DISPONÍVEL. DEVOLUÇÃO DOS VALORES RECEBIDOS. NÃO-OBRIGATORIEDADE. AGRAVO DESPROVIDO.

1. Não subsiste o pleito de se determinar o sobrestamento do julgamento do presente recurso, sob a alegação de que o Supremo Tribunal Federal está apreciando a constitucionalidade do art. 18, § 2º, da Lei nº. 8.213/91, tanto por se tratar de pedido desprovido de amparo legal, quanto pelo fato de que a Suprema Corte não está decidindo a questão em tela em sede de controle abstrato de constitucionalidade.

2. Também não prevalece a alegação de ofensa à cláusula de reserva de plenário, uma vez que a decisão hostilizada, sequer implicitamente, declarou a inconstitucionalidade de lei ou ato normativo.

3. A via especial, destinada à uniformização da interpretação do direito federal infraconstitucional, não se presta à análise de

dispositivos da Constituição da República, ainda que para fins de prequestionamento, com o intuito de interposição de recurso extraordinário.

4. Permanece incólume o entendimento firmado no decisório agravado, no sentido de que, por se tratar de direito patrimonial disponível, o segurado pode renunciar à sua aposentadoria com o propósito de obter benefício mais vantajoso, no regime geral de previdência social ou em regime próprio de previdência, mediante a utilização de seu tempo de contribuição, sendo certo, ainda, que, tal renúncia não implica em devolução dos valores percebidos.

5. Agravo regimental desprovido."

8. Opostos embargos declaratórios, foram eles rejeitados. Em seguida, o INSS ajuizou apelo extremo, que foi admitido pelo Vice-Presidente do STJ como representativo da controvérsia, nos termos do art. 543-B, § 1º, do CPC.

9. Nessa contextura, são dois os apelos extremos submetidos à apreciação desta nossa Casa de Justiça, ambos interpostos pela autarquia previdenciária. No primeiro, manejado contra o acórdão do TRF da 4ª Região, o INSS sustenta preliminarmente a presença da repercussão geral das questões constitucionais discutidas. No mérito, afirma que foram violados ao caput e ao inciso XXXVI do art. 5º, bem como os arts. 40, 194, 195 e 201 da Constituição Federal. No segundo, que tem por objeto o acórdão do STJ, também sustenta a presença da repercussão geral e afirma que houve ofensa ao inciso XXXVI do art. 5º, ao caput e ao § 5º do art. 195 e ao caput do art. 201, todos da Constituição Republicana.

10. Já me encaminhando para o final desta manifestação, relembro que a controvérsia deste processo está submetida ao crivo do Plenário do Supremo Tribunal Federal. Refiro-me ao RE 381.376, da relatoria do ministro Marco Aurélio. Cabe anotar que, na Sessão de 16/09/2010, Sua Excelência, o relator, votou pelo provimento extraordinário (naquele caso, interposto por segurados) e, em seguida, pediu vista dos autos o ministro Dias Toffoli.

11. Muito bem. Salta aos olhos que as questões constitucionais discutidas no caso se encaixam positivamente no âmbito de incidência do § 1º do art. 543-A do Código de Processo Civil, in verbis:

"§ 1º Para efeito da repercussão geral, será considerada a existência, ou não, de questões relevantes do ponto de vista econômico, político, social ou jurídico, que ultrapassem os interesses subjetivos da causa."

12. De mais a mais, considerando que o citado RE 381.376 foi interposto anteriormente ao advento do instituto da repercussão geral, tenho como oportuna a submissão do presente caso ao Plenário Virtual, a fim de que o entendimento a ser fixado pelo Supremo Tribunal Federal possa nortear as decisões dos Tribunais do País nos numerosos casos que envolvem a controvérsia.

13. Ante o exposto, manifesto-me pela configuração do requisito da repercussão geral. Submeto a matéria ao conhecimento dos demais ministros do Supremo Tribunal Federal (art. 323 do RI/STF).

Brasília, 28 de outubro de 2011.

Ministro AYRES BRITTO

Relator" (grifos do autor)

Conforme restou assinalado na primeira edição desta obra, naquela época em que o excelso pretório afetou o citado "*leading case*" como representativo da controvérsia para fins de produção dos efeitos próprios da "*repercussão geral*" lá reconhecida como existente, existiam outros operadores do direito que reputavam como juridicamente impossível o exercício do direito a "*desaposentadoria no RGPS*", à luz de outros fatores, distintos daqueles resumidamente descritos pelo Min. Carlos Ayres Britto na decisão acima transcrita.

Os operadores do direito que, àquela época, tinham posicionamentos divergentes do acima resumidamente exposto pelo Min. Carlos Ayres Britto, mas comungavam com aqueles que, por motivos outros, consideravam juridicamente impossível a "*desaposentadoria no RGPS*", podiam ser subdivididos em 3 (três) grandes grupos:

> ***O primeiro grupo***, era composto por aqueles que visualizavam, como fato obstativo ao exercício do instituto da "*desaposentadoria no RGPS*", a alegada falta de autorização legislativa formal a que a unidade gestora do regime, "*in casu*" o INSS, pudesse processar "*interna corporis*" do regime, ao recálculo do RMI do benefício que seria requerido após consumada a "*desaposentadoria*", sem que

antes disso tivesse o titular do direito à "*desaposentação*" devolvido ao erário tudo quanto ele percebeu a título de proventos de aposentadoria, a aí sim viabilizar o cômputo de todo o pacote de contribuições que ele amealhou para aposentar-se primitivamente, juntamente àquele pacote de contribuições que ele amealhou posteriormente, para que esta somatória formasse a nova "*fonte de custeio total*" (art. 195, §5º, da CR/88) deste novo benefício;

O segundo grupo, era composto por aqueles que visualizavam, como fato obstativo ao exercício do instituto da "*desaposentadoria no RGPS*", a alegada colisão do referido instituto, visto "*de per si*", com o princípio da universalidade do sistema de custeio dos benefícios do RGPS (princípio da repartição simples), já que todos eles eram (e continuam sendo) geridos num "*caixa único*", não em contas individualizadas de cada contribuinte (como ocorre, por exemplo, com o FGTS), fato que tornaria impossível para um já aposentado, valer-se do instituto da "*desaposentadoria*" com o escopo de ver computada, na "*fonte de custeio total*" (art. 195, §5º, da CR/88) do novo benefício a ser requerido, as contribuições previdenciárias vertidas ao regime, após a consumação da primeira *aposentadoria*, já que estas se destinam ao fomento do equilíbrio do próprio regime;

O terceiro grupo, era composto por aqueles que visualizavam, como fato obstativo ao exercício do instituto da "*desaposentadoria no RGPS*", a alegada colisão do referido instituto, visto "*de per si*", com a Lei Federal nº 9876/99, conceptiva do chamado "*fator previdenciário*", já que se o Supremo Tribunal Federal até aquele instante ao menos, não havia retirado do mundo jurídico referido diploma legislativo, nem mesmo suspendido sua eficácia, não obstante provocado a tanto primeiro por "*medida cautelar*" e posteriormente no seio das próprias ***ADI's*** ***2110*** e ***2111***, ambas ainda pendentes de julgamento, tal fato conduziu a estes, que integravam este grupo, a supor que dado ao comportamento do excelso pretório diante destas ***ADI's***, o diploma legal criador do "*fator previdenciário*" tendia a ser chancelado como alinhado ao princípio da universalidade do sistema de custeio dos benefícios da seguridade social (princípio da repartição simples), o que, se realmente acontecesse, conduziria à conclusão lógica de que eventual exercício do direito à "*desaposentação*", para cômputo de mais contribuições previdenciárias amealhadas após o primeiro jubilamento para efeito de cálculo do RMI de novo benefício a ser instituído, constituiria autêntica burla à "*mens legis*" da criação do indigitado "*fator previdenciário*", que foi a de compatibilizar a "*fonte de custeio total*" (art. 195, §5º, da CR/88) dos benefícios instituídos, com a expectativa de vida do beneficiário, a evitar a instituição de um benefício sem perspectivas da existência de fonte de custeio para pagá-lo enquanto vida tiver seu beneficiário.

* * *

Da decisão proferida pelo Ministro Carlos Ayres Britto incidentalmente ao julgamento do recurso extraordinário nº ***661.256***, o autor, nela, identificou que o "*leading case*", este mesmo que servia de representativo da controvérsia, trazia em seu âmago a pretensão de um aposentado do RGPS, que à época da propositura da ação estava percebendo proventos proporcionais ao tempo de serviço e/ou contribuição, de ver computadas todas as demais contribuições previdenciárias que ele, depois de aposentado, continuou vertendo àquele regime, na condição de contribuinte obrigatório, a fim de aproveitar o máximo deste patrimônio previdenciário ocioso, para integralizar os proventos que, na origem, foram taxados apenas proporcionalmente ao tempo de serviço e/ou contribuição.

Identificou o autor, ainda, que o termo "*desaposentadoria*" vinha sendo usado não só pelo público leigo, mas também doutrinadores, juízes, promotores de justiça e advogados, como uma faculdade de que dispunha o titular de um benefício previdenciário, de exercer seu direito individual de "*renunciá-lo*" (veja que o verbo "*renunciar*" veio utilizado nos trechos acima transcritos dos julgados do TRF da 4ª Região e do STJ acerca da matéria, como expressão juridicamente correta para definição do que vem a significar a "*desaposentadoria*"), para que adiante pudesse ele requerer à unidade gestora do regime novo benefício, de mesma natureza do antes "*renunciado*", porém com proventos melhor dimensionados segundo todo o patrimônio previdenciário amealhado pelo segurado até ali.

Já naquele instante, o autor anteviu que o instituto conhecido como "*desaposentadoria*" não representava, em verdade, o desfazimento de uma primeira aposentadoria já consumada, menos ainda representava o que para o TRF da 4ª Região e para o STJ, nos arestos acima trazidos à colação pelo Ministro Carlos Ayres Britto, "*renúncia*" de benefício previdenciário para que seu titular pudesse adiante tornar a requerê-lo ao mesmo regime, porém dimensionado com o aproveitamento do máximo que seu patrimônio previdenciário poderia render.

Também ali, naquele instante, o autor visualizou que, se o instituto conhecido como "*desaposentadoria*" não representava, em verdade, o desfazimento de uma primeira aposentadoria já consumada a viabilizar que seu titular pudesse adiante tornar a requerê-lo ao mesmo regime, porém dimensionado com o aproveitamento do máximo que seu patrimônio previdenciário poderia render, completamente "*sem sentido*" ficou a preocupação dos três grandes grupos de operadores do direito quanto aos reflexos que o exercício da chamada "*desaposentadoria no RGPS*" poderiam produzir no equilíbrio atuarial do regime.

Igualmente, vislumbrou o autor a necessidade de melhor definir o que na doutrina se chama impropriamente de "*desaposentadoria*" e, do perigo que representava para os segurados da previdência social como um todo, que este instituto continuasse sendo interpretado como "*renúncia*" a uma primeira aposentadoria para viabilizar o desfrute de uma segunda, à conta do mesmo regime, porém com percepção de proventos melhor dimensionados.

Mais adiante, vislumbrou o autor que toda a discussão do "*leading case*" que serviu de representativo da controvérsia pelo excelso pretório, quando dizimada em toda sua amplitude, não poderia produzir os efeitos desejados – até ali delimitados ao incremento da "*fonte de custeio total*" dos proventos de aposentadoria percebidos aquém do "*teto*", viabilizando o cômputo das contribuições previdenciárias vertidas posteriormente à aposentadoria para tanto -, em relação àqueles que se encontravam aposentados no RPPS, mas sim unicamente naqueles que se encontravam aposentados no RGPS, dada a forma com que cada um destes regimes se encontrava positivado no plano constitucional e, mesmo, no plano infraconstitucional, sobretudo no que tange à forma de custeio de cada um dos benefícios existentes num e noutro.

E, o que antes era uma expectativa, à época da publicação da primeira edição desta obra transformou-se em certeza: até aquele momento, o plenário do excelso pretório já havia iniciado, na sessão plenária de **29/10/2014** o julgamento do "*leading case*" representativo da controvérsia e, dos votos até ali colhidos, sufragados pelos Ministros Luis Roberto Barroso, Marco Aurélio, Teori Zavascki e Dias Toffoli, não se conseguia vislumbrar que a amplitude do que lá estava sendo julgado pudesse ser aplicável ao aposentado no RPPS, dadas as dessemelhanças entre os institutos da aposentadoria, conforme tratados num e noutro regime, bem como as dessemelhanças da forma com que cada unidade gestora de um e de outro regime, arrecada e contabiliza as contribuições a ela vertidas.

Estudando detidamente a questão, vislumbrou o autor já à época da publicação da primeira edição desta obra, que o aposentado no RPPS poderia se valer do instituto impropriamente conhecido como "*desaposentadoria*" não apenas para os fins descritos no "*leading case*" representativo da controvérsia pelo excelso pretório, mas para vários e vários outros fins, sem que o exercício deste direito colocasse em risco a sanidade do regime, que era o centro das discussões que àquela época dividiam as opiniões dos ministros que tomavam assento na mais alta Casa de Justiça deste país.

Ainda sob o ângulo do aposentado no RPPS, enxergou o autor que as múltiplas facetas que o instituto impropriamente denominado de "*desaposentadoria*" apresentava (e continua apresentando), teria de conduzir a uma nova e inovadora interpretação do que, até ali e, ainda hoje, se entende por aposentadoria no RPPS, invariavelmente mal identificada como consumada quando praticado o ato administrativo que a reconhece, entreabrindo-se aí também uma chance de melhor compreender o instituto da aposentadoria no RPPS e seus efeitos, medida que poderia e ainda poderá conduzir a uma "*nova era*" nas relações entre o aposentado e o gestor do regime a que ele se encontra jungido.

De igual sorte, vislumbrou o autor que a Administração também poderia e até deveria incentivar os aposentados em seus RPPS´s a usar deste instituto impropriamente conhecido como "*desaposentadoria*" com o escopo de reconduzir sua atividade administrativa ao padrão de legalidade hoje tão desviado por procedimentos canhestros de terceirizações de serviços tipicamente públicos, transformando empresas terceirizadoras de mão de obra em autênticos servidores públicos, na contramão da forma constitucionalmente determinada para acessibilidade ao serviço público (art. 37, II, da CR/88).

1.1.3 *Julgamento do "leading case" representativo da controvérsia instaurada incidentalmente ao Recurso Extraordinário nº 661.256, à época relatado pelo Ministro Luis Roberto Barroso, na sessão plenária ocorrida em 26/10/2016 e seus reflexos no mundo jurídico:*

Consoante sobreveio descrito no item 1.1.2 deste capítulo, o julgamento do Recurso Extraordinário nº ***661.256***, afetado como "*leading case*" representativo da controvérsia nele discutida, para fins de produção de efeitos meta individuais próprios da "*repercussão geral*" dela já reconhecida pelo à época relator dele, Ministro Carlos Ayres Britto, em decisão sufragada no dia 28/10/2011 (e referendada pelo composição plenária da Corte Constitucional brasileira), foi iniciado na sessão plenária de 08/10/2014, quando o sucessor do primitivo relator daquele feito (que se aposentou antes do julgamento dele), Ministro Luis Roberto Barroso, promoveu a leitura do relatório constante de seu voto. Finda a leitura do relatório, a sessão sobreveio suspensa.

Retomados os trabalhos no dia seguinte, ou seja, em 09/10/2014, o Ministro Luis Roberto Barroso, que à época servia de relator do feito, proferiu seu voto, reconhecendo que o uso do instituto da "*desaposentadoria no RGPS*" encontra seu alinhamento jurídico-constitucional no caráter contraprestacional do benefício previdenciário defronte as contribuições vertidas para seu custeio previsto no comando do art. 195, §5º, da CR/88, aliada a aventada impossibilidade de se proporcionar aplicabilidade radicalizada ao princípio da solidariedade em matéria previdenciária, quando a contribuição previdenciária vertida pelo trabalhador pode ter a serventia de incrementar a "*fonte de custeio*" e consequentemente a dimensão do benefício dele próprio.

Na construção de seu voto, o Ministro Luis Roberto Barroso reconheceu que o instituto da "*desaposentadoria no RGPS*" realmente não se encontra positivado no RGPS legislado (Leis Federais nºs 8212/1990 e 8213/1990 – conhecidas popularmente como Leis de Custeio (a primeira) e de Benefícios (a segunda) do RGPS), mas que tal fato não inibiria que o excelso pretório fixasse um prazo hábil a que o Poder Legislativo da União exercesse seu poder-dever de "*organizar a seguridade social*", ali incluindo os regramentos hábeis ao exercício do "*direito à desaposentação*", na forma determinada no art. 194, parágrafo único, da CR/88, findo o qual, permanecendo a omissão legislativa, ficaria válida a tese que ele ali propôs como hábil a servir de representativa da controvérsia para fins de "*repercussão geral*", determinante de que todo o "*pacote*" de contribuições previdenciárias vertidas pelo já titular do benefício de aposentadoria no RGPS que se encontra dimensionado abaixo do "*teto*" dos salários de benefícios legislado, seja somado àqueles que serviram de base a que o benefício originário pudesse ter sido instituído pela unidade gestora do regime (INSS), devendo este novo "*pacote*" de contribuições previdenciárias ser submetido à operação matemática descrita nas regras já existentes na legislação infraconstitucional acerca da matéria para apuração do novo salário de benefício e, submetido este salário de benefício apurado ao "*fator previdenciário*" que incidiu à época da primitiva aposentadoria – medida reputada importante, na construção deste voto, para preservar o equilíbrio econômico-financeiro e atuarial do próprio RGPS, partindo da premissa necessária de que parte da "*fonte de custeio total*" que desaguou na instituição do primitivo benefício já foi usufruída (em parte) pelo candidato à "*desaposentação*".

Ainda na construção de seu voto, o Ministro Luis Roberto Barroso acentuou que a ausência de regulamentação legislativa infraconstitucional do instituto da "*desaposentadoria no RGPS*", vista "*de per si*", não poderia se transformar num obstáculo intransponível a que o excelso pretório pudesse reconhecer que, no macrossistema da seguridade social constante do texto constitucional republicano, inexiste a previsão de que o já aposentado à conta do RGPS, ao retomar vinculação de trabalho formal para com terceiros após o jubilamento, possa ter seus rendimentos tributados (máxime tratando de tributo vinculado), sem que desta tributação derive mínima contraprestação estatal que seja – como acontece em relação aos aposentados do RPPS que, desde o advento da EC federal nº 41/2003, passaram a ter seus proventos de inatividade sujeitos à incidência de contribuição social, sem que desta tributação, via de regra vinculada, derivasse qualquer contraprestação estatal para o contribuinte.

Destacou o insigne Ministro Luis Roberto Barroso que, a previsão constante do artigo 18, §2º, da Lei Federal nº 8213/1991, quando delineia que "*o aposentado pelo Regime Geral de Previdência Social –RGPS que permanecer em atividade sujeita a este Regime, ou a ele retornar, não fará jus a prestação alguma da Previdência Social em decorrência do exercício dessa atividade, exceto ao salário-família e à reabilitação profissional, quando empregado*", deve ser interpretado segundo a atual ordem jurídico-constitucional e seus princípios (e não o inverso), sob pena de, a se interpretá-la em sua literalidade, se concluir que neste quadrante tal previsão infraconstitucional entraria em rota de colisão com o princípio da universalidade que inspira todo o macrossistema da seguridade social no plano constitucional (art. 194, parágrafo único, I, da CR/88), pois equivaleria a proporcionar ao Poder Legislativo da União, senão um verdadeiro "*cheque em branco*" para instituir quais seriam as contraprestações estatais derivadas das prestações vertidas ao RGPS, por quem já se aposentou à conta daquele regime e resolveu retomar a condição de contribuinte obrigatório dele, quando nada equivaleria a proporcionar ao Poder Legislativo da União o poder de criar contraprestações "*seletivas*", destinadas a apenas uma gama destes novos contribuintes, atropelando o princípio isonômico que também serve de inspiração a forma com que o RGPS se encontra estruturado no plano constitucional e, atropelando ainda mais gravemente o princípio constitucional da impessoalidade, que deve nortear toda ação estatal, inclusive no âmbito dos próprios trabalhos legislativos (art. 37, "*caput*", da CR/88).

Relativamente ao caso concreto posto a seu julgamento em controle de constitucionalidade por exceção, o Ministro Luis Roberto Barroso proveu parcialmente a irresignação que lhe foi posta a exame pelo INSS, para "*...assentar o direito à desaposentação – isto é, à renúncia à aposentadoria anterior e aquisição de uma nova –, observados os critérios aqui estabelecidos. Como consequência, a tese a ser firmada, com os efeitos inerentes ao instituto da repercussão geral, é a seguinte: inexistem fundamentos legais válidos que impeçam a renúncia a uma aposentadoria concedida pelo RGPS para o fim de requerer um novo benefício, mais vantajoso, tendo em conta contribuições obrigatórias efetuadas em razão de atividade laboral realizada após o primeiro vínculo. A fim de preservar a uniformidade atuarial, relacionada à isonomia e à justiça entre gerações, essa possibilidade é condicionada à exigência de que sejam levados em conta os proventos já recebidos por parte do interessado. A despeito da falta de disciplina legal específica sobre o tema, é possível interpretar o sistema* *constitucional e legal vigente, para assentar a seguinte orientação geral: no cálculo dos novos proventos, os fatores idade e expectativa de vida devem ser aferidos com referência ao fomento de aquisição da primeira aposentadoria. Com isso se impede que tais fatores tenham deturpada a sua finalidade de graduar os benefícios segundo o tempo estimado de sua fruição por parte do segurado. Tal orientação passará a ser aplicada 180 (cento e oitenta) dias após a publicação do presente acórdão, caso os Poderes Legislativo e Executivo não optem por instituir disciplina diversa, compatível com as premissas da presente decisão, mediante ato normativo primário próprio.*" ("in" http://s.conjur.com.br/dl/voto-barroso-desaposentacao.pdf)

Após prolatado este voto, pelo Ministro Luis Roberto Barroso, que à época estava a relatar o "*leading case*" representativo da controvérsia, ali já endossado pelo voto do Ministro Marco Aurélio, que estava a relatar recurso conexo àquele (Recurso Extraordinário nº ***381.367***), a sessão sobreveio novamente suspensa.

Novamente retomados os trabalhos no dia 29/10/2014, foram ali colhidos os votos dos Ministros Teori Zavascki e Dias Toffoli, que inauguraram a divergência relativamente ao único voto até ali já proferido proferido pelo Ministro Luis Roberto Barroso. Diferentemente deste, os Ministros Teori Zavascki e Dias Toffoli reconheceram que o instituto da "*desaposentadoria no RGPS*" ressentia-se de alinhamento jurídico-constitucional, basicamente, porque inexistente no âmbito do RGPS legislado à época (Leis Federais nºs 8212/1990 e 8213/1990 – conhecidas popularmente como Leis de Custeio (a primeira) e de Benefícios (a segunda) do RGPS), qualquer autorização legislativa expressa a tanto, fato que agrediria o comando da norma inserta no art. 194, parágrafo único, da CR/88, que veio a positivar no plano constitucional o princípio da reserva legal em matéria de seguridade social, delegando ao Poder Legislativo da União a competência para "*organizar a seguridade social*" através de leis formais, obviamente observando todas as bases principiológicas que foram fixadas nos próprios incisos do mesmo comando constitucional, bem como naqueloutras que foram fixadas no art. 195, incisos, parágrafos e alíneas, todos da CR/88.

Segundo o voto sufragado pelo Ministro Teori Zavascki, naquela oportunidade, a contribuição previdenciária se destina ao custeio do sistema, em benefício de toda a sociedade. Não se destina, segundo a "*letra*" do voto sufragado, "*ao pagamento ou melhoria do benefício*" ("in" http://www.conjur.com.br/2014-out-29/julgamento-desaposentacao-adiado-vez-supremo), fato que obstacularia o exercício à chamada "*desaposentadoria no RGPS*", na medida que inexistente disposição normativa infraconstitucional expressa, ao menos até ali, que explicitasse como e em que proporções as novas contribuições sociais vertidas pelo já aposentado no RGPS, serviriam para fomentar a "*fonte de custeio total*" (art. 195, §5°, da CR/88) do mesmo benefício, porém melhor dimensionado.

Enxergou o insigne Ministro Teori Zavascki, na própria sistemática da atividade arrecadatória das contribuições sociais de fomento à seguridade social em geral, regida pelo princípio da repartição simples, um obstáculo intransponível ao exercício do direito à chamada "*desaposentadoria no RGPS*", ao menos enquanto o legislador ordinário federal não cuidasse de explicitar como e em que proporções as novas contribuições sociais vertidas ao sistema pelo já aposentado, ficariam vinculadas ao incremento da "*fonte de custeio total*" (art. 195, §5°, da CR/88) do benefício dele próprio, que ganharia nesta toada de raciocínio, nova renda mensal de instituição, decorrente de "*custeio próprio*", na forma e moldes que legalmente viesse a ser autorizado.

Já para o Ministro Dias Tóffoli, o óbice ao exercício à chamada "*desaposentadoria no RGPS*" decorreria do fato, descrito na "*letra*" do voto por ele sufragado, de que " *a aposentadoria consiste num ato jurídico perfeito e acabado. O fator pode ser visto como um ônus, entretanto, o fator permite que o beneficiário goze da aposentadoria antes da idade mínima, podendo escolher o momento de se aposentar*" *("in" http://www.conjur.com.br/2014-out-29/julgamento-desaposentacao-adiado-vez- supremo),* deixando com esta afirmativa claro seu posicionamento de que, eventual reconhecimento do "*direito à desaposentadoria no RGPS*", sem que lei prévia, editada pelo legislador ordinário federal infraconstitucional, estabelecesse suas balizas, culminaria no puro e simples esvaziamento dos contornos normativos da Lei Federal n° 9876/1999, que concebeu o chamado "*fator previdenciário*" justamente para servir de "*dosador*" do patrimônio previdenciário amealhado pelos contribuintes para formação da "*fonte de custeio total*" (art. 195, §5°, da CR/88), a viabilizar que ele fosse revertido ao segurado em forma de benefício já concebido num patamar tal, que permanecesse autossustentável durante o lapso temporal que o recém aposentado, se confirmados os dados do recenseamento promovido pelo IBGE à época, ainda viverá percebendo proventos de inatividade.

Relativamente ao caso concreto posto a julgamento em controle de constitucionalidade por exceção, ambos proveram integralmente a irresignação recursal do INSS, julgando consequentemente improcedente a pretensão acionada deflagrada pelo segurado do RGPS, originalmente, inicialmente perante a Justiça Federal da Seção Judiciária de Santa Catarina. Uma vez mais, o julgamento do feito sobreveio suspenso, desta feita por força de pedido de vista veiculado pela Ministra Rosa Weber.

Retomado o julgamento da "*vexata quaestio*" na sessão do Tribunal Pleno de 27/10/2016, foram colhidos os votos sufragados pelos Ministros Rosa Weber, Ricardo Lewandowski, Edson Fachin, Luiz Fux, Gilmar Mendes, Celso de Mello e Carmen Lúcia, sendo que destes, apenas os dois primeiros acompanharam o voto do Ministro Luis Roberto Barroso e, os demais, seguiram a divergência inaugurada na sessão anterior quando votaram os Ministros Dias Tóffoli e Teori Zavascki.

Numa síntese, ali se formaram 2 (dois) blocos, sendo o primeiro deles formado pelos Ministros Marco Aurélio, Rosa Weber e Ricardo Lewandowski, que acompanharam a proposição de voto do Ministro Luis Roberto Barroso, que ali funcionava como relator original do feito (totalizando 4 votos) e, o segundo deles formado pelos Ministros Edson Fachin, Luiz Fux, Gilmar Mendes, Celso de Mello e Carmen Lúcia, que acompanharam a proposição de voto dos Ministros Dias Tóffoli e Teori Zavascki, que inauguraram posicionamento divergente relativamente àquele firmado pela relatoria (totalizando 7 votos).

Findo o julgamento deste "*leading case*" representativo da controvérsia, com a prevalência dos votos divergentes àquele lançado pelo relator original dele, Ministro Luis Roberto Barroso, sobreveio fixada a seguinte tese, para produção de efeitos meta individuais próprios da sistemática da "*repercussão geral*": "*no âmbito do Regime Geral de Previdência Social - RGPS, somente lei pode criar benefícios e vantagens previdenciárias, não havendo, por ora, previsão legal do direito à 'desaposentação', sendo constitucional a regra do art. 18, § 2º, da Lei nº 8.213/91*"

Ao proclamar o resultado do julgamento deste "*leading case*" representativo da controvérsia que sobreveio dizimado pelo excelso pretório para produção dos efeitos próprios da "*repercussão geral*" da matéria lá reconhecida como existente, a Ministra Cármen Lúcia, que ali estava a presidir os trabalhos, na condição de Presidente do STF, deixou explícito que, dada a existência de milhares de pretensões acionadas que tinham o mesmo "*pano de fundo*" do que ali restou julgado, algumas ainda em trâmite perante os mais variados tribunais da federação, outras já julgadas em tom de definitividade pelos mesmos, através de trabalhos jurisdicionais que se encontravam acobertados pelos mantos das coisas julgadas formal e material, que ao excelso pretório ficaria reservada a atribuição de promover a adequação do que ali restou fixado como tese representativa da controvérsia, com a realidade fático-jurídica destes milhares de processos, no instante em que estes lá aportassem em sede de "*recursos extraordinários*", medida reputada importante para evitar que processos em estágios distintos e, com destinos igualmente distintos ao menos até ali, fossem todos tratados igualmente, desprezando seus próprios contornos materiais e os próprios direitos que eventualmente já estivessem agregados aos patrimônios jurídicos de seus titulares, deixando claríssimo para todos os operadores do direito que a fixação da tese representativa da controvérsia não teria o condão de produzir efeitos automáticos em relação a absolutamente todos os processos que tratam da mesma matéria em todos os tribunais da federação, mas apenas o condão de servir de "*ponto de partida*" (ou de referência) a que eles sejam dirimidos por quem vier a deles conhecer, num e noutro grau de jurisdição.

Dada a forma com que a Ministra Cármen Lúcia divulgou o resultado do julgamento do citado "*leading case*" representativo da controvérsia nele instaurada para fins de produção de efeitos meta individuais, próprios da sistemática da "*repercussão geral*" da matéria constitucional nele debatida, o autor ali já anteviu que, embora o excelso pretório tenha fixado ali a tese representativa da controvérsia, esta tese não terá aplicabilidade imediata em relação a absolutamente todos os processos que tenham o mesmo "*pano de fundo*", que na toada do raciocínio por ela desenvolvido, tenderão a ser julgados um a um, segundo suas próprias peculiaridades, através do próprio excelso pretório, em sede de controle difuso de constitucionalidade dos julgados que vierem a ser proferidos paulatinamente por todos os tribunais da federação, viabilizando desta forma que o excelso pretório possa, adiante, compatibilizar a tese ali fixada como representativa da controvérsia, com as situações concretas de cada processo que lá vier a aportar em grau recursal, muitas das vezes dizimado segundo outros valores constitucionalmente também protegidos, a demandar da Corte Constitucional Brasileira um exame particularizado dele para "*dizer o direito*" que lhe for posto, elegendo qual dos valores constitucionais deverá prevalecer em cada caso concreto, sempre com uns "*olhos*" voltados para o primado da segurança nas relações jurídicas e, outros, para o primado protecionista da dignidade da pessoa humana, base sobre a qual se assenta todo macrossistema da seguridade social que se encontra positivado no texto constitucional republicano.

Acreditam alguns operadores do direito, que ao proclamar desta forma o resultado do julgamento do citado "*leading case*" representativo da controvérsia nele instaurada para fins de produção de efeitos meta individuais, próprios da sistemática da "*repercussão geral*", estaria ali entreaberta "*a porta*" hábil a que, após a publicação do acórdão, todos quantos estivessem a participar do feito numa ou noutra condição, pudessem se valer de "*embargos de declaração*", objetivando demover o Tribunal Pleno do excelso pretório a modular os efeitos do que ali já restou julgado.

Os operadores do direito que estão com esta expectativa, em especial aqueles que não se encontram representados no citado feito, mas que continuam crentes de que o excelso pretório promoverá a modulação dos efeitos do que até este instante restou julgado no "*leading case*" representativo da controvérsia, dizimando "*embargos de declaração*" a serem interpostos posteriormente a publicação do acórdão, vêm requerendo suas admissões no feito na condição de "*amicus curiae*", na forma e moldes previstos no art. 138 e seus §§, do CPC/2015.

Continua o autor convicto de que, apesar do excelso pretório não ter dizimado às inteiras o "*leading case*" representativo da controvérsia, a ponto da tese que sobreveio, a partir do julgamento dele fixada, ganhar auto aplicabilidade a absolutamente todos os processos que tenham mesmo "*pano de fundo*", não será através do julgamento de "*embargos de declaração*" a serem interpostos após a publicação do acórdão que o dirimiu, que os interessados em pronunciamentos mais minuciosos do excelso pretório acerca de questões próprias destes, que se encontram individualizadas e encartadas em processos próprios, serão dizimadas.

Numa síntese, o autor continua convicto de que os milhares de conflitos de interesse que tenham o mesmo "*pano de fundo*" desta pretensão acionada que sobreveio afetada para servir de "*leading case*" representativo da controvérsia, ainda terão de aportar no excelso pretório através do manejo de oportunos "*recursos extraordinários*", a fim de que tudo o que neles tiver sido julgado até ali possa ser reexaminado tanto à luz da tese fixada como representativa da controvérsia, quanto à luz de outros valores constitucionais sobre os quais eles se encontram apoiados, a viabilizar que adiante, novos "*leading cases*" representativos dos temas-espécies derivados deste tema-gênero, que restou agora dizimado, sejam afetados pelo excelso pretório para ulterior julgamento dentro da sistemática da "*repercussão geral*".

1.1.4 Paralelo entre os fundamentos constantes dos votos vencedores, sufragados quando do julgamento do "leading case" representativo da controvérsia instaurada incidentalmente ao Recurso Extraordinário nº 661.256, na sessão plenária ocorrida em 26/10/2016 – obstaculizadores do exercício da chamada "desaposentadoria no RGPS" -, relativamente às mesmas questões técnico-jurídicas, só que afetas ao RPPS:

Confrontando-se o voto proferido pelo Ministro Luis Roberto Barroso, que reflete o posicionamento daqueles que restaram vencidos, em relação aos votos proferidos pelos Ministros Teori Zavascki e Dias Tóffoli, que refletem o posicionamento daqueles que restaram vencedores no julgamento do "*leading case*" representativo da controvérsia lá instaurada, para produção dos efeitos próprios da "*repercussão geral*" lá reconhecida como admitida e dirimida, vê-se de forma clara e cristalina que todos os obstáculos que o voto vencedor descreveu, para ao final reconhecer que, ausente autorização legislativa formal infraconstitucional, o exercício do instituto da "*desaposentadoria no RGPS*" ressente de desalinhamento à atual ordem jurídico-constitucional, fortalece-se a ideia que, na origem, conduziu o autor a publicar esta obra:

Isto porque, praticamente todos os obstáculos ao exercício do "*direito à desaposentadoria no RGPS*" descritos no voto proferido pelo Ministro Teori Zavascki, representativo do entendimento majoritário do excelso pretório acerca da "*vexata quaestio*", culminam por confirmar não apenas a existência do direito à "*desaposentadoria no RPPS*", mas da existência de um direito constitucional autoaplicável, que independe de regulamentação legislativa infraconstitucional, representando verdadeira "*segunda face*" do instituto da "*aposentadoria no RPPS*", vista segundo seus próprios contornos jurídico-constitucionais.

A partir dos parágrafos seguintes, o autor concentrará todos os seus esforços no afã de promover esta confrontação de entendimentos, a viabilizar que ao final ele consiga comprovar aos leitores que, a partir do julgamento deste "*leading case*" representativo da controvérsia existente acerca da constitucionalidade do instituto da "*desaposentadoria no RGPS*", escancara-se não apenas a existência do direito à "*desaposentadoria no RPPS*", mas da existência de um direito constitucional autoaplicável, que independe de regulamentação legislativa infraconstitucional, "*in verbis*":

Os prolatores dos votos vencedores, bastante influenciados pelos votos inauguradores da divergência à relatoria, que acabaram sendo os prevalecentes, da lavra dos insignes ***Ministros Teori Zavascki e Dias Tóffoli***, resistiram em reconhecer a validade jurídica do instituto conhecido por "*desaposentadoria no RGPS*", à luz basicamente dos seguintes motivos:

(i) o texto constitucional republicano, em seu art. 3º, I, delineia que constitui objetivo do Estado Brasileiro o de "*construir uma sociedade, livre, justa e solidária*", sendo que para proporcionar concretude a esta base principiológica sobre o qual se assenta o Estado Brasileiro recriado, é que se concebeu um modelo de seguridade social no plano constitucional que, nos termos do art. 194, da CR/88, "*compreende um conjunto integrado de ações de iniciativas dos poderes públicos e da sociedade, destinadas a assegurar os direitos relativos à saúde, à previdência, à assistência social*" (redação dada pela EC federal nº 20/1998), competindo ao "*poder público, **nos termos da lei**, organizar a seguridade social, com base nos seguintes objetivos*": "*I – universalidade da cobertura e do atendimento;*" (parágrafo único e inciso I, do art. 194, da CR/88 – redação dada pela EC federal nº 20/1998);

(ii) ainda com o escopo de proporcionar concretude ao objetivo do Estado Brasileiro delineado no art. 3º, I, da CR/88, o legislador constituinte reformador determinou, no "*caput*" do art. 201, da CR/88 (atualmente em vigor com a redação que lhe foi dada pelas ECs federais nº 20/1998 e 41/2003), que "***a previdência social será organizada sob a forma de regime geral, de caráter contributivo e de filiação obrigatória, observados os critérios que preservem o equilíbrio financeiro e atuarial***", determinando ainda, no §11, do mesmo dispositivo constitucional, que "*os ganhos habituais do empregado, a qualquer título, serão incorporados para efeito de contribuição previdenciária **e consequente repercussão em benefícios, nos casos e na forma da lei**.*";

(iii) as leis federais que sobrevieram promulgadas para explicitar o comando dos arts. 194, "*caput*", I e 201, "*caput*" e §11, da CR/88, foram as Leis Federais nº 8212/1991 (conhecida como Lei de Custeio do RGPS) e 8213/1991 (conhecida como Lei de Benefícios do RGPS);

(iv) quando da concepção da atual Lei de Benefícios do RGPS, "*in casu*" a Lei Federal nº 8213/1991, seu art. 18, §2º previa que "*o aposentado pelo Regime Geral de Previdência Social que permanecer em atividade sujeita a este regime, ou a ela retornar, **somente tem direito à reabilitação profissional, ao auxílio-acidente e aos pecúlios, não fazendo jus a outras prestações, salvo as decorrentes de sua condição de aposentado***", delimitando de forma clara quais dos benefícios do RGPS este segurado, especificamente considerado, faria jus;

(v) com a extinção no plano infraconstitucional do benefício previdenciário do pecúlio no âmbito do RGPS, por força da superveniência da Lei Federal nº 9032/1995, adveio a Lei

Federal nº 9528/1997, proporcionando ao indigitado art. 18, §2º da Lei Federal nº 8213/1991 uma redação ainda mais restritiva, "*in verbis*": "***o aposentado pelo Regime Geral de Previdência Social–RGPS que permanecer em atividade sujeita a este Regime, ou a ele retornar, não fará jus a prestação alguma da Previdência Social em decorrência do exercício dessa atividade, exceto ao salário-família e à reabilitação profissional, quando empregado***";

(vi) a Lei de Custeio do RGPS, "*in casu*" a Lei Federal nº 8212/1991, a seu turno, prevê em seu art. 11, alínea "*c*", que "*constituem contribuições sociais: as dos trabalhadores, incidentes sobre seu salário de contribuição*" e, no "*caput*" do mesmo dispositivo legal, que tais contribuições sociais seriam uma das receitas que ***fomentam a seguridade social***;

(vii) diante deste panorama, concluiu o ***Min. Teori Zavascki***, inaugurando o voto divergente que adiante veio a prevalecer, juntamente ao proferido pelo Min. Dias Tóffoli, no julgamento da sessão plenária do STF de 26/10/2016, que simplesmente inexistia autorização legislativa a que um determinado aposentado no RGPS que optou por retornar ao mercado de trabalho, retomando à condição de contribuinte obrigatório do regime, tivesse direito de computar as contribuições previdenciárias vertidas após a primitiva aposentadoria, para viabilizar o recálculo dos proventos que derivavam daquela, estando a Lei de Benefícios do RGPS, nesta senda de raciocínio, sintonizada com o princípio da universalidade da atividade arrecadatória, ou para outros, princípio de repartição simples, inexistindo por via de consequência sequer expectativa de direito deste aposentado que retoma a condição de contribuinte obrigatório a qualquer outra contraprestação estatal derivada das contribuições sociais vertidas ao regime em virtude de opção política do legislador ordinário federal, tida por legítima em virtude da "*eficácia contida*" dos arts. 194, "*caput*", I e 201, "*caput*" e §11, da CR/88;

VISUALIZAÇÃO GRÁFICA DO PRINCÍPIO DE REPARTIÇÃO SIMPLES QUE INSPIRA O FINANCIAMENTO DA SEGURIDADE NO PLANO CONSTITUCIONAL (COMPREENDENDO A TRÍADE SAÚDE, ASSISTÊNCIA E PREVIDÊNCIA SOCIAL):

Entradas (s):

CRÍTICAS AOS VOTOS QUE INAUGURARAM A DIVERGÊNCIA E ACABARAM PREVALECENTES NO JULGAMENTO, DA LAVRA DOS INSIGNES MINS. TEORI ZAVASCKI E DIAS TÓFFOLI:

(i) pela forma rasa com que a questão sobreveio examinada, a partir da literalidade das disposições infra constitucionais insertas no art. 18, §2°, da Lei Federal n° 8213/1991 c/c art. 11, "*c*", da Lei Federal n° 8212/1991 e, a se imaginar que o aposentado que retoma ao mercado de trabalho na condição de contribuinte obrigatório do RGPS só teria direito à percepção, além de seus proventos de inatividade, ao salário-família e à reabilitação profissional, ***o Supremo Tribunal Federal teria que, ato contínuo, concluir que este contribuinte do RGPS, especificamente considerado, ficaria desacobertado de absolutamente todos os benefícios previstos no art. 18, I, "a" a "h" e II, "a" e "b", da Lei Federal nº 8213/1991, criando uma situação visivelmente discriminatória, anti-isonômica e sobretudo perigosa, já que relegaria esta espécie de segurado do RGPS à condição de praticamente desacobertado do regime, não obstante continuasse obrigado para ele continuar contribuindo***;

(ii) ainda pela forma com que a questão sobreveio examinada, a partir da literalidade das disposições infra constitucionais insertas no art. 18, §2º, da Lei Federal nº 8213/1991 c/c art. 11, "*c*", da Lei Federal nº 8212/1991, o Supremo Tribunal Federal acabou por admitir, por vias transversas, que seria válida atividade legislativa que "*selecionasse*" quem, do gênero "*segurados do RGPS*", ficaria acobertado com este, ou aquele benefício previdenciário que sobreviesse concebido – fato que derruiria o objetivo do Estado Brasileiro declinado no art. 3º, IV, da CR/88, de "***promover o bem de todos, sem preconceito, de origem raça, sexo, cor, idade e quaisquer outras formas de discriminação***", bem como o próprio princípio da universalidade que inspira o macro sistema da seguridade social no plano constitucional (194, "*caput*" e I, da CR/88) e impõe ao Estado Brasileiro o norte de estruturar a seguridade social no plano constitucional de molde a proporcionar a todos, em termos de "***cobertura***" e "***atendimento***", critérios universalizadores e não personalizados;

(iii) pela forma com que a questão sobreveio tratada pelo Supremo Tribunal Federal, ao menos pelos prolatores dos votos prevalecentes, o instituto da "*desaposentadoria*" não sobreveio ali agasalhado muito mais pelos reflexos econômico-financeiros que produziria nas contas públicas do RGPS, que propriamente pela alegada assimetria dele ao macrossistema da previdência social no plano constitucional, retirando daquele julgamento a juridicidade que deveria ter lhe sido própria e o deixando contaminado de efeitos políticos de todo condenáveis, já que ali muito se preocupou com a sanidade do regime e, quase nada com o fomento da vida humana destes aposentados que, muitas vezes por pura necessidade, retomam o mercado de trabalho, só que deste julgamento em diante, na certeza de que estarão quase que totalmente desamparados do RGPS, o que repete-se, poderá causar vultosos problemas sociais;

<u>CONCLUSÃO: NECESSIDADE DO STF AFETAR, PARA JULGAMENTO EM SEDE DE "REPERCUSSÃO GERAL", O INSTITUTO DA "DESAPOSENTADORIA NO ÂMBITO DO SERVIÇO PÚBLICO"</u>

(i) a partir dos fundamentos com que o STF definiu o instituto da "*desaposentadoria*" e afastou a possibilidade de sua incidência no RGPS enquanto lei infra constitucional não advenha para explicitá-lo, entreabre-se a necessidade da Corte Constitucional Brasileiro afetar um "*leading case*" qualquer representativo da discussão afeta à possibilidade de "*desaposentadoria*" no âmbito do serviço público, cujos segurados estão sujeitos ao RPPS – Regime Próprio de Previdência Social, para produção de efeitos "*erga omnes*" próprio do instituto da sistemática da "*repercussão geral*";

(ii) a necessidade de abertura desta discussão, em caráter de urgência, exsurge justamente porque absolutamente todos os fundamentos utilizados pela Corte Constitucional Brasileira para afastar a possibilidade de utilização do instituto da "*desaposentadoria*" no RGPS, serviriam curiosamente para acolhimento do instituto, se utilizado no âmbito do RPPS;

(iii) para comprovar o alegado, vê-se que no âmbito do RPPS, afeto ao funcionalismo, é o próprio texto constitucional republicano que, no §1º, do art. 149, da CR/88 (redação dada pela EC federal nº 41/2003), descreve que "***<u>os Estados, o Distrito Federal, e os Municípios instituirão contribuição, cobrada de seus servidores, para o custeio, em benefício destes, do regime previdenciário de que trata o art. 40</u>***, *cuja alíquota não será inferior à da contribuição dos servidores titulares de cargos efetivos da União*", aí criando norma programática determinante de que os

Entes Federativos concebam, pelas leis próprias que adotarem, RPPS´s para abrigar a parcela de seu funcionalismo que se encaixar no gênero "*servidores públicos titulares de cargos efetivos*", observando, contudo, a premissa de que a contribuição social a ser criada, será um tributo vinculado, pois terá como destinação o próprio segurado, em forma de benefícios previdenciários (e não securitários, como ocorre no RGPS).

(iv) questão importante é identificar que o art. 40, da CR/88, a que se refere o §1º, do art. 149, da CR/88 (redação dada pela EC federal nº 41/2003), constitui não apenas uma norma programática qualquer que viabilize o exercício absolutamente amplo e irrestrito de atividade legislativa pelos Entes Federativos, de molde a que estes concebam regimes próprios de previdência para abrigar seus "*servidores públicos titulares de cargos efetivos*" como bem entendam, já que nos parágrafos e incisos do indigitado dispositivo constitucional, sobrevêm traçadas todas as diretrizes hábeis à normatização no plano infraconstitucional dos benefícios da aposentadoria e da pensão, especificamente considerados.

(v) vê-se, também sob este prisma, que a contribuição social que o constituinte autorizou fosse concebida pelos Entes Federativos, pelas leis formais que adotarem, com o escopo de fomentar o "...***custeio, em benefício destes, do regime previdenciário de que trata o art. 40***..." *(art. 149, da CR/88)*, já tinha vinculação ao custeio de determinados benefícios previdenciários específicos, que nos parágrafos e incisos do mesmíssimo art. 40 da CR/88 sobrevieram não só discriminados, como também definidos os pré-requisitos hábeis à materialização deles – fato que reduziu a amplitude do poder legislativo que foi outorgado aos Entes Federativos para concepção dos regimes próprios de previdência destinados a abrigar seus "*servidores públicos titulares de cargos efetivos*", na medida que o exercício deste poder sobreveio tão delimitado materialmente no próprio texto constitucional republicano que praticamente transformou a atividade legislativa dos Entes Federativos, numa mera atividade regulamentadora de direitos constitucionais já definidos e normatizados;

(vi) esta norma programática constante do art. 149, §1º, da CR/88 (redação dada pela EC federal nº 41/2003), em nada colide com aqueloutra, inserta no art. 40, §18, da CR/88 (redação dada pela EC federal nº 41/2003), criadora da chamada "*contribuição previdenciária do inativo*", tida por alinhada ao texto constitucional republicano quando do julgamento da ***ADI 3105*** pelo STF, já que quando do julgamento desta ADI, a Corte Constitucional Brasileira admitiu que o caráter sinalagmático (e contraprestacional) da contribuição previdenciária é a regra geral, que se encontra perfeitamente alinhada ao princípio da contributividade que inspira o macrossistema do RPPS no plano constitucional e, a chamada "*contribuição previdenciária do inativo*" uma exceção à regra genérica que também encontra guarida no princípio da solidariedade, que no âmbito do RPPS, igualmente inspira o macrossistema. A coexistência dos princípios da contributividade com o da solidariedade, a viabilizar que o comando do art. 149, §1º, da CR/88, possa ser interpretado em conjunto, com o comando do art. 40, §18, da CR/88, encontra-se positivado no "*caput*" do art. 40, da CR/88, "*in verbis*": "***aos servidores titulares de cargos efetivos da União, dos Estados, Distrito Federal e dos Municípios, incluídas suas autarquias e fundações,*** é assegurado regime de previdência de caráter contributivo e solidário...". Outro fator a entremostrar que o caráter sinalagmático da contribuição previdenciária é a regra geral no RPPS positivado no plano constitucional, emerge quando se vê que neste regime existem hipóteses de cumulação lícita de 2 (dois) benefícios de aposentadoria à conta do mesmíssimo regime (art. 37, XVI, alíneas "a" a "c" c/c art. 40, §6º, ambos da CR/88). Ou seja: só haverá contribuição social destinada ao fomento do próprio regime previdenciário (e não de seguridade social), no âmbito do RPPS, para aqueles que estiverem vertendo contribuições sociais sem autorização constitucional de sua reversibilidade em forma de benefícios previdenciários, hipótese em que se determina seja a contribuição vertida ao próprio regime a título de solidarização do contribuinte para com o todos os demais que o integram, ainda assim estando a exigibilidalidade desta exação condicionada à edição de prévia lei formal que a explicite, a teor do que já definiu o excelso pretório em vários precedentes, como por exemplo quando do julgamento do Recurso Extraordinário nº 472.037/MG;

(vii) no plano infra constitucional, o art. 1º, VII, da Lei Federal nº 9717/1998 (que explicita o macro sistema do RPPS constitucionalizado no âmbito infra constitucional) descreve o seguinte: "***Os regimes próprios de previdência social dos servidores públicos da União, dos Estados, do Distrito Federal e dos Municípios, dos militares dos Estados e do Distrito Federal deverão ser organizados, baseados em normas gerais de contabilidade e atuária, de modo a garantir o seu equilíbrio financeiro e atuarial, observados os seguintes critérios: VII - registro contábil individualizado das contribuições de cada servidor e dos entes estatais, conforme diretrizes gerais***;", deixando entremostrar que a contribuição previdenciária de todo e qualquer servidor, via de regra, constitui patrimônio jurídico-previdenciário dele, tanto que deverão todas estas contribuições ser contabilizadas em rubricas próprias e individualizadas do contribuinte, justamente porque no âmbito do RPPS tais contribuições previdenciárias via de regra têm caráter sinalagmático e contraprestacional;

VISÃO GRÁFICO-CONTÁBIL, POR SERVIDOR, DO PRINCÍPIO DE CAPITALIZAÇÃO QUE INSPIRA O FINANCIAMENTO DOS BENEFÍCIOS A QUE SE REFEREM O ART. 40, DA CR/88, ESCALONADA EM FORMA DE REGIME PRÓPRIO DE PREVIDÊNCIA SOCIAL:

VEJA GRÁFICO A SEGUIR

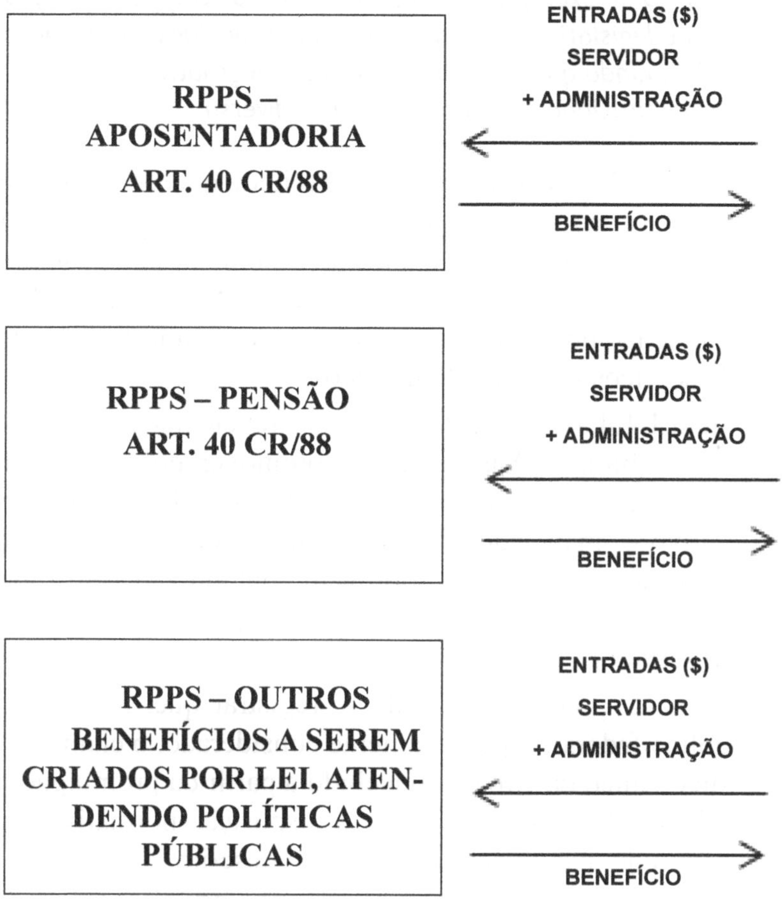

Dadas todas estas nuances que realmente diferenciam o RGPS do RPPS é que o autor sempre sustentou e, permanecerá sustentando, tal como o fez quando da publicação desta obra em ***2015***, que o Supremo Tribunal Federal deveria ter começado a estudar o instituto conhecido como "*desaposentadoria*" a partir dos regramentos constitucionais afetos ao RPPS, justamente por antever que não conseguiria aquela Corte Constitucional "*sair pela tangente*" no enfrentamento da constitucionalidade do instituto – fato que inibiria o infelizmente aconteceu na sessão plenária de 26/10/2016, "*in casu*" um julgamento fortemente marcado por preocupações políticas com a sanidade do RGPS e extremamente rasa em termos técnico-jurídicos.

1.1.5 Existência de exemplos de Regimes Jurídicos Únicos já concebidos no plano legislativo com hipóteses típicas de "desaposentação" no RPPS, ainda que concebidos no plano legislativo infraconstitucional com nomenclatura diversa:

Nos item, 1.1.3 retro se disse e ora se reitera, que a Administração poderia e até deveria incentivar os aposentados em seus RPPS´s a usar deste instituto impropriamente conhecido como "*desaposentadoria*" com o escopo de reconduzir sua atividade administrativa ao padrão de legalidade hoje tão desviado por procedimentos canhestros de terceirizações de serviços tipicamente públicos.

Já no item 1.1.4 acima, se disse e ora se repete que a grande "*válvula*" que possibilita à Administração promover políticas públicas deste jaez, centra-se no fato de que no âmbito do RPPS, o servidor público efetivo é financiador de seus próprios benefícios previdenciários, financiamento este que sobrevém contabilizado em rubricas próprias e individualizadas, como autênticos "*patrimônios previdenciários*" do servidor.

Falando neste poder-dever, é de se registrar que, no âmbito do serviço público federal, especificamente considerado, o chamado Regime Jurídico Único da União, concebido a partir da promulgação da Lei Federal nº 8112/1990, traz consigo disposição normativa que se coaduna com tudo quanto acima está sendo descrito.

Lá encontra-se positivado, entre os arts. 25 e 27, um novo conceito da expressão "*reversão*", até ali identificada de forma restritiva como o retorno à atividade do ex-servidor público que se aposentou por invalidez, mas que em determinado momento recobrou a capacidade laboral que antes justificou seu jubilamento.

A partir deste conjunto normativo formado pelos arts. 25 a 27, da Lei Federal nº 8112/1990, entreabriu-se a possibilidade do já aposentado por tempo de contribuição no RPPS federal legislado, desde que não tivesse atingido a idade-limite para que qualquer pessoa pudesse continuar servindo profissionalmente a coletividade mediante investidura em cargo público de provimento efetivo (restrição esta prevista no art. 40, §1º, II, da CR/88, disciplinadora da chamada "*aposentadoria compulsória*", ou por "*implemento de idade*" no RPPS), se achasse e for o caso, pudesse retomar o exercício das atribuições afetas a seu cargo público – prática esta que se vier a ser mais e mais incentivada legislativamente, tende a sepultar práticas administrativas viciadas, produzir um grande efeito moralizador e, o que deve aqui ser sobrelevado, criar mecanismos melhores e mais econômicos de aproveitamento de *"mão de obra"* licitamente recrutada por parte da Administração Pública.

Através do que no âmbito do Regime Jurídico Único da União, concebido a partir da promulgação da Lei Federal nº 8112/1990, se denomina de *"reversão"*, se está é normatizando uma das várias hipóteses autorizativas de *"desaposentadoria"* no serviço público.

1.1.6 Outras fórmulas de recrutamento de "mão de obra" corriqueiramente utilizadas pela Administração Pública I – "terceirização" e uso de "contratação precária" – Incentivo de uso do instituto da "desaposentadoria" no RPPS para corrigir estas distorções:

Com efeito, não se divisa que existe uma tendência da Administração Pública moderna, de restringir a acessibilidade a cargos públicos de provimento efetivo, apenas àqueles que devem ser recrutados para exercício da *"atividade-fim"* do Estado, assim compreendidos aqueles que serão contratados para exercício dos serviços tipicamente públicos que o texto constitucional republicano determinou fossem prestados diretamente pelo Estado, através de seus agentes.

E, tal tendência é facilmente perceptível quando se identifica que a grande maioria das carreiras que são criadas legislativamente para abrigar cargos de provimento efetivo isolados na Administração Pública moderna, vêm procurando cada vez mais alocar os ocupantes de cargos de provimento efetivo isolados exequentes das chamadas *"atividades-meio"* do aparelho estatal, como por exemplo *"motoristas"*, *"secretárias"*, *"faxineiras"*, *"copeiros"*, *"office boys"* e tantos outros, em quadros de pessoal suplementares, que por sua vez aglutinam cargos de carreira que serão extintos após a aposentadoria e/ou morte de quem passou a provê-los.

Dada a realmente grande dificuldade encontrada pela Administração Pública moderna de promover concursos públicos para provimento originário de cargos públicos que enfeixem entre suas atribuições as chamadas "*atividades-meio*" do Estado – também conhecidas como "*atividades de apoio*" -, como determina de forma cogente e inflexível o art. 37, II, da CR/88, a solução encontrada para evitar desarmonia e descontinuidade da "*cadeia produtiva*" que viabiliza a consecução dos objetivos perseguidos pelo Estado, através de seus agentes, tem sido a "*contratação de empresas terceirizadoras de mão de obra*" (ou noutras palavras "*empresas de trabalho temporário*"), a fim de que estas forneçam todos os profissionais necessários a que a "*atividade-meio*" estatal possa exercida com eficiência máxima.

Quanto a esta tendência da Administração Pública moderna de contratar "*empresas de trabalho temporário*", com o fito de servir de empregados destas para executar o que na doutrina se chama de "*atividades-meio*", que são justamente aquelas que não se encontram no rol das que só podem ser desempenhadas por agentes do próprio Estado, que tenham acessado o serviço público na forma do artigo 37, II, da CR/88 - ***onde inexiste via de regra "mão de obra" aposentada que deseja se "desaposentar", ou na dicção do RJU da União se "reverter" voluntariamente*** -, digno de realce é que esta questão sobreveio tratada de forma inovadora no seio da Lei Federal nº 13.429/2017, sancionada pelo Sr. Chefe do Poder Executivo Federal, Presidente Michel Temer, no dia ***31/03/2017***.

Apesar disto, a grande maioria das disposições normativas constante da recém promulgada Lei Federal nº 13.429/2017 (popularmente conhecida como "*Lei das Terceirizações*"), se revela inaplicável à Administração Pública, quando contratante das chamadas "*empresas de trabalho temporário*", já que no atinente à Administração, a possibilidade de contratação desta espécie de "*mão de obra*" sempre foi para atendimento das chamadas "*atividades-meio*" e, ainda assim, observada a indispensabilidade de realização de procedimento licitatório hábil a estes fins, na forma do artigo 37, XXI, da CR/88.

Ou seja: a grande inovação trazida na recém promulgada Lei Federal nº 13.429/2017 (popularmente conhecida como "*Lei das Terceirizações*"), consistente na possibilidade do contratante das chamadas "*empresas de trabalho temporário*", poder se valer desta espécie de "*mão de obra*" para executar sua própria atividade finalística, não terá nenhuma aplicabilidade quando este contratante for a Administração Pública.

Isto, porque permanece existente de empecilho jurídico-constitucional a que se utilize deste tipo de desforço laborativo para substituir aquele que tem de ser desenvolvido através do próprio Estado, através de seus agentes, assim compreendidos aqueles que, para ganharem acessibilidade originária a cargos, empregos ou funções públicas nos moldes delineados no artigo 37, II, da CR/88, têm de ser aprovados previamente em concursos públicos de provas e/ou provas e títulos para aqueles fins, para desempenho de serviços públicos que não podem ter solução de descontinuidade.

É justamente com amparo no princípio assecuratório da continuidade dos serviços públicos, que o legislador constituinte deixou expresso, no §3°, do art. 39, da CR/88, quais dos direitos sociais constitucionalmente outorgados aos trabalhadores urbanos e/ou rurais em geral, nos incisos do art. 7°, da CR/88, estariam ali sendo estendidos aos servidores públicos titulares de cargos públicos de provimento efetivo.

São eles: "*salário mínimo, fixado em lei, nacionalmente unificado, capaz de atender às suas necessidades vitais básicas e às de sua família com moradia, alimentação, educação, saúde, lazer, vestuário, higiene, transporte e previdência social, com reajustes periódicos que lhe preservem o poder aquisitivo, sendo vedada sua vinculação para qualquer fim...*" (hipótese do inciso IV, do art. 7°, da CR/88); "*garantia do salário, nunca inferior ao mínimo, para os que percebem remuneração variável*" (hipótese dio inciso VII, do art. 7°, da CR/88); "*décimo terceiro salário com base na remuneração integral ou no valor da aposentadoria*" (hipótese do inciso VIII, do art. 7°, da CR/88); "*repouso semanal remunerado, preferencialmente aos domingos*" (hipótese do inciso XV, do art. 7°, da CR/88).; "*remuneração do serviço extraordinário superior, no mínimo, em cinquenta por cento à do normal*" (hipótese do inciso XVI, do art. 7°, da CR/88); "*gozo de férias anuais remuneradas com, pelo menos, um terço a mais do que o salário normal*" (hipótese do inciso XVII, do art. 7°, da CR/88); "*licença à gestante, sem prejuízo do emprego e do salário, com a duração de cento e vinte dias*" (hipótese do inciso XVIII, do art. 7°, da CR/88); "*licença-paternidade, nos termos fixados em lei*" (hipótese do inciso XIX, do art. 7°, da CR/88); "*proteção no mercado de trabalho da mulher, mediante incentivos específicos, nos termos da lei*" (hipótese do inciso XX, do art. 7°, da CR/88); "*redução dos riscos inerentes ao trabalho, por meio de normas de saúde, higiene e segurança*" (hipótese do inciso XX, do art. 7º, da CR/88) e "*proibição de diferenças de salários, de exercício de funções e de critério de admissão por motivo de sexo, idade, cor ou estado civil*" (hipótese do inciso XXX do art. 7º, da CR/88).

A razão de ser e existir desta norma inserta no art. 39, §3º, da CR/88 – quando estendeu aos servidores públicos titulares de cargos públicos apenas parte dos direitos sociais que o art. 7º, da CR/88 destinou aos trabalhadores urbanos e/ou rurais como um "*gênero*" -, centra-se no fato de que, diferentemente do que ocorre nas relações jurídico-laborativas estabelecidas entre empregado e empregador pessoa física e/ou pessoa jurídica de direito privado, onde a previsão desta verdadeira "*enxurrada*" de direitos sociais mínimos é medida que evita, ou quando nada coíbe, que esta relação jurídica fique demasiadamente desequilibrada, já a relação de trabalho que se estabelece através de vinculação estatutária entre servidor público ocupante de cargo de provimento efetivo e o Estado, enquanto pessoa jurídica de direito público, é concebida através de lei formal específica que o discipline (art. 37, X, da CR/88), de forma mais equânime e equilibrada, dada a previsão de que com a investidura originária o servidor público adquire a "*efetividade*" e, com a aprovação no chamado "*estágio probatório*", adquire "*estabilidade*" no serviço público.

Até por força deste raciocínio se consegue facilmente visualizar que a Administração poderia e até deveria incentivar os aposentados em seus RPPS´s a usar deste instituto impropriamente conhecido como "*desaposentadoria*", onde a relação jurídica entre eles estabelecida já nasce equilibrada (porque efetiva) e em pouco tempo se torna estável, com a certeza da boa relação "*custo x benefício*" (gerando eficiência), posto que há muito já aferida de lado a lado, gerando como consequência um recrutamento seguro e lícito da "*mão de obra*", livre dos males da contratação de "*empresas terceirizadora de mão de obra*" (ou noutras palavras "*empresas de trabalho temporário*"), sempre passíveis de "*quebra*" geradora de danos patrimoniais aos empregados, ao fisco, a fornecedores etc...

De se reconhecer, dentro desta toada de raciocínio acima desenvolvida, que esta questão atinente aos limites da responsabilidade da

Administração Pública, quando contrata "*empresas de trabalho temporário*", para desempenho de suas "*atividades-meio*", era tão preocupante, que sobreveio julgada pelo Tribunal Pleno do STF, na sessão de ***30/03/2017***.

Lá se julgou o Recurso Extraordinário nº ***760931***, que se encontrava afetado para produzir efeitos meta individuais próprios da "*repercussão geral*" da matéria constitucional nele reconhecida como existente, tendo a maioria dos ministros que tomam assento naquela Corte Constitucional confirmado o entendimento adotado quando do julgamento da Ação de Declaração de Constitucionalidade (ADC) 16, que vedou a responsabilização automática da Administração Pública relativamente aos direitos trabalhistas daqueles que passam a lhe servir como "*terceirizados*", só cabendo sua condenação se houver prova inequívoca de conduta omissiva ou comissiva dos agentes estatais na fiscalização dos contratos.

Dada a preocupação do excelso pretório de definir os limites de responsabilidade civil da Administração Pública, quando contratante de "*empresas de trabalho temporário*", só daí já se identifica como é relevante do ponto de vista técnico-jurídico delimitar, primeiro, quais são as atividades que o Estado pode contratar "*mão de obra*" terceirizada e, segundo, quais os limites de responsabilidade civil do Estado, quando existente má gestão da empresa terceirizadora de mão de obra, geradora de danos patrimoniais para os trabalhadores.

Acredita o autor que, apesar do recente julgamento do "*leading case*" representativo desta controvérsia incidentalmente ao julgamento do Recurso Extraordinário nº ***760931***, que se encontrava afetado para, quando dizimado, produzir efeitos meta individuais próprios da "*repercussão geral*" da matéria constitucional nele debatida e julgada existente, esta questão tende ainda a ser objeto de novos questionamentos perante o excelso pretório, na medida que muitos dos Entes Federativos criaram, por leis formais próprias, sociedades de economia mista, ou mesmo empresas públicas, justamente para gerir "*mão de obra*" terceirizada hábil a ser utilizada pela própria Administração, através de contratações formais muitas vezes levadas a efeito mediante licitação dispensada na forma do artigo 24, XXIII, da Lei Federal nº 8666/1993 (com a redação que lhe foi proporcionada pela Lei Federal nº 9648/1998).

Quanto aos limites da responsabilidade civil estatal, nestas contratações específicas, quando levadas a efeito entre duas entidades integrantes do mesmo Ente Federativo, acredita o autor que o excelso pretório será novamente instado a defini-la.

De qualquer forma, vê-se que a temática "*contratação de mão de obra*" no serviço público vem sendo tratada como de "*repercussão geral*", entreabrindo-se o instituto da "*desaposentadoria no RPPS*" como uma "*válvula*" hábil a viabilizar que a Administração aproveite ao máximo a "*mão de obra*" de seus próprios ex-servidores públicos que já se aposentaram, atendidos simultaneamente os princípios da estrita legalidade, da eficiência e da economicidade, que inspiram toda atividade administrativa estatal.

Enxerga o autor, portanto, diante de tudo quanto acima foi alegado, que o bom uso do instituto da "*desaposentadoria no RPPS*", se perfeitamente compreendida a razão de ser e existir do próprio instituto, segundo suas próprias nuances, poderá vir a ser a solução para tantos e tantos problemas hoje ainda existentes quanto ao tema "*terceirização de mão de obra*", só que no campo das "*atividades-fim*" do Estado, que hoje vem conduzindo a Administração, quando defronte falta de "*mão de obra*" para desempenho delas, dada a realmente existente dificuldade de se promover o reaparelhamento da "*cadeia produtiva*" estatal, quando desfalcados os quadros, a tempo hábil a evitar a paralisação dos próprios serviços tipicamente públicos, a fazer uso indevido de "*contratações temporárias, em caráter precário*" de pessoal, que têm como suporte a norma inserta no art. 37, IX, da CR/88, com objetivos nobres, porém inconstitucionais.

Isto porque a "*válvula*" constante do art. 37, IX, da CR/88, não foi concebida pelo constituinte com o objetivo de viabilizar que a Administração fizesse "*tábula rasa*" daqueloutra norma constitucional, inserta no art. 37, II, da CR/88, que claramente define a única forma de acessibilidade aos cargos públicos que enfeixem entre suas atribuições as chamadas "*atividades-fim*" do Estado Brasileiro

Referida "*válvula*" constitucional, segundo se pode depreender da leitura de sua própria "*letra*", existe exatamente para "*...atender a necessidade temporária de excepcional interesse público...*", o que "*de per si*" já afastaria o uso dela para contratação de "*mão de obra*" hábil ao exercício das atividades finalísticas do Estado Brasileiro, já que estas não podem sofrer qualquer solução de descontinuidade, justamente por isto seu recrutamento só pode ser feito através de concurso público de provas e/ou provas e títulos, dada a imperiosa necessidade de estabelecimento de uma vinculação ***EFETIVA*** e ***ESTÁVEL*** entre servidor público e a Administração que será a tomadora de serviços dele.

A jurisprudência, quanto a esta questão, sobreveio pacificada a partir do julgamento do "*leading case*" representativo da controvérsia pelo excelso pretório, "*in casu*" o Recurso Extraordinário nº ***658.026***, relatado pelo Min. Dias Tófolli (acórdão publicado no DJ-e de ***31/10/2014***), para produção de efeitos meta individuais da questão constitucional lá julgada como de "*repercussão geral*", quando então se definiu, no tema nº ***612***, integrante da listagem de todos os temas constantes do sítio eletrônico do STF, como representativos de controvérsias julgadas dentro da sistemática própria da "*repercussão geral*", quando e em que condições a Administração pode se valer da "*válvula*" prevista no art. 37, IX, da CR/88, nos seguintes termos, "*in verbis*": "*Nos termos do art. 37, IX, da Constituição Federal, para que se considere válida a contratação temporária de servidores públicos, é preciso que: a) os casos excepcionais estejam previstos em lei; b) o prazo de contratação seja predeterminado; c) a necessidade seja temporária; d) o interesse público seja excepcional; e)* ***a contratação seja indispensável, sendo vedada para os serviços ordinários permanentes do Estado que estejam sob o espectro das contingências normais da Administração****.*" (grifei)

Exsurge o instituto da "*desaposentadoria*" no serviço público, ou na dicção do Regime Jurídico Único da União concebido a partir da promulgação da Lei Federal nº 8112/1990, o instituto da "*reversão*" voluntária, como a "*segunda face*" da "*moeda*" denominada "*aposentadoria no serviço público*", a viabilizar o recrutamento de ex-servidores públicos que se aposentaram por tempo de contribuição, a regressarem à atividade plena dos cargos públicos de provimento efetivos que originariamente eles proveram, de forma lícita e alinhada a todos os comandos constitucionais federais.

Feitas todas estas observações, anota o autor ter adotado, nesta obra técnico-jurídica, ora objeto de atualização, a mesma sistemática constante de sua obra "*Aposentadoria no Serviço Público*", em 2011, editada pela Editora Del Rey, trazendo para o leitor sua visão personalíssima acerca dos mais variados aspectos que giravam e continuam girando em torno do instituto impropriamente conhecido como "*desaposentadoria*", entremostrando como e em quais hipóteses tal instituto pode ser usado pelo aposentado no RPPS e, ainda, procurando desfazer impropriedades semânticas que vêm sendo cometidas tanto pelo público leigo, quanto por advogados, juízes, promotores de justiça e doutrinadores, acerca do tema, dado ao perigo de que, fruto da adoção de terminologias impróprias, mas dotadas de significância jurídica, o instituto impropriamente conhecido como "*desaposentadoria*" possa se transformar, de um direito de que dispõe o titular de um determinado benefício previdenciário, num puro e simples perecimento do direito à própria aposentadoria originária.

1.1.7 Método adotado para as pesquisas que redundaram na publicação tanto do livro "aposentadoria no serviço público", em 2011, quanto deste livro, intitulado "desaposentadoria no serviço público", objeto da presente atualização de seu conteúdo material:

O autor, consoante acima vem pontuando, procura empregar, nas obras técnico-jurídicas que produz, uma visão crítica personalíssima dele acerca de todos os temas por ele abordados.

Justamente por isto, constituem obras que quase nenhuma fonte bibliográfica possuem , já que refletem única e exclusivamente a visão crítica do autor acerca das questões por ele abordadas em sua obra.

Bom que se diga que, por várias vezes, o autor já foi questionado quanto à adoção desta metodologia de trabalho, que não é usual nas obras científicas de direito e, até, fora dos padrões editoriais comumente aceitos pelas editoras.

Não obstante reconheça que seus trabalhos procuram retratar única e exclusivamente seu pensamento crítico acerca das questões neles abordadas e, não obstante reconheça que este não é o comportamento de grande parte dos autores dos livros de direito, ainda assim, o autor prefere seguir esta trilha de raciocínio científico.

Tal trilha tem suas origens mais próximas na "*teoria crítica do direito*" que vem ganhando cada vez mais adeptos dos anos 60 (sessenta) do século passado em diante.

Para os adeptos da "*teoria crítica do direito*", necessário é romper as barreiras do direito escrito (positivado), para buscar nas raízes dele, a melhor forma de interpretá-lo segundo os fins a que ele se destina e, sobretudo, de molde a adequar sua interpretação aos "*novos tempos*", vistos segundo as mutações culturais e comportamentais da sociedade organizada a que ele, direito escrito (positivado), tem de servir.

Na lição de Oswaldo Tadeu F. Monteiro, expressa em seu artigo intitulado "*Sinopse do livro Introdução ao pensamento jurídico crítico, escrito pelo Professor Antonio Carlos Wolkmer, como uma tentativa de interpretar a importância de temas como a Teoria crítica no Direito, o Pensamento Jurídico crítico*", que se encontra publicada no site www.diretonet.com.br no dia ***23/10/2006***, ***"...A ambição de uma reflexão crítica sobre o direito deve abordar as coisas pela raiz, retornar à genealogia que permitiu a existência de uma determinada forma jurídica. Conceitua-se teoria jurídica crítica como a formulação teórico-prática que se revela como exercício reflexivo capaz de questionar e de romper com o que está disciplinarmente ordenado e oficialmente consagrado (no conhecimento, no discurso e no comportamento)..."***

Entre as principais características de uma "*teoria crítica do direito*" ter-se-ia, conforme relatam Volpe Filho e Scapim (2004), apoiados na valiosa obra de Luiz Fernando Coelho, "*Teoria Crítica do Direito*":

> "...a) o Direito não é sinônimo de lei: trata-se da noção de que o jurista precisa inserir-se na sociedade para entender que o Direito não é apenas àquele originado do Estado. O Direito deve ser identificado com o bem comum, com a justiça e a igualdade, não devendo ser utilizado como artifício pelas classes dominantes;
>
> ***b) o Direito não é uno: a monopolização do Direito pelo Estado é questionada pelo pensamento crítico, que considera o Estado um ente contraditório indispensável para a reprodução do sistema capitalista e, nesse sentido, seria também um ente alienador. Tentam, os críticos, substituir o ineficaz legalismo do estado por outras vias de juridicidade;***
>
> ***c) o Direito não é neutro: a neutralidade, entendida como um distanciamento absoluto da questão a ser apreciada, pressupõe um jurista isento não somente das complexidades da subjetividade pessoal, mas também das influências sociais. Porém, para a***

epistemologia de uma Teoria Crítica o sujeito é um sujeito criador da história, ou seja, não se pode isolar sujeito do objeto, e portanto o Direito não está isolado das relações sociais que o produzem e, por conseguinte, o jurista não pode ser possuidor de uma neutralidade. Uma abordagem crítica do Direito exige operadores do direito conscientes de seu papel contraditório de defesa de interesses de classes ou frações de classe;

d) o objeto do Direito é um problema a ser solucionado: o Direito não pode considerar-se completamente científico, uma vez é produzido por legislador que não é – e nem pode ser – neutro, muito menos racional ou dono de uma "racionalidade limitada". O Direito se alimenta do social, das experiências vividas quotidianamente, de forma que o jurista cria e modifica o Direito à medida que, em o conhecendo, o interpreta e aplica e, desta forma, o objeto é um problema a ser solucionado e não simplesmente um objeto a ser descrito;

e) o direito não é racional: uma vez que trata-se do produto do emocional, do afeto, do subjetivo, do intuitivo. Nesse sentido, a forma ou aparência de racionalidade do Direito é um meio de legitimar as decisões jurídicas, ou seja, o Direito não pode desligar-se de seus operadores, os quais lhe incutem elementos de irracionalidade, quando objetivam, através das regras e decisões jurídicas, suas crenças, emoções, valores e sentimentos inerentes à psique humana;

f) o Direito é um instrumento de transformação social: pois que deve ter por objetivo a emancipação da sociedade, a partir da noção de que, contraditoriamente, o mesmo Direito que legitima e reproduz a exploração pode ser o elemento fundante de uma mudança social, deve criar as condições jurídicas necessárias para a emancipação do homem;

g) o Direito não é autolegítimo: pois a legitimidade das normas resulta de um processo ideológico que fundamenta a aceitação das normas pela sociedade por elas regida. A crítica não pode ser relativa somente à condição existente, mas crítica em trabalhar na direção de uma nova existência; e, finalmente:

h) o Direito não é dono de uma positividade axiológica do direito: pois não possui uma característica valorativa apenas positiva (justiça, bem comum, igualdade, liberdade, etc.), há também valores negativos na experiência jurídica, como a escravidão,

o despotismo e o desprezo pelos direitos humanos. A bondade essencial do direito não passa de artifício retórico para sua imposição ideológica ao consenso da macro-sociedade dominada e seu caráter ético está na dependência de seu uso como instrumento de controle social... (Glauco Oscar Ferraro Pires, "*in*" "O PENSAMENTO JURÍDICO CRÍTICO: A TEORIA CRÍTICA DO DIREITO", extraído do site http://www.claudiorozza.com.br/index.php?option=com_content&view=article&id=33:o-pensamento-juridico-critico-a-teoria-critica-do-direito&catid=4:tribuna-de-honra&Itemid=5)

A adoção da "*teoria crítica do direito*", para fins de interpretação das normas jurídicas, sem sombra de dúvida, representa "*um passo adiante*" da "*Teoria Pura do Direito*" de *Hans Kelsen*, vez que proporciona maleabilidade ao intérprete da norma, defronte a mesma, possibilitando que uma mesma norma possa conter uma multiplicidade de interpretações defensáveis, dependentes do ângulo com que determinado indivíduo a enxerga, suas crenças, seus conceitos, pré-conceitos, vivências etc...

A conjugação da "*teoria crítica do direito*" à "*Teoria Pura do Direito*", proporciona uma visão mais humanizada da norma, retirando dela, norma, a objetividade racional com que o legislador a concebeu, permitindo seja ela vista e criticada segundo os valores humanos de quem a interpreta, segundo os fins a que ela se destina, fato que sem sombra de dúvida minimiza o conteúdo racionalista da norma, valorizando seu intérprete, que deixa de ser, na dicção do Desembargador José Tarcísio Almeida de Melo, do TJMG, mero "*boca da lei*", à condição de operador dela.

Quando o tema em voga são os direitos previdenciários de uma sociedade recém-liberta de um regime político-ditatorial de feições opressivas, que perdurou por mais de duas décadas, acaso não se adotasse a "*teoria crítica do direito*" para melhor compreender o porquê de tanta falta de coerência do que se encontra positivado com as bases principiológicas que deveriam servir de seu sustentáculo e, fruto da busca incessante de respostas, promover a interpretação harmônica de disposições antinômicas, sem perder de vista que em qualquer hipótese deve prevalecer a norma mais benéfica, em atendimento ao princípio protetor da dignidade da pessoa humana, base sobre o qual se assentam todos os demais princípios da seguridade social constitucionalizados, muitos dos direitos previdenciários positivados pura e simplesmente perderiam sua eficácia, ou quem sabe até, ficariam sem destinatários.

Vê-se que o excelso Supremo Tribunal Federal, em várias oportunidades, adotou a "*teoria crítica do direito*" (ainda que não tenha declinado tal fato de forma expressa) justamente para proporcionar alguma eficácia a disposições normativas infraconstitucionais que, submetidas a controle de constitucionalidade num passado mais distante, foram tidas por alinhadas ao ordenamento jurídico constitucional, mas que no presente, se não forem reinterpretadas segundo os valores consagrados pela sociedade brasileira atual, pura e simplesmente serão transformadas em "*letras mortas*" validamente legisladas.

Para comprovar o alegado, o autor traz a lume, na íntegra, a notícia veiculada no *site* do excelso Supremo Tribunal Federal do dia ***18/04/2013***, informando à sociedade como um todo de que a composição plenária daquele egrégio Sodalício literalmente "*passou por cima*" do que, ***em 1998***, foi proclamado pela composição plenária de então, quando do julgamento da ***ADI nº 1232***, entendendo que passados 15 (quinze) anos do reconhecimento da constitucionalidade da previsão contida no art. 20, §3º, da LOAS – Lei Orgânica de Assistência Social, necessário se fez uma revisão de posicionamento, a fim de proporcionar à indigitada norma mínima, eficácia no presente.

Eis aí a íntegra do que restou veiculado no site do Supremo Tribunal Federal do dia ***18/04/2013***, "*in verbis*":

> "...STF declara inconstitucional critério para concessão de benefício assistencial a idoso
>
> Por maioria de votos, o Plenário do Supremo Tribunal Federal (STF) confirmou nesta quinta-feira (18) a inconstitucionalidade do parágrafo 3º do artigo 20 da Lei Orgânica da Assistência Social (Lei 8.742/1993) que prevê como critério para a concessão de benefício a idosos ou deficientes a renda familiar mensal per capita inferior a um quarto do salário mínimo, por considerar que esse critério está defasado para caracterizar a situação de miserabilidade. Foi declarada também a inconstitucionalidade do parágrafo único do artigo 34 da Lei 10.471/2003 (Estatuto do Idoso).

Recursos Extraordinários

A decisão de hoje ocorreu na Reclamação (RCL) 4374, no mesmo sentido do entendimento já firmado pelo Plenário na sessão de ontem, quando a Corte julgou inconstitucionais os dois dispositivos ao analisar os Recursos Extraordinários (REs) 567985 e 580963, ambos com repercussão geral. Porém, o Plenário não pronunciou a nulidade das regras. O ministro Gilmar Mendes propôs a fixação de prazo para que o Congresso Nacional elaborasse nova regulamentação sobre a matéria, mantendo-se a validade das regras atuais até o dia 31 de dezembro de 2015, mas essa proposta não alcançou a adesão de dois terços dos ministros (quórum para modulação). Apenas cinco ministros se posicionaram pela modulação dos efeitos da decisão (Gilmar Mendes, Rosa Weber, Luiz Fux, Cármen Lúcia e Celso de Mello).

O ministro Teori Zavascki fez uma retificação em seu voto para dar provimento ao RE 580963 e negar provimento ao RE 567985. Segundo ele, a retificação foi necessária porque na sessão de ontem ele deu um "tratamento uniforme" aos casos e isso poderia gerar confusão na interpretação da decisão. O voto do ministro foi diferente em cada um dos REs porque ele analisou a situação concreta de cada processo.

Reclamação

A Reclamação 4374 foi ajuizada pelo Instituto Nacional do Seguro Social (INSS) com o objetivo de suspender o pagamento de um salário mínimo mensal a um trabalhador rural de Pernambuco. O benefício foi concedido pela Turma Recursal dos Juizados Especiais Federais de Pernambuco e mantido no julgamento desta quinta-feira pelo STF.

Na Reclamação, o INSS alegava afronta da decisão judicial ao entendimento da Suprema Corte na Ação Direta de Inconstitucionalidade (ADI) 1232. No julgamento da ADI, em 1998, os integrantes da Corte consideraram constitucionais os critérios estabelecidos no parágrafo 3º do artigo 20 da LOAS para o pagamento do benefício, em especial, o que exige uma renda mensal per capita inferior a um quarto do salário mínimo.

Voto

Em seu voto, o relator da reclamação, ministro Gilmar Mendes, defendeu a possibilidade de o Tribunal "exercer um novo juízo"

sobre aquela ADI, considerando que nos dias atuais o STF não tomaria a mesma decisão. O ministro observou que ao longo dos últimos anos houve uma "proliferação de leis que estabeleceram critérios mais elásticos para a concessão de outros benefícios assistenciais". Nesse sentido, ele citou diversas normas, como a Lei 10.836/2004, que criou o Bolsa Família; a Lei 10.689/2003, que instituiu o Programa Nacional de Acesso à Alimentação; e a Lei 10.219/2001, que criou o Bolsa Escola.

Conforme destacou o relator, essas leis abriram portas para a concessão do benefício assistencial fora dos parâmetros objetivos fixados pelo artigo 20 da LOAS, e juízes e tribunais passaram a estabelecer o valor de meio salário mínimo como referência para aferição da renda familiar per capita.

"É fácil perceber que a economia brasileira mudou completamente nos últimos 20 anos. Desde a promulgação da Constituição, foram realizadas significativas reformas constitucionais e administrativas com repercussão no âmbito econômico e financeiro. A inflação galopante foi controlada, o que tem permitido uma significativa melhoria na distribuição de renda", afirmou o ministro ao destacar que esse contexto proporcionou que fossem modificados também os critérios para a concessão de benefícios previdenciários e assistenciais se tornando "mais generosos" e apontando para meio salário mínimo o valor padrão de renda familiar per capita.

"Portanto, os programas de assistência social no Brasil utilizam atualmente o valor de meio salário mínimo como referencial econômico para a concessão dos respectivos benefícios", sustentou o ministro. Ele ressaltou que este é um indicador bastante razoável de que o critério de um quarto do salário mínimo utilizado pela Loas está completamente defasado e inadequado para aferir a miserabilidade das famílias, que, de acordo com o artigo 203, parágrafo 5º, da Constituição, possuem o direito ao benefício assistencial.

Conforme asseverou o ministro, ao longo dos vários anos desde a sua promulgação, a norma passou por um "processo de inconstitucionalização decorrente de notórias mudanças fáticas, políticas, econômicas, sociais e jurídicas". Com esses argumentos, o ministro votou pela improcedência da reclamação, consequentemente declarando a inconstitucionalidade incidental do

artigo 20, parágrafo 3º, da LOAS, sem determinar, no entanto, a nulidade da norma.

Ao final, por maioria, o Plenário julgou improcedente a reclamação, vencido o ministro Teori Zavascki, que a julgava procedente. Os ministros Dias Toffoli, Ricardo Lewandowski e Joaquim Barbosa votaram pelo não conhecimento da ação..." (grifos do autor)

Interessante aqui é que todos se apercebam que, no julgado acima trazido à colação a título ilustrativo de tudo quanto até aqui está sendo alegado, o Supremo Tribunal Federal promoveu novo juízo de valor quanto a constitucionalidade do art. 20, §3º, da LOAS – Lei Orgânica de Assistência Social, distinto daquele promovido pelo excelso pretório em 1998, por ocasião do julgamento da ***ADI nº 1232***, reputando no momento presente referida disposição legal infraconstitucional desalinhada do ordenamento jurídico-constitucional, fato que entretanto não conduziu o excelso pretório a retirar referida disposição normativa do mundo jurídico, medida reputada como correta para evitar o desrespeito àquilo que sobreveio decidido no seio da citada ADI e que se encontra acobertado pelo manto das coisas julgadas formal e material.

Estando o excelso Supremo Tribunal Federal diante de uma reclamação veiculada justamente para que a referida Corte Constitucional proporcionasse aplicabilidade daquilo que ela própria decidiu em 1998, por ocasião do julgamento da ***ADI nº 1232***, identifica-se como acertada a decisão que, apenas incidentalmente ao julgamento dela, reclamação, reconheceu a inconstitucionalidade momentânea da disposição legal que, em 1998, foi julgada alinhada ao ordenamento jurídico-constitucional em sede de controle concentrado de constitucionalidade das normas (ADI).

Se de um lado, estava dentro da órbita de poder daquele Tribunal Superior dizimar a reclamação como bem entendesse, segundo o livre convencimento motivado da maioria de seus membros (art. 93, IX, da CR/88), de outro, estava fora da órbita de poder do mesmo Tribunal promover a retirada do mundo jurídico da indigitada norma ali incidentalmente reconhecida como atualmente desalinhada com ordenamento jurídico constitucional, já que a decisão que julga reclamação ajuizada com suporte na norma inserta no art. 102, I, "*l*", da CR/88, não tem o condão de produzir os mesmos efeitos de uma ADI ou uma ADC.

Identifica-se com clareza solar que, para dizimar a reclamação acima noticiada, o excelso pretório adotou a "*teoria crítica do direito*". Ao reconhecer incidentalmente a momentânea inconstitucionalidade material da norma que, em 1998, havia sido submetida a controle concentrado de constitucionalidade no âmbito da mesma Corte Constitucional e reputada naquele momento histórico como alinhada ao ordenamento jurídico-constitucional, vê-se que o motivo determinante desta mudança de entendimento sobreveio muitíssimo bem explicado por seu relator, Min. Gilmar Mendes, que em seu voto, capitaneador do acórdão que lá foi proferido pela composição plenária daquela Corte Constitucional, ***defendeu a possibilidade de o Tribunal "exercer um novo juízo" sobre aquela ADI, considerando que nos dias atuais o STF não tomaria a mesma decisão***.

Ainda no mesmo voto sufragado, o referido ministro observou que, ao longo dos últimos anos, houve uma "***proliferação de leis que estabeleceram critérios mais elásticos para a concessão de outros benefícios assistenciais***". No mesmo voto, ainda, ele promoveu a citação de diversas normas diversas normas, como a Lei Federal nº 10.836/2004, que criou o Bolsa Família; a Lei Federal nº 10.689/2003, que instituiu o Programa Nacional de Acesso à Alimentação; e a Lei Federal nº 10.219/2001, que criou o Bolsa Escola, ***com o escopo de entremostrar que, a se aplicar a "letra" do art. 20, §3º, da LOAS, o benefício assistencial lá instituído – benefício de prestação continuada (BPC) - não teria mais como ter destinatários, tamanha a pequenez da renda familiar exigida para que alguém se candidatasse a recebê-lo (renda familiar inferior a 1/4 do salário mínimo)***.

Escudado exatamente nesta "*teoria crítica do direito*" adotada pelo Supremo Tribunal Federal no caso concreto acima trazido apenas para melhor ilustrá-la, é que o autor passará a discorrer, nos capítulos seguintes, acerca de todas as questões por ele reputadas como importantes para exata compreensão do instituto impropriamente conhecido como "*desaposentadoria*", as formas com que tal instituto pode ser utilizado pelo aposentado no RPPS e, quem sabe, trazer todos os leitores à reflexão quanto à necessidade de mudança de paradigmas tradicionais no âmbito do direito previdenciário, em relação ao momento em que se consuma o direito material à aposentadoria no RPPS, promovendo-se a necessária distinção entre tal momento em relação àquele em que o direito material pode produzir os efeitos jurídico-previdenciários desejados.

O autor procurará demonstrar desde a origem da atual ordem jurídico constitucional, como o direito à aposentadoria no RPPS sobreveio concebido no plano do direito positivo e, em que momento nasce o direito do aposentado no RPPS a valer-se do que impropriamente se denomina "*desaposentadoria*", tudo isso de forma ordenada, passo a passo, numa sequência lógica, no afã de ser bem compreendido.

Para tanto, o autor inicia o trabalho técnico-jurídico a que se propôs através do exame, no capitulo seguinte, da forma com que o Estado Brasileiro sobreveio organizado no plano constitucional após 05/10/1988, entendendo que está aí a origem do Estado Brasileiro recriado através de um texto constitucional republicano extremamente prolixo, que se encontra assentado num pacto federativo "*sui generis*" até em direito comparado. Na visão do autor, este é o fator primeiro que deve ser analisado, para que a seguir se possa visualizar como, dentro desta "*supernormatização*" dotada de feições "*sui generis*" no plano constitucional, sobrevieram concebidas as normas programáticas determinantes de que os Entes Federativos concebessem, por leis formais, regimes próprios de previdência para abrigar seu funcionalismo.

II
ORGANIZAÇÃO DO ESTADO BRASILEIRO APÓS 05/10/1988

2.1 BASES PRINCÍPIOLÓGICAS SOBRE AS QUAIS O ESTADO BRASILEIRO FOI RECRIADO APÓS 05/10/1988 NO PLANO CONSTITUCIONAL FEDERAL:

Em 05/10/1988, sobreveio promulgado o texto constitucional republicano atualmente vigente, cujas bases principiológicas e objetivos foram definidos logo ao início dele, mais especificamente entre os arts. 1º e 5º de seu corpo permanente.

Todas as demais normas constitucionais que vieram adiante, nos artigos subsequentes do corpo permanente do texto constitucional republicano, sem réstia de dúvida, hão de ser interpretadas consoante estas bases principiológicas e objetivos que sobrevieram definidos de forma taxativa e expressa, por opção política do constituinte originário.

Outra circunstância que entremostra a importância que o constituinte originário proporcionou a estas bases principiológicas que vieram positivadas nos cinco primeiro artigos do corpo permanente do texto constitucional republicano, bases estas nas quais todas as demais normas, constitucionais ou não, devem guardar alinhamento, encontra-se descrita no §1º, do art. 5º, da CR/88, em que se deixou assentado que "*as normas definidoras dos direitos e garantias individuais têm aplicação imediata*", o que as retira do rol das chamadas normas programáticas e reforçam a necessidade da compatibilização de todo o restante do corpo permanente do texto constitucional republicano, emendado ou não, às citadas bases principiológicas nas quais ele, texto constitucional, se firmou por opção política do constituinte originário.

Tal é a certeza, que se identifica no art. 60, §4°, da CR/88, que nenhuma das matérias que sobrevieram definidas e legisladas no seio dos arts. 1° a 5°, da CR/88 podem ser objeto de emenda tendente a "*abolir*" ("*letra*" do constituinte) os contornos materiais do que lá sobreveio positivado.

Estas limitações materiais ao exercício do próprio poder constituinte derivado, ou reformador, declinadas pelo próprio constituinte originário no seio do art. 60, §4°, da CR/88, são tratadas pelos doutrinadores de direito constitucional como "*cláusulas pétreas*" constitucionais.

Quanto a estas limitações ao exercício do poder constituinte derivado, ou reformador, previstas no art. 60, §4°, da CR/88, deve-se aqui atentar para o fato de que o objetivo do constituinte originário, ao criar tais "*cláusulas pétreas*", foi de evitar que o texto constitucional republicano, como um todo normativo que deve ser interpretado (quando possível) harmonicamente, ficasse despido das bases sobre as quais, em 05/10/1988, ele se assentou.

Improcede o argumento de alguns, que enxergam nestas limitações ao poder constituinte derivado, ou reformador, um instrumento "*engessador*" da atividade legislativa federal.

A improcedência deste argumento deriva do fato de que o constituinte originário tão somente estipulou, no §4°, do art. 60, da CR/88, que estaria fora do raio de alcance do poder constituinte derivado, ou reformador, qualquer emenda cujo objetivo fosse "*abolir*" ("*letra*" do constituinte) a "*forma federativa de Estado*" (inciso I), o "*voto direto, secreto, universal e periódico*" (inciso II), a "*separação de poderes*" (inciso III) e os "*direitos e garantias individuais*" (inciso IV).

A grande prova de que o objetivo destas limitações materiais impostas ao poder constituinte derivado, ou reformador, pelo originário, não possui conteúdo "*engessador*" do exercício dos demais poderes constituídos da república, encontra-se na Emenda Constitucional federal n° 45/2004, que acrescentou ao art. 5°, no rol de "*direitos e garantias individuais*" constitucionalizados, aquele que hoje se encontra descrito no inciso LXXVIII, antes inexistente, que numa síntese trouxe para o direito positivo constitucional o princípio assecuratório da duração razoável do processo.

Vê-se, com o mero exemplo acima, que as chamadas "*cláusulas pétreas*" constitucionais, assim compreendidas aquelas matérias que o constituinte originário previu que não poderiam ser objeto de emendas tendente a "*aboli-las*" ("*letra*" do constituinte – art. 60, §4°, da CR/88 – verbo utilizado: "*abolir*"), não constituem, de forma alguma, uma limitação "*engessadora*" do exercício, pelo parlamento, do poder constituinte derivado, ou reformador.

É perfeitamente possível que até mesmo tais "*cláusulas pétreas*" constitucionais possam receber um tratamento legislativo que as compatibilizem com as demais normas constitucionais que os parlamentares eventualmente venham a propor sejam emendadas, dentro do exercício regular do poder constituinte derivado, ou reformador.

Exemplo: nos dias atuais, muito se discute acerca da possibilidade jurídica de criação, por emenda constitucional, de algumas hipóteses excepcionantes ao regramento genérico previsto no art. 5°, XLVII, da CR/88, segundo o qual "*não haverá penas*": ("*caput*") *"a) de morte, salvo em caso de guerra declarada, nos termos do art. 84, XIX;" "b) de caráter perpétuo;" "c) de trabalhos forçados"; "d) de banimento;" "e) cruéis"*, para proporcionar tratamento jurídico-penal adequado àquele criminoso reincidente, irrecuperável para retomada de uma vida civil alinhada ao padrão de honestidade ordinariamente concebido na sociedade brasileira e, sobretudo, para aqueles que representem perigo à sociedade organizada, se eventualmente soltos em virtude de eventual progressão do regime de cumprimento de suas penas etc...

Acerca desta polêmica, o autor tem a seguinte opinião: a "*cláusula pétrea*" inserta no art. 5°, XLVII, da CR/88, quando prevê com clareza translúcida de que o ordenamento jurídico penal brasileiro legislado infraconstitucional não poderá sancionar nenhum criminoso com penas "*de morte*" (alínea "*a*"), "*de caráter perpétuo*" (alínea "*b*"), "*de trabalhos forçados*" (alínea "*c*"), "*de banimento*" (alínea "*d*") e "*cruéis*" (alínea "*d*"), não comporta interpretação dúbia.

Não obstante isto, acredita o autor que se revela juridicamente possível a criação, por atividade legislativa infraconstitucional que independa inclusive de que se emende o texto constitucional republicano, nele incluindo a obrigação do condenado que esteja cumprindo pena privativa de liberdade, de que ele deverá trabalhar, se desejar fazer uso do direito à remição da pena através do labor, necessariamente, junto às empresas privadas que estejam a prestar serviços públicos, por terem se sagrados vitoriosas em procedimentos licitatórios deflagrados para esta finalidade.

Vê-se que, acaso se concebesse esta condicionante ao exercício do direito ao trabalho externo pelo condenado que esteja cumprindo pena privativa de liberdade em regime semiaberto, por meio de atividade legislativa infraconstitucional federal, haveria aí o resgate mais puro da função da pena dentro do direito penal brasileiro, que deve conter um conteúdo sancionador e, outro, ressocializador.

Quando acima se falou que talvez uma criação legislativa deste jaez devolveria à pena o dúplice caráter que deveria lhe ser próprio, é porque se houvesse uma obrigatoriedade de que o exercício do direito ao trabalho externo pelo condenado que esteja cumprindo pena privativa de liberdade em regime semiaberto fosse necessariamente a tomadores de serviços exequentes de serviços públicos, estaria este preso, de uma maneira ou de outra, proporcionando à sociedade organizada, vítima última do crime pelo qual ele foi apenado, uma reparação civil do dano causado através do produto de seu trabalho e, quem sabe, enxergando no valor social do trabalho um meio mais digno para retomada de sua vida "*extra muros*" dos estabelecimentos penitenciários.

Apesar de, nos dias atuais, inexistir qualquer diploma legislativo que tenha concebido esta condicionante ao trabalho externo pelo condenado que esteja cumprindo pena privativa de liberdade em regime semiaberto, vários magistrados deste país têm incentivado que as empresas privadas prestadoras de serviços públicos se valham desta espécie de "*mão de obra*" e, vencendo a "*barreira do preconceito*" do empresariado, conseguindo resultados deveras animadores.

A respeito disso, confira o que sobreveio veiculado recentemente veiculado pelo Conselho Nacional de Justiça, "*in verbis*":

> "...trabalho dos presidiários do regime semiaberto de Campo Grande (MS) já garantiu a reforma de três escolas públicas e deve ser estendido às escolas do interior do Estado. Os presidiários fazem parte do projeto "Pintando a Educação com Liberdade",

idealizado na 2ª Vara de Execução Penal (VEP) de Campo Grande, que tem como diferencial destinar 10% do salário dos internos para o custeio das reformas. Dessa forma, a prefeitura economizou cerca de R$ 1 milhão, conforme dados da Secretaria Estadual de Educação repassados aos gestores do projeto.

Os presidiários cumprem pena no Centro Penal Agroindustrial da Gameleira, em Campo Grande, cujo modelo de ressocialização do regime semiaberto foi aprovado pelo Conselho Nacional de Justiça (CNJ). Em visita ao centro penal, em fevereiro de 2014, o conselheiro e supervisor do Departamento de Monitoramento e Fiscalização do Sistema Carcerário e do Sistema de Execução de Medidas Socioeducativas (DMF), Guilherme Calmon, disse que há uma boa perspectiva de o modelo ser estendido para outras unidades prisionais do País, em razão de seu funcionamento exemplar. O projeto "Pintando a Educação com Liberdade" teve início em janeiro do ano passado, por meio de uma parceria entre a 2ª Vara de Execução Penal de Campo Grande, a Agência Estadual de Administração do Sistema Penitenciário (Agepen) do Estado do Mato Grosso do Sul e a Secretaria de Estado de Educação. A ideia central do projeto é garantir o trabalho e oportunidade de ressocialização aos presidiários e, ao mesmo tempo, fazer com que eles ofereçam um benefício à sociedade.

"Considero que o projeto é também uma ação de segurança pública, pois o trabalho oferecido aos presos evita muitas vezes que eles retornem ao crime, gera uma reflexão da vida", diz o juiz da 2ª Vara de Execução Penal de Campo Grande, Albino Coimbra Neto, idealizador do projeto. De acordo com ele, os presos acabam até recuperando a autoestima ao perceber que estão fazendo um trabalho de grande importância e até se assustam com a própria capacidade.

Para cada reforma nas escolas públicas, são destinados cerca de 10 presos, fiscalizados por agentes penitenciários no local de trabalho, e que retornam ao fim do expediente para o presídio por meio de um transporte cedido pelo poder público. A primeira escola beneficiada foi a E. E. Delmira Ramos, localizada no Bairro Coophavilla II, que recebeu pintura total do prédio, reforma de calçadas, banheiros, bebedouro, revitalização da quadra de esportes, área administrativa e na parte hidráulica e elétrica. Houve também trabalho de jardinagem no qual foram utilizadas mudas de plantas produzidas no próprio presídio. Dos recursos arrecadados com o trabalho dos internos, foram destinados R$ 64 mil para a reforma da escola, provenientes do desconto de 10% do salário que recebem do governo pelo trabalho.

O segundo estabelecimento beneficiado pelo projeto foi a Escola Estadual Brasilina Ferraz Mantero, localizada no Bairro Jardim Leblon, em Campo Grande. Em junho de 2014, a escola passou por reformas na parte hidráulica, bebedouro, pintura de salas de aulas, instalação de luminárias, troca de interruptores e serviço de jardinagem entre outras coisas. Os presidiários arcaram com todos os custos de aquisição dos materiais necessários para a obra. Atualmente, a escola pública de Campo Grande, localizada no bairro Aero Rancho, um dos mais populosos da capital, é a terceira a participar do projeto, e passa por reforma completa de suas instalações.

Preconceito – Uma das barreiras que o projeto teve que enfrentar no início foi a resistência da sociedade ao se deparar com presos em um ambiente escolar. No entanto, rapidamente a comunidade percebeu o benefício do projeto. "As pessoas imaginam que o que vem de presídio só pode ser coisa ruim, mas hoje os diretores, professores e pais estão muito agradecidos aos presos", diz Neto. Segundo ele, um dos presos inclusive foi aluno de uma das escolas que passou pela reforma e foi reconhecido pelos professores.

Para Neto, a aprovação social também se dá pela grande economia dos cofres públicos. Segundo dados da Secretaria Estadual de Educação, uma obra do porte que vem sendo feito pelo projeto custaria aos cofres do Governo do Estado R$ 350 mil. A partir desta informação, calcula-se que o projeto já gerou uma economia de mais de R$ 1 milhão ao erário estadual, já que os custos com procedimentos licitatórios e os encargos sociais não incidem no projeto.

Modelo de regime semiaberto – Atualmente, 588 dos 727 presos no regime semiaberto do presídio estão no mercado de trabalho por meio do convênio com cerca de 70 empresas de diversos setores, como frigoríficos, madeireiras, indústrias alimentícias, indústrias de reciclagem, dentre outras.

A destinação dos recursos às obras públicas só foi possível pela edição e regulamentação da Portaria 001/2014 da 2ª VEP da capital, que normatizou o trabalho dos apenados, dentro e fora do presídio, instituindo o desconto de 10% de suas remunerações, que é

> depositado em uma conta judicial e utilizado para fazer frente a despesas do preso no presídio e para o projeto "Pintando Educação com Liberdade". A possibilidade de normatização está prevista pelo artigo 29 da Lei de execução Penal.
>
> Outro diferencial do modelo de ressocialização é que, ao contrário do que ocorre na maioria dos presídios do País, em Campo Grande o trabalho só é possível por meio dos convênios firmados com empresas privadas e com os órgãos públicos. Dessa forma, não é possível que o próprio preso indique um trabalho e que seja regido pelas regras somente da empresa. "Trata-se de um modelo mais rígido e de mais fiscalização, mas que rende mais oportunidades ao preso e, desta forma, o regime semiaberto se transforma em uma alternativa viável ao regime fechado", acredita Neto.
>
> Além do projeto nas escolas da cidade, os internos do regime semiaberto também participam, desde 2013, do projeto Calçamento Social, no qual constroem pisos e calçadas em instituições sociais da capital com material custeado pelo percentual descontado do salário e mão de obra. O Calçamento Social já beneficiou entidades como a Apae, Hospital Nosso Lar e Hospital São Julião, onde foram construídos mais de 600 m² de calçamento.
>
> Durante a visita do CNJ, em fevereiro do ano passado, o diretor do presídio, Tarley Cândido Barbosa[1], afirmou que a prova do êxito do projeto é a redução no índice de evasões de detentos. "Em 2012, o índice era de 69%. Nos últimos quatro meses não chegou a 7%", disse Barbosa." ("in" http://www.cnj.jus.br/noticias/cnj/30505-presos-custeiam-reformas-em-escolas-publicas-no-ms)

Outras iniciativas parecidas com esta, divulgada recentemente pelo site do Conselho Nacional de Justiça, foram promovidas pelo poder judiciário de outros Estados da federação.

Exemplificando, no ano de 2012 o magistrado mineiro José Henrique Mallmann[2], à época juiz da comarca de Santa Rita do Sapucaí/MG, criou um projeto, com apoio do TJMG, para ofertar trabalho

---

1 BARBOSA, Tarely Cândido: http://www.cnj.jus.br/noticias/cnj/30505-presos-custeiam-reformas-em-escolas-publicas-no-ms.

2 Juiz José Henrique Mallmann in http://g1.globo.com/jornal-nacional/noticia/2012/06/detentos-pedalam-para-produzir-energia-eletrica-em-presidio-em-mg.html.

dentro dos estabelecimentos penitenciários àqueles condenados a pena privativa de liberdade que estivessem em regime fechado, que tivesse como destinatários a coletividade dos mineiros, vítima última da atividade criminosa geradora da apenação.

Acerca desta iniciativa, especificamente considerada, veja o que disse o Jornal da Globo, veiculado no site das Organizações Globo do dia ***23/06/2012***, "*in verbis*":

> "Em Santa Rita do Sapucaí, sul de Minas, a ideia de um juiz transformou os presos de bom comportamento em produtores de energia elétrica.
>
> As duas bicicletas ficam no pátio do presídio. Por correias, as pedaladas geram a energia que vai carregar duas baterias. No guidão, um aparelho indica a hora de parar.
>
> O juiz da cidade, José Henrique Mallmann, conta que tirou a ideia da internet. Viu nas academias americanas. No presídio, o projeto foi recebido com receio, mas depois ganhou a adesão dos detentos. Outras oito bicicletas devem ser instaladas.
>
> "Controla um pouco da ociosidade, e a cada 16 horas pedaladas eles têm um dia a menos na pena", aponta o juiz.
>
> Depois de carregadas, as baterias são levadas até o centro da cidade. O resultado do esforço físico dos presos aparece à noite, quando parte de uma praça da cidade fica iluminada. Pedalando o dia inteiro, eles conseguem produzir energia para acender seis lâmpadas. Mas quando o presídio tiver dez bicicletas funcionando, aí sim vai ter carga suficiente para iluminar toda a avenida.
>
> Pela lei, os presos não são obrigados a pedalar, mas se a direção do presídio deixar, tem preso que vai queimar energia o dia todo.
>
> "Eu estava barrigudinho, emagreci uns quatro quilos", revela um detento. Depois que as bicicletas foram instaladas, o clima no presídio agora é outro." ("in" http://g1.globo.com/jornal-nacional/noticia/2012/06/detentos-pedalam-para-produzir-energia-eletrica-em-presidio-em-mg.html)

Todos estes exemplos acima trazidos deixam extreme de dúvidas que as cláusulas pétreas constitucionais são apenas "*limitações*" ao exercício do poder constituinte derivado, ou reformador, jamais "*emperradoras*" de que a sociedade organizada possa compatibilizar estas "*limitações*" aos novos valores que ela vai consagrando com o "*passar dos tempos*", sem que para tanto se tenha de convocar nova Assembléia Nacional Constituinte para tanto.

Aqui, entreabre-se um necessário parêntese para dizer que, se estas limitações materiais ao exercício do poder constituinte derivado, ou reformador, expressas no art. 60, §4º, da CR/88, realmente foram concebidas para preservação da essência da vontade do povo brasileiro que, reunido em Assembleia Nacional Constituinte, concebeu através de seus representantes no Congresso Nacional o atual texto constitucional republicano, promulgado em 05/10/1988, deixou-se lá subentendido que o exercício do poder constituinte derivado, ou reformador, necessariamente tinha de conformar-se com tais bases que o constituinte originário, por opção política, determinou jamais pudessem ser "*abolidas*" ("*letra*" do constituinte – art. 60, §4º, da CR/88 – verbo utilizado: "*abolir*") enquanto vigente a atual ordem constitucional.

De igual sorte, ficou subentendido que seria juridicamente possível o exercício do poder constituinte reformador, ou derivado, não com o escopo de "*abolir*" ("*letra*" do constituinte – art. 60, §4º, da CR/88 – verbo utilizado: "*abolir*") tais bases principiológicas, mas sim adequá-las aos "*novos tempos*" de molde a que permanecessem sendo sempre a essência da vontade do povo brasileiro, mutante de acordo com as próprias mutações vividas pela sociedade civil organizada e seus valores humanos.

E, a prova maior de tudo quanto ficou subentendido quando da concepção das cláusulas pétreas foi bem compreendido tanto pelas autoridades constituídas, quanto pela sociedade organizada brasileira, são estas iniciativas dos poderes judiciários dos Estados do Mato Grosso do Sul e Minas Gerais, acima trazidas para ilustrar todo este complexo raciocínio e entremostrar que as "*limitações*" ao exercício do poder constituinte derivado, ou reformador, trazidas num rol exaustivo no art. 60, §4º, da CR/88, são perfeitamente passíveis de serem alvo de "*adequações*", justamente para que a vontade do povo, expressa no texto constitucional republicano, possa permanecer ao mesmo tempo hígida e perenemente atualizada aos valores que vêm sendo consagrados pela sociedade organizada, mutantes por sua própria natureza.

Constata-se que, entre essas limitações materiais ao exercício do poder constituinte derivado, ou reformador, impostas pelo constituinte originário, encontra-se a impossibilidade de criação de emendas tendentes a "*abolir*" ("*letra*" do constituinte – art. 60, §4°, da CR/88) a "*forma federativa de Estado*" (inciso I) que veio jusconstitucionalizada no art. 1°, do corpo permanente do texto constitucional republicano.

Lá sobreveio concebido o chamado "*pacto federativo*" sobre o qual se assenta o Estado Brasileiro recriado no plano constitucional em 05/10/1988, trazendo como grande novidade a presença dos municípios entre os Entes Federativos.

A seguir, o autor procurará demonstrar como o Estado Brasileiro recriado à luz de um "*pacto federativo*" inédito até em direito comparado, por promover a inclusão dos municípios na federação, conseguiu se organizar com esta "*limitação*" e organizar os macrossistemas previdenciários destes municípios sem que tivessem estes os três poderes constituídos e, o que se revela mais grave, recursos próprios, oriundos da atividade arrecadatória dos tributos de sua competência legislativa, para se manterem autônomos.

2.2 O PACTO FEDERATIVO CONSAGRADO NO ART. 1°, DO TEXTO CONSTITUCIONAL REPUBLICANO DE 1988 – CONCEPÇÃO DE UM ESTADO FEDERAL CUJOS MUNICÍPIOS INTEGRAM O PACTO FEDERATIVO

Consoante foi descrito no item 2.1 retro, o constituinte originário federal de 1988 promoveu a recriação do Estado Brasileiro no plano constitucional, iniciando pela escolha da forma federativa de Estado, porém concebendo um pacto federativo "*sui generis*" até em direito comparado, na medida em que incluiu entre os Entes Federativos, os municípios brasileiros.

<u>Acredita-se</u> que a concepção desta forma federativa de Estado inédita até em direito comparado, deveu-se à intenção de proporcionar maior autonomia aos municípios e evitar que seus gestores ficassem inteiramente subordinados à gestão dos Estados Federados em que eles se situavam, acarretando grande concentração de poderes em "*poucas mãos*" e concebendo " *superestados*" cujos gestores teriam poderes tão grandes, que poderiam colocar "*em xeque*" a indissolubilidade do Estado Brasileiro ali concebido em forma federativa.

Apesar da péssima qualidade do trabalho legislativo brasileiro, o que não é novidade para ninguém, dada a mais completa ausência de pré-requisitos, no corpo permanente do texto constitucional republicano vigente, identificadores de capacitação mínima para que alguém possa concorrer, através do voto popular, ao cargo de deputado, ou senador, no Congresso Nacional, ***acredita-se*** que a ideia da concepção de uma federação que incluísse os municípios entre os Entes Federativos, por parte do constituinte originário, constituiu medida "*preventiva*" (***"prevenção", no limite de significância que esta palavra comporta, beirando à significância de "cautela", quiçá até de "medo"***) à concentração desmedida de poderes em "*poucas mãos*" e, via de consequência, medida "*preventiva*" a que aqui se instaurasse novo poder opressivo e de feições ditatoriais.

Acredita-se tenha sido esta a "*ratio essendi*" da concepção deste modelo "*sui generis*" até em direito comparado de Estado Federal, porque durante o período político-ditatorial que por aqui se instaurou de1964 a 1985, na maior parte desse lapso, de 18 (dezoito), dos 21 (vinte e um) anos em que perdurou este regime político-social opressivo de feições ditatoriais, as normas do texto constitucional republicano de 1967 é que serviram de guia ao exercício dos poderes constituídos entre os Entes Federativos, sendo de se destacar que, enquanto vigente referidas disposições constitucionais federais, os municípios não só deixaram de integrar o pacto federativo, como também tiveram suas autonomias bastante apequenadas com a criação de mecanismos de atrelamento dos gestores dos municípios que eram capitais dos Estados, à vontade do Governador do Estado, que era a autoridade de direito público constitucionalmente incumbida de nomeá-los.

Outro mecanismo apequenador da autonomia dos municípios brasileiros constante do texto constitucional republicano de 1967, foi aquele em que se promoveu um atrelamento dos gestores daqueles municípios que fossem reputados pela chefia do poder executivo federal como de interesse nacional, à vontade do presidente da República, que era a autoridade de direito público constitucionalmente incumbida de nomeá-los.

Síntese: lá no texto constitucional republicano de 1967, foi concebida uma previsão de que seriam nomeados pelos Governadores dos Estados, com prévia autorização da Assembleia Legislativa local, *"...os Prefeitos das Capitais e dos Municípios considerados estâncias hidrominerais em lei estadual..."* (art. 16, §1º, "*a*", da CR/1967), bem como com prévia autorização do Presidente da República *"...os Prefeitos de Municípios declarados de interesse da segurança nacional, por lei de iniciativa do Poder Executivo..."* (art. 16, §1º, "*b*", da CR/1967).

De todo razoável ***acreditar-se*** que o constituinte originário federal de 1988 imaginou na inclusão dos municípios no pacto federativo sobre o qual passou se assentar o Estado Brasileiro recriando no plano constitucional, uma fórmula imunizadora deste verdadeiro poder intervencionista de que detinham o Presidente da República e os Governadores dos Estados, na vida dos munícipios e seus munícipes, enquanto vigeu a ordem constitucional de 1967.

Tal ***crença*** fica ainda mais fortalecida quando se vê a forma com que o constituinte originário federal de 1988 distribuiu, no título III do corpo permanente do texto constitucional republicano vigente, denominado "*Organização do Estado*", o rol de competências privativas, comuns e concorrentes a cada um dos Entes Federativos que integram a federação brasileira.

Vê-se que, novamente por opção política, o constituinte originário explicitou o rol de competências privativas da União no art. 22 da CR/88 e dos municípios no art. 29, da CR/88, relegando aos Estados Federados a competência residual, assim compreendida aquela que estivesse fora daquelas outorgadas aos demais Entes Federativos "*numerus clausus*" no próprio texto constitucional republicano.

Não obstante tenha previsto, no rol das competências privativas disciplinadas no art. 29, da CR/88, que o exercício delas pelos municípios deveria guardar simetria às bases principiológicas sobre as quais se firmou o texto constitucional federal, às normas constitucionais federais que vieram positivadas no texto constitucional federal e, ainda, às normas que vieram positivadas nos textos constitucionais dos Estados Federados onde eles se situam geograficamente, dentro do território nacional, ainda assim o constituinte originário federal houve por bem discriminar o rol de competências constitucionalmente outorgadas aos municípios.

Uma vez mais enxerga-se nesta atitude do constituinte originário federal uma vontade de sobrelevar a autonomia dos municípios em face dos Estados em que estão inseridos, tudo isto para evitar que tais Entes Federativos, que já foram concebidos apenas com dois poderes constituídos (executivo e legislativo), possam organizar-se "*interna corporis*" de seus "*muros*" sem interferência (ou mínima possível) dos estados onde eles se situam.

Identifica-se que o constituinte originário deixou para os Estados Federados a competência residual àquela privativamente conferida à União no art. 22 da CR/88 e aos municípios no art. 29, da CR/88, justamente para evitar criação de " *superestados*", com concentração desmedida de poder "*em poucas mãos*" e, sobretudo, preservar a indissolubilidade do Estado Brasileiro, concebido como um todo uno, em forma federativa.

Acaso se optasse por discriminar as competências privativas dos Estados e, se deixasse para os municípios a competência residual, o simples fato dos municípios serem Entes Federativos destituídos dos Três Poderes constituídos já os tornaria completamente reféns dos Estados onde se encontram situados geograficamente, hipótese em que haveria a concentração na chefia do poder executivo dos Estados de um poder tão grande, capaz de, dependendo da diversidade cultural de uns perante outros, conceber não um Estado Brasileiro uno, organizado em forma de federação, mas sim vários Estados, completamente distintos uns dos outros, sem qualquer traço que os fizesse permanecer unidos dentro do pacto federativo, o que colocaria em risco logo na concepção do Estado Brasileiro, a própria soberania do território nacional, abrindo espaço para que "*movimentos separatistas*" que marcaram a história pregressa brasileira, fossem literalmente "*ressuscitados*" em suas origens.

2.3 REFLEXOS DA FORMA CONCEPTIVA DE ESTADO FEDERAL NO TEXTO CONSTITUCIONAL REPUBLICANO DE 1988 NAS DEMAIS NORMAS QUE VIERAM POSITIVADAS NO CORPO PERMANENTE DO MESMO – "SUPERNORMATIZAÇÃO" NO PLANO CONSTITUCIONAL

Visível, consoante se disse no item 2.2 retro, que a inclusão dos municípios no pacto federativo consagrado no art. 1°, do texto constitucional republicano, bem como a explicitação do rol de competências de que estes passaram a conter dentro deste pacto federativo no art. 29 da CR/88, representaram tentativas do constituinte originário federal de fortalecer a autonomia de que passaram a gozar os municípios após 05/10/1988.

Apostou-se, pelo que se vê, numa "*supernormatização*" do "*papel*" que os municípios desempenhariam dentro deste pacto federativo, uma fórmula capaz de eliminar (ou atenuar ao máximo que seja) a influência dos gestores dos demais Entes Federativos, na vida dos cidadãos "*interna corporis*" dos municípios em que estes vivem.

Talvez esteja aí também a explicação do atual texto constitucional republicano, promulgado em 05/10/1988, ter sido o que contém o maior número de artigos (245 no corpo permanente mais 75 no ADCT), entre os demais textos constitucionais da histórica republicana pregressa do país.

Certamente, imaginou o constituinte originário federal que, quanto mais limitasse o exercício dos poderes constituídos de cada um dos Entes Federativos, às prescrições contidas no próprio texto constitucional republicano promulgado em 05/10/1988, que estaria ali a "*pedra de toque*" para inibir a derrocada do próprio Estado, enquanto todo uno e indissolúvel, ali recriado em forma federal.

Apenas explicitando o que se disse no parágrafo imediatamente antecedente ao anterior, durante o curso da história republicana, o Estado Brasileiro teve os seguintes textos constitucionais federais preteritamente ao advento da atual Carta Magna de 1988:

> o texto constitucional promulgado em 1934, com 187 (cento e oitenta e sete) artigos em seu corpo permanente e 26 (vinte e seis) em seu ADCT;
>
> o texto constitucional republicano outorgado de 1937, contendo de 187 (cento e oitenta e sete) artigos em seu corpo permanente;
>
> o texto constitucional republicano promulgado em 1946, contendo 218 (duzentos e dezoito) artigos em seu corpo permanente e 36 (trinta e seis) artigos em seu ADCT;
>
> o texto constitucional republicano promulgado em 1967, contendo 189 (cento e oitenta e nove) artigos em seu corpo permanente;

o chamado texto constitucional outorgado de 1969, que em verdade nada mais constitui que a Emenda Constitucional nº 1, ao texto constitucional promulgado de 1967, que continha 200 (duzentos) artigos em seu corpo permanente.

Vejam todos que, não é por obra da coincidência, que os dois textos constitucionais republicanos, dentro da história pregressa do país, cujos idealizadores procuraram exercer com maior minudência o poder constituinte originário, foram aqueles concebidos imediatamente após término de períodos político-sociais marcados por regimes ditatoriais, cujos governantes se eternizaram na chefia do poder executivo federal.

2.4 PARALELO ENTRE OS DOIS TEXTOS CONSTITUCIONAIS REPUBLICANOS PROMULGADOS DEPOIS DE FINDOS PERÍODOS POLÍTICOS-ADMINISTRATIVOS DE FEIÇÕES DITATORIAIS NA HISTÓRIA REPUBLICANA BRASILEIRA (CR/1946 X CR/1988):

O texto constitucional republicano de 1946, advindo logo após o fim do chamado "*Estado Novo*", período histórico marcado pela ditadura "*getulista*" que perdurou por 11 (onze) anos, continha 218 (duzentos e dezoito) artigos e 36 (trinta e seis) artigos em seu ADCT, ao passo que o texto constitucional de 1988, promulgado após o fim do chamado "*golpe de 1964*", período histórico marcado por sucessivos governos militares, de naturezas opressivas e ditatoriais, que perduraram por 21 (vinte e um) anos, continha 245 (duzentos e quarenta e cinco) artigos no corpo permanente mais 75 (setenta e cinco) no ADCT.

Não precisa grande esforço intelectivo, mas meramente ser um operador do direito atento, para aqui se identificar que, tradicionalmente, o exercício do poder constituinte originário pelo parlamento brasileiro foi fortemente influenciado pelos momentos históricos em que deflagrados.

Imaginaram os constituintes originários de 1946 e 1988 que, quanto mais fortemente remodelassem o Estado Brasileiro à luz dos princípios democráticos que justificaram este remodelamento, menores seriam as chances de que, por aqui, se retomassem regimes político-sociais de naturezas opressivas ou ditatoriais.

Enxerga-se que o constituinte originário de 1988 já poderia, com a experiência vivida pelo povo brasileiro durante a vigência do texto constitucional republicano de 1946, ter identificado que uma "*super-normatização*" no plano constitucional não seria fator impeditivo de que por aqui se reinstalasse um governo de feições despóticas e ditatoriais, pois se estivesse aí a segurança da perenização das instituições democráticas e do próprio Estado Democrático de Direito no tempo e no espaço, *os militares não teriam conseguido o apoio popular que tiveram para promover o que para eles denominou-se "revolução de 1964", mas que para o povo em geral ficou marcado sob o codinome de "golpe militar de 1964".*

Visivelmente procurando na "*supernormatização*" constitucional reorganizar o Estado Brasileiro segundo os novos ares democráticos que por aqui espraiaram após o término do regime político-ditatorial implantado em 1964, mesmo já tendo a experiência de que esta "*supernormatização*" não garantiria a sobrevivência do Estado Brasileiro recriado sobre estas novas bases, concebeu-se um texto constitucional republicano extremamente extenso e, como visto acima, recheado de antinomias, algumas passíveis de aplicação harmoniosa, outras nem tanto, já concebido para ser sucessivamente emendado, tamanha foi a extensão do exercício do poder constituinte originário e, a previsibilidade de que, dali em diante, a sociedade brasileira passaria por intensas alterações comportamentais, até por força da reconquista da liberdade, a ensejar o remodelamento desta "*supernormatização*" à nova realidade do povo brasileiro que dali em diante exsurgiria, observadas apenas as "*pedras angulares*" sobre as quais ela se assentou.

Tais "*pedras angulares*" sobre as quais se assentou esta "*super-normatização*" constitucional, são conhecidas pelos doutrinadores de direito constitucional como "*cláusulas pétreas*" constitucionais, que como dito no item 2.1 acima, ficaram imunizadas de qualquer exercício do poder constituinte reformador ou derivado que redundassem em "*abolição*" ("*letra*" do constituinte – art. 60, §4º, da CR/88 – verbo utilizado: "*abolir*") delas, porém permaneceram susceptíveis de ser objeto de emendas tendentes a compatibilizá-las com os "*novos tempos*" que a sociedade brasileira viveria, fruto da reconquista da liberdade após longos 21 (vinte e um) anos com o direito de ir e vir subjugado à vontade dos déspota que sucessivamente governaram o país entre 1964 e 1985.

A prova insofismável de que até o constituinte originário federal já previa que todo este esforço para conceber um texto constitucional republicano "*supernormatizado*" seria em vão, dada à necessidade de que muitas dessas normas concebidas tivessem de ser rapidamente remodeladas à nova realidade que o brasileiro passaria a viver, fruto da reconquista da liberdade, está na redação por ele proporcionada ao art. 3º, do ADCT, da CR/88, "*in verbis*": "a revisão constitucional será realizada após cinco anos, contados da promulgação da Constituição, pelo voto da maioria absoluta dos membros do Congresso Nacional."

Para cumprimento desta previsão constitucional constante do art. 3º, do ADCT, da CR/88, advieram as Emendas de Revisão nºs 1 a 6, de 1994.

Também não precisaria nem ser dito, dada a obviedade, que para um texto constitucional concebido com 245 (duzentos e quarenta e cinco) artigos no corpo permanente mais 75 (setenta e cinco) no ADCT, 6 (seis) Emendas de Revisão não seriam suficientes a que toda esta "*supernormatização*" se mantivesse por muito tempo alinhada ao padrão de conduta do brasileiro recém-liberto de uma ditadura, tamanhos os reflexos que a reconquista da liberdade produz na sociedade organizada em geral.

Falando em "*supernormatização*", digno de registro o fato de que o texto constitucional republicano de 1988 é chamado impropriamente por alguns doutrinadores de escol de "*Carta de Princípios de 1988*", o que como visto acima se-trata de uma denominação que lhe é imprópria, já que a parte principiológica do texto constitucional republicano de 1988 é limitada a seus cinco primeiros artigos, que são as "*pedras angulares*" sobre as quais se assentaram os 240 (duzentos e quarenta) outros que passaram a integrar seu corpo permanente.

Tanto a parte principiológica do atual texto constitucional republicano encontra-se claramente delimitada nos cinco primeiros artigos que, juntos, integram seu corpo permanente, que o próprio constituinte originário deixou assentado, no art. 11, do ADCT, da CR/88, que "*cada assembleia legislativa, com poderes constituintes, elaborará a Constituição do Estado, no prazo de um ano, contado da promulgação da Constituição Federal,* ***obedecidos os princípios desta***."

Da mesma forma, encontra-se redigida a norma inserta no art. 11, parágrafo único, do ADCT, da CR/88, "*in verbis*": "*promulgada a Constituição do Estado, caberá à Câmara Municipal, no prazo de seis meses, votar a lei orgânica respectiva, em dois turnos,* ***respeitado o disposto na Constituição Federal e na Constituição Estadual***."

Como a melhor técnica de interpretação das leis recomenda que cada parágrafo de artigo seja interpretado segundo seu "*caput*", tem-se que o art. 11, do ADCT, da CR/88 e seu parágrafo único, trazem consigo uma norma programática, dirigida aos Poderes Legislativos dos Estados, do Distrito Federal e dos Municípios, a fim de que criem seus próprios textos constitucionais, observado o "*princípio da simetria*" já previsto no art. 25 da CR/88 para a atividade legislativa dos estados (e Distrito Federal) e no art. 29 da CR/88 para a atividade legislativa dos munícipios e, em ambos os casos, ***"...obedecidos os princípios..."*** do texto constitucional republicano.

Tem-se, portanto, que o texto constitucional republicano promulgado em 05/10/1988 contém uma base principiológica que delimita tanto o exercício do poder constituinte originário pelos demais Entes Federativos, quanto o exercício do próprio poder constituinte derivado, ou reformador do próprio Poder Legislativo da União.

Numa síntese, o constituinte originário de 1988 deixou assentado, ainda que em disposições normativas esparsas dentro do corpo permanente do texto constitucional republicano, que o direito positivo brasileiro que ali sobreveio recriado no plano constitucional, teria de ser interpretado, ao menos dali em diante, seguindo a seguinte trilha hierárquica (princípio da simetria):

> **1ª FONTE** DE INTERPRETAÇÃO DAS LEIS: PRINCÍPIOS CONSTITUCIONAIS, POSITIVADOS OU NÃO;
>
> **2ª FONTE** DE INTERPRETAÇÃO DAS LEIS: NORMAS CONSTITUCIONAIS POSITIVADAS FEDERAIS;
>
> **3ª FONTE** DE INTERPRETAÇÃO DAS LEIS: NORMAS CONSTITUCIONAIS POSITIVADAS ESTADUAIS – OBSERVADO O PRINCÍPIO DA SIMETRIA EM RELAÇÃO ÀS NORMAS E PRINCÍPIOS CONSTITUCIONAIS FEDERAIS;

4ª **FONTE** DE INTERPRETAÇÃO DAS LEIS: NORMAS CONSTITUCIONAIS POSITIVADAS MUNICIPAIS – OBSERVADO O PRINCÍPIO D ASIMETRIA PARA COM OS PRINCÍPIOS E NORMAS CONSTITUCIONAIS FEDERAIS E ESTADUAIS.

Identifica-se, só daí, que a primeira fonte de direito que o constituinte originário determinou fosse observada, para concepção de absolutamente todas as normas, constitucionais ou não, de competência da União, dos Estados, do Distrito Federal e dos Municípios, que sobrevieram positivadas, é a base principiológica sobre a qual o texto constitucional republicano de 1988 sobreveio concebido.

Concebeu o constituinte originário um Estado federal "*sui generis*" até em direito comparado, que não se limitou a traçar apenas as bases principiológicas sobre as quais deveria se assentar toda a atividade legislativa dos demais Entes Federativos.

Não se trata, portanto, de um texto constitucional que se limita a traçar bases principiológicas e, deixar para os demais Entes Federativos uma liberdade de maior amplitude e latitude para organizar seus serviços "*interna corporis*" de seus "*muros*", mas sim de um texto constitucional que define como primeira fonte de direito sua base principiológica, à luz da qual devem ser concebidas e posteriormente interpretadas todas as demais normas que sobrevieram/sobrevierem positivadas, independentemente de suas hierarquias.

Ainda assim, não se pode defini-lo como "*Carta de Princípios*", pois não se limitou o constituinte originário a conceber um texto constitucional apenas com bases principiológicas, tampouco objetivou-se proporcionar aos Entes Federativos tanta autonomia para organizarem-se "*interna corporis*" de seus "*muros*", como usualmente ocorrem em estados federais que optam por traçar, no plano constitucional, apenas as "*linhas mestras*" sobre as quais todos os Entes Federativos devem exercer atividade legislativa plena.

Isto, porque, por "*Carta de Princípios*", devem ser denominados textos constitucionais promulgados em Estados federais que optaram pela constitucionalização apenas das bases principiológicas do Estado, deixando para os Entes Federativos a missão de lá, no âmbito interno deles, aí sim exercerem atividade legislativa plena para organizarem-se internamente de seus "*muros*", observando-se nestas atividades legislativas apenas os princípios que foram constitucionalizados para servir-lhes de norte.

Exemplo claro de Estado organizado sob a forma federativa que tem um texto constitucional federal composto apenas de bases principiológicas, justamente para que os Entes Federativos exerçam atividade legislativa plena apenas secundado nestas bases, é o Estado Norte-Americano.

Visível, também, que a concepção de um Estado sob a forma federal unicamente inspirado em princípios constitucionalizados, só se revela possível quando os Entes Federativos conseguem exercer a imensa competência legislativa que lhes é delegada autonomamente, sem que tanto poder legislativo concentrado importe em desunião do Estado uno, federalizado.

Retornando ao exemplo dado de Estado federal concebido unicamente inspirado em princípios constitucionalizados: no caso Norte-Americano, este se tornou um Estado independente da Inglaterra, sua colonizadora, no ano de ***1776***, sendo que o texto constitucional deste Estado independente, que realmente se resume a uma autêntica "*Carta de Princípios*", foi promulgado ***em 1787***, estando sua essência em vigor por nada mais, nada menos, ***228 (duzentos e vinte e oito)*** anos, sendo que o Estado Norte-Americano ali organizado no plano constitucional como república federativa, mesmo tendo proporcionado aos Entes Federativos uma autonomia imensa para organizarem-se "*interna corporis*" de seus "*muros*" pelas leis que adotarem, jamais colocou em risco a soberania do Estado uno concebido, num primeiro momento porque se tratava de uma norma reflexa da vontade libertadora do povo americano para com sua colonizadora.

Ao longo dos mais de dois séculos que esta "*Carta de Princípios*" vem servindo de base sobre a qual se assenta o pacto federativo Norte-Americano, esta sobreviveu íntegra em sua essência justamente por ter o povo americano culturalmente se adaptado ao exercício racional dos poderes constituídos, sem que deste exercício redundasse em governanças de feições despóticas e, também, perecimento do sentimento de "*nação*" do povo.

Independentemente do Estado Federado onde nasceu, mora, ou vive cada cidadão Norte-Americano, enxerga-se que existe um traço que une a todos, sem distinções: o orgulho de ser "*americano*", sentimento "*nacionalista*" que unifica, aí no plano sociológico, todo o país em torno de seu governo central.

A "*Carta de Princípios*" Norte-Americana sobrevive há precisos ***228 (duzentos e vinte e oito)*** anos, sem que durante todo este longo período histórico, outra tivesse de ser concebida, porque do ponto de vista sociológico os cidadãos norte-americanos conseguiram conciliar, no tempo e no espaço, os valores da "*liberdade*" (conquistada não na concepção do Estado Norte-Americano, onde se permitiu a permanência do regime de trabalho "*escravo*", mas anos adiante, quando abolida a "*escravidão*", proporcionando igualação de todos os americanos perante sua "*lei maior*") e da "*autonomia dos Entes Federativos*", proporcionados a partir da promulgação da "*Carta de Princípios*", com a existência de um "*poder central*" que também não é ilimitado e, tem suas atribuições claramente definidas.

Vejam todos como e porque o Estado Norte-Americano consegue se manter íntegro e uno, mesmo tendo um texto constitucional republicano concebido apenas sob forma de "*Carta de Princípios*", "*in verbis*":

> "A Constituição dos Estados Unidos é a lei fundamental dos Estados Unidos, estabelecendo a forma federal do Estado, os órgãos de poder, as suas competências e forma de funcionamento.
>
> Foi discutida e aprovada pela Convenção Constitucional de Filadélfia - na Pensilvânia, entre 25 de maio e 17 de setembro de 1787.
>
> Naquele ano, os Estados Unidos aprovaram a sua primeira e, até hoje, única Constituição. A Constituição exprime um meio-termo entre a tendência estadista defendida por Thomas Jefferson, que queria grande autonomia política para os Estados membros da federação, e a tendência federalista que lutava por um poder central forte.
>
> O Presidente dos Estados Unidos é eleito pelo período de quatro anos pelos cidadãos eleitores num sistema em que os candidatos não ganham diretamente pelo número absoluto de votos no país, mas dependem da apuração em cada Estado, que manda para uma

espécie de segunda eleição votos em número proporcional a sua população para o vencedor em seu território.

Duas casas compõem o Congresso: a Câmara dos Representantes, com delegados de cada Estado na proporção de suas populações; e o Senado, com dois representantes por Estado. O Congresso vota leis e orçamentos. O Senado vela pela política exterior principalmente. Um Tribunal Supremo composto por juízes indicados pelo Presidente e aprovados pelo Senado resolve os conflitos entre Estados e entre estes e a União, garantindo a supremacia da Constituição Federal em relação às Constituições estaduais e as leis do país.

A Constituição dos Estados Unidos prevê um sistema de alterações, por intermédio de Emendas, tendo ao longo dos anos sido aprovadas um total de 27.

As 10 primeiras são designadas por Carta dos Direitos dos Estados Unidos (*Bill off Rights*) por conterem os direitos básicos do cidadão face ao poder do Estado. Não tendo sido consensual a sua inserção no texto original da Constituição, foram apresentadas depois da entrada em vigor da Constituição.

Como disse o juiz Warren Burger[3], que por mais tempo presidiu a Suprema Corte americana:

- "A Constituição representou não uma concessão de poder dos governantes aos governados - como o Rei João sem Terra concedeu a Magna Carta em Runnymede em 1225 - mas uma delegação de poder feita pelo povo ao governo que criou."" (http://pt.wikipedia.org/wiki/Constituição)

Inimaginável a concepção de um Estado sob a forma federal, organizado nestes moldes, num Estado que, primeiro, tem pouco mais de um século que passou a ser organizado sob a forma de governo republicano (mais precisamente ***em 1889***, quando da proclamação da república, o Brasil deixou de ser governado por um monarca – descendente direto dos monarcas portugueses - e, iniciado uma nova era em sua histórica, passando a ser governado por um presidente – de origem brasileira - que dali em diante deveria, ao menos em tese,

3 Juiz Warren Burger – Suprema Corte americana: http://pt.wikipedia.org/wiki/Constituição.

ser eleito pelo voto direto do povo brasileiro – momento histórico que marca o início da vida democrática do Estado Brasileiro) e, segundo, perpassou durante este pouco mais de um século de vida republicana, por dois períodos históricos governado por ditadores, diferenciando-se apenas que no primeiro período o ditador era um governante civil, ao passo que no segundo período, sucederam-se governantes militares, que juntos totalizaram 32 (trinta e dois) anos de governos totalitários.

A "*supernormatização*" do texto constitucional federal brasileiro de 1988, obviamente, resulta exatamente do ***receio*** (***limite do padrão de conduta que também se pode aquinhoar de "cautela", ou "prevenção"***) de que já se recrie um Estado federal com concentração demasiada de poderes num, ou noutro Ente Federativo, criando "*super-Entes*" em detrimento dos outros.

Outra questão que deve ser sobrelevada, de molde a que também não "*passe em brancas nuvens*", centra-se no fato de que o outro texto constitucional republicano concebido imediatamente após o término de período político-administrativo ditatorial que por aqui se instaurou entre 1934 e 1945, período histórico chamado de "*Estado Novo*", "*in casu*" o texto constitucional republicano de 1946, também teve forte preocupação em evitar excessiva concentração de poderes na chefia do poder executivo da União, tanto que adotou como base principiológica, em seu art. 7°, de seu corpo permanente, o princípio da não intervenção da União em relação aos Estados, descrevendo nos incisos do mesmo artigo as exceções a esta principiologia, trazidas num rol exaustivo.

Digno de realce é que, o constituinte originário de 1946, em seu art. 7°, VII, possibilitou que a União interviesse nos Estados, apenas para "*assegurar a observância dos seguintes princípios:*" "*a) forma republicana representativa;*" "*b) independência e harmonia dos Poderes;*" "*c) temporariedade das funções eletivas, limitada a duração destas a das funções federais correspondentes;*" "*d) proibição da reeleição de Governadores e Prefeitos, para o período imediato;*" "*e) autonomia municipal;*" "*f) prestação de contas da Administração;*" "*g) garantias do Poder Judiciário*", estando o exercício deste poder-dever constitucionalmente imposto à União condicionado, nestas hipóteses, à edição de lei federal que a autorizasse e, ainda, à prévia submissão da pretensão interventiva à Procuradoria-Geral da República, que por sua vez a veicularia ao Supremo Tribunal Federal que, se entendesse fosse a hipótese, aí sim abriria espaço a que a chefia do poder executivo federal promovesse a intervenção noutro Ente Federativo através de decreto (art. 8°, parágrafo único, da CR/46).

Identifica-se nestas disposições constantes do texto constitucional republicano de 1946, a mesma preocupação que o constituinte federal de 1988 teve, de remodelar um Estado vindo de um regime político social opressivo e de feições ditatoriais, sempre desconcentrando/descentralizando poderes entre aqueles constituídos em cada um dos Entes Federativos, já pré-concebidos com suas competências constitucionalmente definidas, tudo isto procurando inspiração nos princípios da tripartição harmônica dos poderes constituídos (ou para alguns tratadistas, teoria da separação dos poderes) e dos freios e contra pesos de *Montesquieu* mecanismos, como este contido no art. 7°, VII e 8°, parágrafo único, de seu corpo permanente, hábeis a assegurar o cumprimento do princípio do não intervencionismo, regra genérica de conduta do Estado Brasileiro ali recriado, cujas exceções tinham de passar pelo crivo tanto do poder legislativo, quanto do poder judiciário, uma vez mais limitando o exercício da regra excepcionante, autorizativa da intervenção da União noutros Entes Federativos.

Também ali, enxerga-se com clareza a preocupação do constituinte originário de 1946 em assegurar a autonomia tanto dos Entes Federativos que lá sobrevieram discriminados "*numerus clausus*", quanto dos próprios municípios que, embora não integrassem o pacto federativo de então, ganharam tratamento constitucional assecuratório da autonomia de gerir seus próprios serviços por representantes do povo eleitos especialmente para esta finalidade através de sufrágio universal (art. 28, I, II, "*a*" e "*b*", da CR/46), medida consentânea com um Estado Brasileiro recriado sob a inspiração de ares democráticos.

De igual sorte, enxerga-se que a forma com que este princípio da não intervenção veio positivado no art. 7°, VII e 8°, parágrafo único, do texto constitucional republicano de 1946, se de um lado não inibiu que por aqui se instaurassem governos de feições despóticas e ditatoriais entre 1964 e 1985, de outro serviu de ***prova***, ainda que o povo brasileiro não tenha se apercebido, de que o aniquilamento das instituições democráticas por governos despóticos não pode ser inibido por legislação de nenhuma natureza e hierarquia, pois trata-se de fato social que deve ser inibido pela sociedade organizada, sendo a atividade legislativa determinante de que o Estado de Direito reconquistado seja mantido íntegro e hígido, apenas norma reflexa e declaratória da vontade libertária do povo, a ser exercida quando já reconquistada a própria liberdade, que dentro de uma sociedade novamente organizada em um Estado de Direito, servirá de padrão de conduta descrita em norma programática, apenas isto.

Vê-se, também, pela experiência vivenciada pela sociedade brasileira durante o período de vigência do texto constitucional republicano de 1946, que o constituinte originário federal de 1988 deveria ter se apercebido que, por mais esforço que ele despendesse para tentar descentralizar/desconcentrar os poderes entre aqueles constituídos de cada um dos Entes Federativos, através de atividade legislativa de estatura jurídico-constitucional explicitadora do rol de competências de cada um destes Entes Federativos, fato que o conduziu a conceber um Estado federal "*supernormatizado*", nada disso seria suficiente para evitar novo aniquilamento das instituições democráticas recriadas, já que não há legislação que contenha a vontade popular de, por exemplo, apoiar um "*movimento revolucionário*", como o ocorrido em 1964, iniciado pela derrubada de um governo eleito pelo voto da maioria do povo brasileiro.

Noutras palavras: concebeu-se um Estado federal "*supernormatizado*" no âmbito constitucional federal, no "*sonho*" de que quanto mais desconcentrasse / descentralizasse poderes entre aqueles constituídos nos Entes Federativos para cumprimento das competências que constitucionalmente foram fixadas a cada um deles, menores chances haveria de que por aqui se instaurassem novos governos de feições despóticas, "*sonho*" este vivido pelo constituinte de 1946 e que terminou no "*pesadelo*" chamado "*revolução de 1964*", que por mais incrível que possa transparecer, constituiu um autêntico "*golpe de Estado*" que ao menos "*ab initio*" dele, contou com amplo apoio popular, *fato que deveria ter servido de exemplo para que o constituinte originário de 1988 vislumbrasse que "supernormatização" alguma é capaz de conter a vontade popular, quando esta se vê insatisfeita com os destinos que lhe são proporcionados por quem a governa*.

Para um país marcado por 2 (dois) longos períodos históricos de governos ditatoriais, tendo como traço distintivo apenas que o primeiro período foi marcado por uma ditadura implantada por um governante civil inicialmente eleito pelo voto popular, ao passo que o segundo foi marcado por uma ditadura militar implantada desde o princípio na "*base da força*", mediante prévia derrubada da chefia do poder executivo federal investida no cargo eletivo através de processo eleitoral regular, era de se imaginar que a concepção do novo Estado Brasileiro no plano constitucional em 1988 fosse <u>cautelosa</u> (<u>no limite máximo da significância que a palavra "cautela" comporta, sendo "*in casu*" o adjetivo adequado a se proporcionar a uma conduta que é muito aproximada àquela a que se atribui o adjetivo "receoso", beirando ao "medroso"</u>).

Identifica-se a <u>***cautela***</u> na concepção do novo Estado Brasileiro no plano constitucional, em 1988, quando de um lado, restou assentado que o Novo Estado Brasileiro ficaria assentado em "*cláusulas pétreas*" que não poderiam ser objeto de emenda tendente a "*aboli-las*" ("*letra*" do constituinte – art. 60, §4°, da CR/88 – verbo utilizado: "*abolir*") e, de outro, quando por opção política os municípios restaram inseridos expressamente no facto federativo, com criação de mecanismos hábeis a que sua autonomia ficasse preservada o máximo quanto possível, evitando concentração desmedida de poderes nos estados onde eles se encontram situados geograficamente.

Concebeu-se ali um texto constitucional "*supernormatizado*", que passa longe de constituir uma "*Carta de Princípios*" por razões até óbvias que dispensam maiores comentários que os até aqui já tecidos.

Enxerga-se, neste modelo de pacto federativo consagrado no texto constitucional republicano promulgado em 05/10/1988, um distanciamento do constituinte originário do que conceitualmente teria de ser um Estado remodelado em forma federativa, o que não aconteceu com o texto constitucional republicano promulgado em 1946, que manteve a forma tradicional de estado federal, ao deixar fora do pacto federativo os municípios, criando para eles outras fórmulas hábeis a assegurar a autonomia deles.

<u>***Talvez***</u>, a recriação do Estado Brasileiro em 1988, assentado num modelo de Estado federalizado "*sui generis*" até em direito comparado, pois incluiu os municípios no pacto federativo sobre o qual ele,

Estado, se assentou (art. 1°, da CR/88), tenha sua origem na experiência vivenciada em 1946, quando o modelo tradicionalista de Estado organizado sob a forma federal sobreveio implantado no plano constitucional, visto "*de per si*", não foi suficiente a inibir concentração de poderes em "*poucas mãos*" e retomada de regime político-administrativo de feições ditatoriais em 1964.

Acredita-se que a recriação do Estado Brasileiro em 1988, organizado em forma federativa através da "*...união indissolúvel dos Estados e Municípios e do Distrito Federal*" (art. 1°, da CR/88), com distribuição de poderes e competência entre todos os seus Entes, uma nova tentativa de conceber um Estado federalizado, com novos mecanismos para evitar concentração de poderes, "*superEstados*" e, aí o principal, risco da quebra da soberania nacional.

Todas estas considerações acima tecidas acerca do pacto federativo sobre o qual se assentou o Estado Brasileiro recriado no plano constitucional em 05/10/1988, sobretudo aquelas onde se procurou desvendar o porquê da "*supernormatização*" pelo constituinte originário, são fruto de puro e simples estudo comparativo das fórmulas com que o parlamento brasileiro exerceu o poder constituinte originário na história republicana pregressa do país, frente àquele exercido pelos parlamentares que, eleitos pelo voto dos brasileiros especialmente para este fim, conceberam o texto constitucional republicano que sobreveio promulgado em 05/10/1988.

2.5 REFLEXOS IMEDIATOS DA "SUPERNORMATIZAÇÃO" CONSTITUCIONAL IDEALIZADO PELO CONSTITUINTE FEDERAL DE 1988 – CONCEPÇÃO DE NORMAS CONSTITUCIONAIS DESARMÔNICAS – DESORGANIZAÇÃO DOS PODERES CONSTITUÍDOS RECRIADOS:

Historicamente, o povo brasileiro tem entendido que, por "*democracia*", entende-se a faculdade dada a ele, povo, de eleger seus representantes por voto livre e direto, para gerir seus destinos no âmbito dos poderes executivo e legislativo dos Entes Federativos.

Também historicamente, o povo brasileiro enxerga como antidemocrático qualquer regramento que venha a delimitar este poder de escolha dos representantes populares para exercício dos poderes constituídos do Estado.

Quando o constituinte originário federal idealizou o que, na sequência, transformou-se no texto constitucional republicano promulgado em 05/10/1988, houve amplo debate no seio da sociedade organizada como um todo, quanto a possibilidade da adoção do critério eletivo para provimento dos cargos públicos de juízes e promotores de justiça.

Não se divisa que tais debates tinham mesmo de ser promovidos por ocasião da instalação da Assembleia Nacional Constituinte no ano de ***1985*** e, ato contínuo a escolha dos parlamentares, pelo voto popular, que serviriam de constituintes originários, durante os trabalhos legislativos daquela legislatura.

E, tais discussões tinham mesmo de ser travadas durante os trabalhos parlamentares de então, porque existem estados federais que, por opção político-constitucional, estipularam que os magistrados e promotores de justiça seriam também eleitos pelo povo, através de sufrágio universal.

Inobstante, tem-se aqui de se explicitar que o grande móvel condutor destes debates não foi a possibilidade de aqui se implantar um novo modelo de aparelho judiciário inspirado em "*modelos importados*" que, onde implantados, vêm obtendo ótimos resultados, mas sim se haveria a necessidade imperiosa da implantação deste novo modelo de aparelho judiciário para evitar apequenamento do que conceitualmente o povo brasileiro e, até os parlamentares de então, concebiam por "*democracia*".

Relativamente a esta questão, especificamente considerada, a tentativa de "*importação*" de um "*novo modelo*" de aparelho judiciário que proporcionasse ao povo a possibilidade de eleger através do voto livre e direto os magistrados e promotores de justiça, não conseguiu apoio popular apenas porque a sociedade organizada conseguiu enxergar que, acaso implantado este "*novo modelo*" no Estado Brasileiro, que tem sistema judiciário fortemente inspirado no positivismo do sistema romano / germânico desde o início da vida republicana do país, os eventualmente eleitos para exercício destas importantíssimas parcelas de poder do Estado, não reuniriam mínimas condições intelectuais / formações acadêmicas para tanto, o que conduziria o sistema judiciário como um todo à "*falência*" num curtíssimo espaço de tempo, na medida em que todos passaríamos a viver literalmente no que, no jargão popular, se chama "*Estado sem lei*", mas que num "*juridiquês*", melhor seria interpretado como um "*Estado ingovernável*".

Como, nesta tentativa feita de remodelar o aparelho judiciário todas estas discussões foram travadas, o natural seria que os parlamentares ali reunidos em Assembleia Nacional Constituinte conseguissem também amplificar o que, para o povo, em gênero, encerra em termos de significância a palavra "*democracia*", para também melhor organizar os demais poderes constituídos da república.

Infelizmente, o que dali em diante se sucedeu foi uma atrofia dos debates que, imaginava-se, deveriam é ter sido amplificados ao máximo para exame de como deveria a sociedade organizada exercer seu direito de escolher livremente seus representantes para exercício dos poderes legislativo e executivo, através do voto direto.

Acreditava-se que, se quando da tentativa de remodelagem do aparelho judiciário a sociedade organizada conseguiu vislumbrar que o sistema judiciário brasileiro não reuniria mínimas condições de funcionar com juízes e promotores de justiça eleitos pelo povo, porém leigos, o natural seria que, adotando-se a mesma trilha de raciocínio, os debates travados redundariam na criação de uma remodelagem dos poderes legislativo e executivo, condicionando a elegibilidade para exercício destas duas importantes parcelas de poder do Estado, a que o candidato a tanto, tivesse mínimas condições intelectuais / formação profissional para tanto.

Não foi esta, entretanto, a trilha por onde os debates que adiante foram travados na Assembleia Nacional Constituinte percorreram...

O mesmo povo que antes enxergou que um sistema judiciário composto por juízes e promotores de justiça eleitos pelo voto popular, porém destituídos de mínima capacitação para exercício desta importantíssima parcela de poder do Estado, geraria ingovernabilidade, por um motivo qualquer que aqui desinteressa perquirir, não proporcionou importância à amplificação destes debates que lá na Assembleia Nacional Constituinte sobrevieram promovidos, para recriação dos poderes legislativo e executivo no plano constitucional.

Quanto a estes dois poderes constituídos da república, os debates redundaram na criação de normas constitucionais simplistas, beirando a simplórias, que numa síntese vieram a possibilitar qualquer "*jejuno em direito*" eleger-se parlamentar pelo voto do povo brasileiro e, um "*semianalfabeto*" (ou para alguns tratadistas, "*analfabeto funcional*"), bastando que comprove saber assinar o nome completo, eleger-se chefe do poder executivo de todos os Entes Federativos.

Exemplo claro de "*semianalfabeto*" (ou para alguns tratadistas, "*analfabeto funcional*") eleito Deputado Federal com expressiva votação nos pleitos eleitorais de 2010 e 2014, no mais importante Estado da federação brasileira – São Paulo – Deputado Tiririca – inegavelmente dotado de expressiva representatividade popular, mas completamente desqualificado para exercer o poder legislativo que lhe foi delegado pelo povo paulista através do voto.

Indaga-se: O deputado Tiririca, visto "*de per si*", tinha qualificação intelectual / capacitação técnica para elaborar, durante a legislatura 2010/2014 e, mesmo na atual, iniciada em 2015, projetos de leis acerca das mais diversas matérias que são de competência legislativa do Poder Legislativo da União???

Resposta: acredita o autor que, nem mesmo para regulamentar a atividade circense, que é a origem profissional do Deputado Tiririca, este teria capacidade e qualificação / capacitação para projetar uma lei para tanto, não obstante tivesse conhecimento "*de causa*" da atividade aqui descrita a título hipotético, como passível de exercício de atividade legislativa plena.

A consequência da atrofia do conceito de "*democracia*", neste ponto promovida pelo constituinte originário, vem redundando na eleição de autênticos representantes do povo para tomar assento nas cadeiras de Deputado Federal e Senador no Congresso Nacional, que entretanto não sabem como fazer leis, menos ainda compatibilizá-las com a realidade social do brasileiro.

No tocante à possibilidade jurídica de elegibilidade de um "*seminalfabeto*" (ou para alguns tratadistas, "*analfabeto funcional*") bastando que comprove saber assinar o nome completo, para chefiar os poderes executivos dos Entes Federativos, o autor enxerga nesta possibilidade um efeito muito menos ruinoso em termos de governabilidade, que a possibilidade da eleição de um "*semianalfabeto*" para tomar assento no Congresso Nacional numa das duas Casas Legislativas que o compõem.

Justifica-se: quando a eleição é para Prefeitos, Governadores dos Estados / Distrito Federal e Presidente da República, é dado ao povo a possibilidade de escolher apenas de quem vai ***chefiar*** o Poder Executivo num determinado mandato, fato que vem a possibilitar que um " *semianalfabeto*" (ou para alguns tratadistas, "*analfabeto funcional*"), desde que forme uma equipe de trabalho multidisciplinar, dotada de qualificação técnica, nela descentralize / desconcentre toda a atividade executiva e, com sua representatividade popular, sirva de elo entre o povo e aqueles que terão a qualificação técnica para transformar a vontade popular em projetos governamentais exequíveis.

Agora, quando se elege um " *semianalfabeto*" (ou para alguns tratadistas, "*analfabeto funcional*") para tomar assento no Congresso Nacional, numa das duas Casas Parlamentares que a compõem, não se está a eleger apenas o chefe do Poder Legislativo da União, mas sim o próprio exequente do poder, que à obviedade tem de reunir capacitação mínima para que possa bem exercê-lo.

Quando se permite a elegibilidade de uma "*enxurrada*" de " *semianalfabetos*" (ou para alguns tratadistas, "*analfabetos funcionais*") para tomar assento no Congresso Nacional, é preciso que aqui se atente que, quem verdadeiramente exercerá o poder legislativo não serão os eleitos para este fim, mas sim os técnicos legislativos ocupantes de cargos de provimento efetivo das duas Casas Parlamentares, deixando para todos a certeza de que a possibilidade de elegibilidade de "*semianalfabetos*" (ou para alguns tratadistas, "*analfabetos funcionais*") para tomar assento no Congresso Nacional, além de gerar visível ingovernabilidade, se o povo brasileiro deles depender para que, através do poder de representação que lhes foi conferido pelo sufrágio universal, eles concebam, com os recursos intelectuais e qualificação que possuem, ou deveriam possuir, as leis deste país, o Congresso Nacional pura e simplesmente não terá trabalhos legislativos durante toda a legislatura, à mingua de qualquer projeto a ser discutido e votado.

De outra banda, acaso se permita que o poder legislativo seja verdadeiramente exercido por tecnocratas ocupantes de cargos de provimento efetivo que têm como órgão de lotação o Congresso Nacional, ocorrerá aí um desvio de finalidade da atividade que ordinariamente deve ser confiada a tais tecnocratas, que não foram os eleitos pelo povo, mas sim os que foram investidos em cargos públicos de provimento efetivo para servirem apenas de apoio aos parlamentares (atividade meio do parlamento), hipótese em que haveria resgate da qualificação para que os anseios da sociedade pudessem ser objeto de proposições legislativas razoáveis, mas perda da representatividade popular, já que inconciliáveis os dois atributos num sistema legislativo onde se admite seja eleito parlamentar um "*seminalfabeto*" (ou para alguns tratadistas, "*analfabeto funcional*") que mal sabe assinar o nome completo.

Novamente insiste-se: quando dos trabalhos promovidos na Assembleia Nacional Constituinte, os parlamentares que dela participaram tinham a obrigação de amplificar todos estes debates, máxime quando cientes de que o "*analfabeto*" (ou para alguns tratadistas, "*analfabeto funcional*") só ganhou o direito de exercer o direito de voto, ainda assim se desejasse exercê-lo ("*voto facultativo*"), através da Emenda Constitucional nº 25, de ***15/05/1985***, ao texto constitucional republicano promulgado de 1967, ainda quando vigorante regime político-administrativo de feições despóticas e ditatoriais por aqui instalado desde 1964.

Tal fato se prestaria no mínimo de alerta para os parlamentares constituintes, quanto aos reais propósitos desta inclusão dos "*analfabetos*" (ou para alguns tratadistas, "*analfabetos funcionais*") entre os eleitores, se motivado para amplificar o poder de escolha, dada a imensa gama de "*analfabetos*" (ou para alguns tratadistas, "*analfabetos funcionais*") existentes no território nacional, hipótese em que o exercício do poder de voto por parte destes traria resgate da própria fonte primária de todo poder e auxiliaria no processo de redemocratização do Estado Brasileiro, ou se tudo não passou de "*jogo de cena*" de cunho político utilizado com o escopo de por aqui se manter os governantes militares, só que desta feita através do voto da maioria do povo brasileiro, hipótese que devolveria legitimação ao movimento "*revolucionário*" deflagrado em 1964, que sobreveio aniquilado com o que realmente pode se conceituar como "*golpe de Estado*", em 1968.

Não obstante estes fatos tivessem de conduzir os parlamentares constituintes a uma amplificação dos debates quanto à necessidade, neste processo de redemocratização do Estado Brasileiro no plano constitucional, de encontrar uma fórmula capaz de, um lado, amplificar a representatividade popular nas Casas Parlamentares e, de outro, evitar que esta representatividade fosse desqualificada, tudo isto para promover uma necessária conciliação entre o que se tinha por "*democracia*", defronte o que se tinha por "*governabilidade*", fato é que contrariando todas as expectativas, referidos debates foram, em vez de amplificados, simplificados.

Preferiram os parlamentares constituintes radicalizar no que naquele momento histórico se tinha conceitualmente por "*democracia*", promovendo uma abertura política demasiadamente grande, se comparada com o panorama existente no "*status quo ante*" a 1988.

O resultado da simplificação dos debates que deveriam ter sido travados pelos parlamentares constituintes, quanto à necessidade de se conciliar "*democracia*" com "*governabilidade*", está numa sequência de legislaturas onde o povo vem elegendo parlamentares em grande parte desqualificados para exercício desta importantíssima parcela de poder do Estado, o que redunda em ineficácia, beirando a paralisia do exercício do poder por quem, "*democraticamente*", foi eleito para este fim.

Aqui, entreabre-se um breve, porém necessário parêntese, para se comprovar, na realidade prática, como esta liberdade quase que ilimitada dada ao povo brasileiro para escolha de seus representantes no parlamento dos Entes Federativos, realmente gera ora paralisia das atividades legislativas, ora exercício ilegítimo de atividade legislativa, ou ambos.

Refere-se o autor à iniciativa da Assembleia Legislativa do Estado de Minas Gerais, levada a efeito ***entre os anos de 2003 e 2007***, quando delegou os *munus* que eram dos parlamentares que à época compunham aquela Casa Legislativa, para o Poder Executivo, fato que culminou na edição, de nada mais, nada menos, que ***130 (cento***

e trinta) Leis Delegadas, que numa síntese deliberaram sobre uma "*reforma administ*rativa" promovida pelo governo mineiro que, ao mesmo tempo, a legislou e posteriormente a executou, sem que até este instante ao menos, tanto as autoridades delegantes, quanto as delegatárias, tenham sido admoestadas por quem quer que fosse, por exemplo, com inquérito civil público entreaberto para apuração de eventuais responsabilidades.

Há quem diga que, neste período histórico, sobreveio instalado no Estado de Minas Gerais um governo de feições "*ditatoriais*", dado o visível estado de subjugo do poder legislativo mineiro defronte o executivo.

Neste particular, o autor adere ao posicionamento daqueles que enxergaram nesta atitude tomada pela Assembleia Legislativa de Minas Gerais algo no mínimo agressivo aos mais comezinhos princípios "*democráticos*" que justificaram fossem seus membros eleitos por livre escolha popular.

Para o autor, no entanto, a questão que mais ressai grave nesta atitude tomada pela Assembleia Legislativa do Estado de Minas Gerais, através do voto sufragado pela maioria dos parlamentares que, à época, a integravam, é que ela retrata uma autêntica confissão dos parlamentares, feita ao povo que os elegeu, de que eles não tinham competência para exercer os *munus* que lhe foram confiados, daí terem delegado tais *munus* ao poder executivo para evitar ingovernabilidade.

Enxergou-se, neste caso concreto ocorrido na história recente do Estado de Minas Gerais, a comprovação de que a desqualificação do parlamento vem, como se podia se antever já por ocasião dos trabalhos constituintes federais levados a efeito a partir de 1985, ora gerando paralisia das atividades parlamentares pelas Casas legislativas, ora exercício ilegítimo de atividade legislativa por outros poderes constituídos, ora ambos.

Fechado o breve parêntese acima entreaberto, o autor chama a atenção para o seguinte fato: não se divisa que já à época dos trabalhos da Assembleia Nacional Constituinte e ainda nos dias de hoje, existe um imenso contrassenso de difícil eliminação, a não ser por opção político constitucional, quanto à conciliação entre o que se tem por "*democracia*" e, o que se tem por "*governabilidade*".

O contrassenso a que acima se pontuou é o seguinte: não obstante a fonte primária do poder constituinte seja o povo brasileiro, sem excetuar ninguém, de outro lado não se divisa, até porque a história comprova que a "*governabilidade*" exige que o poder de escolha do povo contenha delimitações.

Isto porque, se não houver uma delimitação do poder de escolha do povo brasileiro para que ele, através de voto livre e direto, possa eleger seus representantes para tomar assento nos cargos de parlamentares das duas Casas Legislativas Federais, com qualificação/capacitação mínima para evitar que o exercício desta importantíssima parcela de poder do Estado seja exercida não pelos eleitos, mas sim pelos servidores públicos efetivos que investiram-se originariamente em cargos públicos, a princípio, para servir de apoio na concepção dos projetos de leis, mas que em muitos casos, são os autênticos legisladores deste país, o Congresso Nacional ficará subdividido em dois grandes grupos: dos eleitos, que detêm a representatividade popular, mas não sabem fazer as leis, e dos servidores públicos efetivos das Casas Parlamentares, que investiram-se originariamente em cargos de assessoramento técnico-legislativo, mas em verdade são os únicos que sabem como conceber tecnicamente um projeto de lei.

Há tratadistas de inegável respeito que entendem que, se todo poder emana do povo, não poderia ser retirado de expressiva parcela deste povo – composto por pessoas de pouca alfabetização, ou nenhuma que seja – a possibilidade de participar da vida política brasileira, sob pena de se dividir o gênero "*povo brasileiro*" em diversas "*espécies*", promovendo uma discriminação entre estes mais diversos segmentos em razão do estado de alfabetização ou cultura.

Por mais respeito que os adeptos desta corrente doutrinária merecem e realmente se fazem merecedores, o autor com eles não pode concordar, pois para que qualquer país mantenha suas instituições perenemente democráticas, importantíssimo se revela o bom exercício dos Três Poderes do Estado pelos representantes populares eleitos através de voto livre e direto para esta finalidade, o que depende, no caso do exercício do poder legislativo, sobretudo, capacitação mínima dos eleitos para exercício racional desta importantíssima parcela de poder do Estado.

Além disso, exige-se a "*quebra*" deste verdadeiro estado de subordinação econômico-financeira que os poderes legislativo e judiciário ficam para com o poder executivo, defronte a previsão normativa hoje constante do art. 168, da CR/88.

Enquanto os recursos orçamentários hábeis à gestão dos poderes legislativo e judiciário advierem fruto de "*repasses*" do poder executivo, difícil fica sequer imaginar como podem os Três Poderes constituídos da república funcionar de forma tripartite e com real autonomia.

Para o autor, as fórmulas concebidas pelo constituinte federal para que qualquer cidadão possa votar e ser votado, aliado a este nefasto atrelamento do orçamento que abastece os poderes legislativo e judiciário, ao do poder executivo, conduzem a visível ingovernabilidade, daí porque deveriam existir delimitações claras ao poder de escolha do brasileiro para exercício do direito de voto, bem como mecanismos hábeis a destacar os orçamentos dos poderes judiciário e legislativo, daquele que advém do poder executivo, como medidas saudáveis à funcionalidade autônoma dos próprios poderes constituídos.

No entanto, o que se vê é que o raciocínio do autor é no mínimo "*politicamente incorreto*", já que a grande maioria do povo brasileiro de hoje e, mesmo os parlamentares idealizadores do texto constitucional republicano promulgado em 05/10/1988, têm / tiveram por alinhado ao princípio "*democrático*" o poder ilimitado, ou com mínimas limitações (exemplo de limitação mínima existente: idade mínima) de escolha dos representantes populares para exercício dos poderes legislativo e executivo no Estado Brasileiro recriado.

Quanto às nefastas consequências que este verdadeiro estado de subjugo orçamentário que os poderes judiciário e legislativo ficam perante o poder executivo, com autorização jurídico-constitucional a tanto, o autor infelizmente não vê ninguém neste país "*levantar sua voz*" para combater o que se lhe transparece seja algo absurdo para um Estado que quer se intitular recém-redemocratizado.

Ressalva seja feita: por mais despreparo que os parlamentares eleitos pelo povo para aqui recriarem o Estado Brasileiro no plano constitucional, depois de findo o período político-administrativo ditatorial de exceção vivenciado entre 1964 e 1985, através de Assembleia Nacional Constituinte convocada pelo então Presidente José Sarney, despreparo este decorrente da ausência de exigência, para elegibilidade, de qualquer pré-requisito assecuratório de que, além de representatividade popular, os candidatos eleitos reunissem condições intelectuais / formação profissional mínimas ao exercício racional / eficiente desta importantíssima parcela do poder do Estado que lhes sobreveio outorgada, ***acredita-se*** que a forma com que o Estado Brasileiro foi recriado no plano constitucional em 05/10/1988, assentado num pacto federativo idealizado de forma inédita até em direito comparado, neste particular, não aconteceu por obra de ignorância dos constituintes.

Neste particular, identifica-se apenas uma tentativa de descentralizar / desconcentrar ainda mais os poderes constituídos dos Entes Federativos, bem como na tentativa de definir, o máximo claro quanto possível, o rol de competências de cada Ente Federativo, tudo isto de forma mais explícita que nas tentativas feitas por ocasião das Assembleias Nacionais Constituintes anteriores, da qual resultaram todos os textos constitucionais republicanos promulgados na história pregressa deste país.

O despreparo intelectual de grande parte dos parlamentares que tomaram assento na Assembleia Nacional Constituinte, que resultou na promulgação do texto constitucional republicano vigente, portanto, não é identificada pelo autor com esta inclusão inédita até em direito comparado dos municípios no pacto federativo sobre o qual se assentou o Estado Brasileiro recriado, *mas sim na péssima qualidade dos trabalhos legislativos que conduziram a uma "supernormatização" recheada de normas de difícil interpretação harmônica e, algumas, até destoantes do restante do conjunto normativo, a permitir um "sem número" de conclusões do porquê desta, ou daquela normatização*.

Enxerga-se, 27 (vinte e sete) anos após a promulgação do texto constitucional republicano de 1988, que se em vez da "*supernormatização*", o constituinte tivesse apostado na concepção de um texto constitucional menos extenso e mais preocupado em conceber "*linhas mestras*" positivadas que já ali espelhassem a realidade de conduta esperada do brasileiro, naquele momento histórico, a fim de que se concebesse não um Estado utópico, mas sim um Estado real, segundo os valores consagrados pela sociedade que nele, Estado, se personifica, seu corpo permanente teria se mantido íntegro e hígido por maior tempo.

Acaso o constituinte originário federal tivesse optado por conceber apenas "*linhas mestras*" positivadas para organizar os 7 (sete) títulos que, juntos, integram o corpo permanente do texto constitucional republicano atual, haveria aí uma chance de concepção de um todo normativo mais harmônico e, sobretudo, mais espaço para que os demais Entes Federativos pudessem realmente exercer seus Três Poderes constituídos com real autonomia.

Também hoje se vê que, se o constituinte originário tivesse apostado em recriar o Estado Brasileiro sem pedir "*socorro*" em "*modelos importados*", nos mais diversos âmbitos em que ele houve por bem normatizar no bojo constitucional, procurando soluções legislativas talvez sem precedentes em direito comparado, mas que fossem reflexo da conduta esperada do cidadão brasileiro nas mais diversas esferas, o corpo permanente do texto constitucional republicano de 1988 teria se mantido íntegro e hígido por mais tempo.

O que acima se pontuou é que o excesso de atividade legislativa desqualificada no plano constitucional federal em 1988, tornou o todo normativo de difícil interpretação e, aí o que se revela mais grave, destoante da realidade social daquele momento histórico, fato que redundou na criação de um Estado utópico e não um Estado real, com pouco espaço para que os Entes Federativos exercessem os Três Poderes que lhe foram outorgados com margem razoável de autonomia.

A concepção de normas constitucionais completamente distanciadas da norma de conduta esperada do brasileiro em geral, seja por um fator, ou outro qualquer, entre os antes descritos, fez com que a sociedade organizada, se desejasse cumprir espontaneamente a "*lex mater*", tivesse de permanentemente "*andar com um compêndio legislativo*" símile a um "*vade-mécum*" "*debaixo dos braços*", tendo que a cada gesto, a cada ação, ou reação, na vida civil, ter de invariavelmente conferir se tal gesto, ação, ou reação, encontra guarida no ordenamento jurídico constitucional vigente.

O resultado do descompasso da "*lex mater*" do Estado Brasileiro recriado pós 05/10/1988 com o padrão de conduta do brasileiro em geral, foi uma "*supernormatização*" concebida para ser, em pouco tempo, emendada em proporções geométricas.

E, a falta de exigência legal de pré-requisitos mínimos a que um cidadão possa tomar assento numa das Casas Parlamentares deste país, afora representatividade popular e, na Câmara Alta, idade mínima, fez com que a qualidade de todos os trabalhos legislativos, sem excetuar nenhum deles, fosse péssima, fato que tem deixado o texto constitucional republicano, hoje "*retalhado*" por 6 (seis) Emendas de Revisão e, mais 88 (oitenta e oito) Emendas Constitucionais, assemelhado a uma imensa "*colcha de retalhos*", de difícil interpretação harmônica.

Tamanha a falta de competência do constituinte reformador ou derivado, em compatibilizar as novas disposições normativas que ele resolveu incluir no corpo permanente do texto constitucional republicano, em substituição a outras de mesma natureza e hierarquia antes positivadas, umas para com as outras, bem como para com as bases principiológicas sobre as quais o próprio poder constituinte reformador ou derivado, podia ser exercido dentro do Estado Brasileiro recriado, de molde a evitar que o ordenamento jurídico constitucional tivesse de ser interpretado "*em fatias*".

2.6 REFLEXOS MEDIATOS "SUPERNORMATIZAÇÃO" CONSTITUCIONAL IDEALIZADO PELO CONSTITUINTE ORIGINÁRIO FEDERAL DE 1988 – CONCEPÇÃO DE NORMAS CONSTITUCIONAIS DESARMÔNICAS – ADOÇÃO DE ATIVIDADE LEGISLATIVA IMPRÓPRIA PELO PODER JUDICIÁRIO MEDIANTE ADOÇÃO DA CHAMADA "POSIÇÃO CONCRETISTA"

A péssima qualidade do trabalho legislativo brasileiro no âmbito constitucional federal, tem gerado visível ingovernabilidade, pois sem um ordenamento jurídico constitucional que esteja alinhado ao padrão de conduta esperado do brasileiro de hoje e, sem um ordenamento jurídico constitucional que possa ser interpretado de forma una, difícil fica a missão do poder executivo de cumpri-lo voluntariamente, sem que deste cumprimento espontâneo redunde em "*caos social*" e, com igual dificuldade fica o poder judiciário em interpretar a "*mens legis*" desta, ou daquela norma concebida muitas vezes "*casuisticamente*", o que vem conduzindo a Corte Constitucional brasileira, "*in casu*" o Supremo Tribunal Federal, a exercer autêntica atividade legislativa que lhe é imprópria em muitas situações, adotando para tanto o que lá se denomina "*posição concretista*".

Tudo isto, para evitar que, eventual cumprimento da "*letra*" constitucionalizada reformada em visível descompasso à realidade do brasileiro e aos mais comezinhos princípios sobre os quais se assenta a atual ordem jurídico constitucional, redunde em comprometimento dos macrossistemas constitucionalizados (tributação, orçamento, seguridade social, educação, desporto etc...).

Sem sombra de dúvida, a adoção do que lá no âmbito do excelso pretório se denominou de "*posição concretista*", vem sendo utilizada como "*válvula de escape*" última, apenas nas hipóteses em que, esgotadas todas as fontes de direito passíveis de serem comumente utilizadas, dentro da estrutura piramidal de organização da normas no direito brasileiro, o excelso pretório se depara com absoluta impossibilidade de dirimir o conflito de interesses que lhe foi posto, o que equivaleria a esquiva de outorga de prestação jurisdicional.

Não obstante nobilíssimos os motivos que vêm conduzindo o excelso pretório, diante de várias situações concretas, a adotar o que lá se chama "*posição concretista*" para evitar que uma gama de cidadãos, em espécie, fiquem despidos de direitos fundamentais existentes e legislados para o cidadão, em gênero, por falta de existência de legislação infraconstitucional que expressamente estenda tais direitos fundamentais a esta gama de cidadãos em espécie, o autor tem sérias reservas a esta forma com que o excelso pretório vem, munido desta intenção realmente nobre, se desviando de sua atribuição constitucional, trespassando de "*julgador*" a "*legislador*".

A primeira restrição que o autor tem para com este comportamento da Suprema Corte, que vem se tornando cada vez mais rotineiro, é basicamente a seguinte: tal conduta proporciona ao destinatário da atividade jurisdicional, que é a sociedade brasileira como um todo, a falsa impressão de que o Poder Judiciário, pura e simplesmente, tem o poder de alterar ao seu livre alvedrio conceitos que se encontram definidos em legislações infraconstitucionais promulgadas num passado mais distante, dando a entender que seria dado ao Poder Judiciário, promover uma interpretação "*atualizada*" de norma definidora de institutos jurídicos já há muito existentes, num claro e autêntico atropelo do princípio da tripartição harmônica dos poderes constituídos da república (ou para outros tratadistas, princípio da separação dos poderes), base sobre a qual se assenta o pacto federativo consagrado no texto constitucional republicano de 1988.

Para o autor, a adoção pelo excelso pretório da chamada "*posição concretista*" vem tornando iguais, quem o legislador constitucional e infraconstitucional não quis igualar e, o que se revela mais grave, vem tornando tormentosa a posição dos operadores do direito diante dos conflitos de interesses que lhe são postos a exame, pois "*nem tudo que se escreve, se pode ler*"...

Embora louvável a vontade de entregar a sociedade brasileira uma prestação jurisdicional completa e justa, o autor não enxerga como saudável que o excelso pretório se arvore em verdadeiro legislador para evitar que, eventual ausência de leis formais que estendam direitos fundamentais a quem, na origem da concepção destes direitos, não eram os reais destinatários deles, fiquem completamente desamparados pelo Estado, adotando como praxe a máxima popular, que teve suas origens na obra "*O Príncipe*", de *Maquiavel17*[4], segundo a qual "*os fins justificariam os meios*"...

Aqui, em especial, no âmbito do direito previdenciário, não se enxerga como saudável que o excelso pretório tente sequer insinuar, por exemplo, que o modelo de família descrito no art. 226 da CR/88, que deve receber, na dicção do §1° do mesmo dispositivo constitucional, "*...proteção do Estado...*", incluía ***em 1988*** a família formada através da união homoafetiva.

Enxerga-se, no voto sufragado pelo Min. Carlos Ayres Britto, nos autos da ***ADI 4577/RJ*** e ***ADPF 132/RJ***, que foram deslindadas simultaneamente pelo excelso pretório, um esforço hercúleo para tentar desdizer o que o §3°, do mesmo art. 226, da CR/88, disse com imensa clareza a não permitir dupla interpretação, ou seja, que "*...para efeito de proteção do Estado* é reconhecida a união estável entre homem, e mulher como entidade familiar, *devendo a lei facilitar sua conversão em casamento...*"

Visualizar no raio de alcance desta norma constitucional protecionista os casais homoafetivos, vista segundo o que de sua leitura pode ser

4 MAQUIAVEL, NICOLAU. O Príncipe (1532).

extraído, é literalmente proporcionar à norma alcance que o constituinte originário, por opção político constitucional dele, não proporcionou.

Chama-se aqui a atenção de que, quando do julgamento destes dois processos judiciais, o excelso pretório chegou num consenso de que a expressão "*entidade familiar*" que, na dicção do art. 226, da CR/88, tem de receber a "*...proteção do Estado...*", deve ser interpretada de molde a abrigar em seu raio de alcance todos os multifários modelos de família consagrados na vida quotidiana da sociedade brasileira moderna, não resumidos mais nas fórmulas tradicionais descritas na citada norma constitucional positivada...

Não obstante tenham chegado a este entendimento consensual, adotado apenas para evitar que famílias de fato ficassem à margem da sociedade organizada em termos de proteção estatal, identifica-se no aresto que dirimiu estes dois "*leading cases*", que os Ministros Gilmar Mendes e Ricardo Levandowski claramente mostraram discordância quanto à motivação hábil a permitir que se chegasse a esta conclusão consensualizada.

Ambos se mostraram preocupados com a forma como seus demais pares estavam a interpretar o comando do art. 226, §3°, da CR/88, já antevendo ali uma interpretação demasiadamente forçada daquilo que se encontra escrito num português claro e escorreito.

Identifica-se nos votos que sobrevieram sufragados por ambos os ministros acima descritos, que ambos partiram de uma premissa básica de que o excelso pretório não pode se esquivar de outorgar a tutela jurisdicional que lhe foi demandada, menos ainda deixar de "*dizer o direito*" que lhe foi posto quando o tema em voga são os "*direitos fundamentais*" constitucionalizados.

Entenderam eles, no entanto, que quando a Corte Constitucional estiver diante de uma situação como aquela que lhe foi posta nos "*leading cases*" acima explicitados, o máximo que se poderia cogitar ali seria a adoção dos princípios constitucionais da igualdade plena de todos perante a lei e, do protetor da dignidade da pessoa humana, para viabilizar que, enquanto pendente "*vacatio legis*", o Estado tivesse de proporcionar proteção àqueles membros de famílias heterodoxas, hoje comumente vistas na sociedade brasileira organizada, porém carentes de uma normatização infraconstitucional.

Com todas estas ressalvas, os Ministros Gilmar Mendes e Ricardo Levandowski_concordaram com as conclusões finais do voto sufragado pelo Min. Carlos Ayres Britto, mas preferiram procurar abrigo noutras "*fontes de direito*", quando inexistente norma positivada, como princípios gerais de direito e analogia, as fontes possíveis para deslindar referidos "*leading cases*", proporcionando a famílias heterodoxas, formadas de forma diversa daquelas explicitadas no comando do art. 226, da CR/88, a mesma proteção que o constituinte originário proporcionou àqueloutras, ortodoxamente concebidas na forma da "*letra*" constitucionalizada em 05/10/1988.

De sua importância, neste trabalho jurisdicional colegiado que conteve conclusão unânime, mas por motivações divergentes, foi a conscientização de que não pode o "*julgador*" se arvorar em "*fonte do direito*", como visivelmente tentou fazê-lo o Min. Carlos Ayres Britto, bem como todos aqueles que seguiram o norte de seu raciocínio.

O alerta foi claro: deve o "*julgador*" limitar-se a servir de intérprete do "*direito posto*" e, na hipótese de "*vacatio legis*", lançar mão das demais "*fontes do direito*" existentes no direito brasileiro para que o Poder Judiciário cumpra seu papel constitucional, como bem fizeram os Mins. Gilmar Mendes e Ricardo Levandowski nos votos que. proferiram nos referidos "*leading cases*".

Importantíssimo é que o Poder Judiciário não procure fórmulas mirabolantes para "*dizer o direito*" que lhe foi posto pelo cidadão, criando insegurança jurídica, quando o que dele é esperado é que por intermédio da atividade jurisdicional, proporcione à sociedade justamente o contrário, ou seja, segurança jurídica.

E, para que isto possa ocorrer, deve o Poder Judiciário "*evitar ler aquilo que não está escrito*", ainda que usando deste pretexto para corrigir injustiças, evitando uma desnecessária usurpação do poder legislativo que lhe é impróprio, máxime quando existentes outras "*fontes do direito*" hábeis a evitar que eventual "*vacatio legis*" em determinada matéria, iniba a adequada prestação jurisdicional.

Que fique aqui bem claro: quem, no âmbito do RGPS é ordinariamente previsto como destinatário primeiro do benefício de pensão por morte de um segurado daquele regime, tal como ele se encontra legislado, é o cônjuge ou companheiro supérstite, inexistindo no campo do RGPS legislado ***em 1991*** a previsão de extensão deste direito a um companheiro do mesmo sexo do segurado falecido, quando ocorrente relação homoafetiva, tudo isto porque naquele momento histórico, a família que no âmbito previdenciário recebeu a *"...proteção do Estado..."* (art. 226, da CR/88), na eventualidade da ocorrência do evento morte de seu provedor, à época denominado "*chefe da sociedade conjugal*" por imposição do art. 233 do CCB/1916, à época em vigor, era aquela formada a partir do casamento ou da união estável entre homens e mulheres (família formada através de união heteroafetiva – seja através de casamento, ou união estável).

Voltando a dizer: sendo os direitos previdenciários de determinado cidadão disciplinados na lei formal que fixa suas regras, dentro do regime em que inseridas, não se revela saudável que os tribunais brasileiros, em especial o excelso pretório, enquanto guardião maior do texto constitucional republicano, extrapole dos limites da atividade jurisdicional que lhe é confiada "*ex vi legis*", ainda que com o nobre objetivo de proporcionar à norma posta uma interpretação segundo os "*tempos modernos*", com o claro propósito de, assim procedendo, corrigir injustiças que vêm se perpetuando no tempo e no espaço por "*faute de service*" do Poder Legislativo.

Noutras palavras: não se revela saudável o que o excelso pretório vem reiteradamente fazendo para evitar que esta fórmula de concepção de família hoje corriqueira na sociedade moderna, formada a partir da união homoafetiva, fique destituída da proteção do Estado, em termos previdenciários, porque ***em 1988***, quando da promulgação do texto constitucional republicano vigente, a sociedade brasileira não enxergava com naturalidade esta fórmula de concepção de família.

Tanto assim que várias foram as tentativas, dali em diante, de concepção de leis formais infraconstitucionais, para criação da união civil homoafetiva, como por exemplo o projeto de lei nº 1151, de autoria da então deputada Marta Suplicy, veiculado ***em 1995***, que encontrou no preconceito dos próprios parlamentares que à época tomavam assento no Congresso Nacional um óbice intransponível para sua aprovação.

A mera leitura do projeto de lei nº 1151, de autoria da então deputada Marta Suplicy, veiculado ***em 1995***, que não chegou a ser aprovado pelo Congresso Nacional, estando hoje a "*mofar*" em suas "*prateleiras*" por longos 20 (vinte) anos, em pleno estado de "*hibernação*", demonstra que nem mesmo para evitar verdadeiras injustiças no plano dos direitos civis patrimoniais, a maioria dos parlamentares eleitos nestas várias legislaturas que se sucederam a 1995 preferiu deixar os casais homossexuais completamente desprotegidos, acaso um deles viesse a falecer, deixando patrimônio imobiliário amealhado por esforço conjunto, mas registrado apenas em nome de um deles, destinado no âmbito do direito das sucessões legislado no CCB/1916, a parentes consanguíneos do falecido, em geral pais e irmãos dele que até ali o renegavam em virtude de opção sexual, deixando aquele que com o falecido verdadeiramente formou uma entidade familiar "*lato sensu*", literalmente "*sem eira, beira, nem gibeira*".

Não precisaria nem ser dito, dada a obviedade, que não era vontade dos parlamentares brasileiros de ***1988***, nem daqueles que tomavam assento no Congresso Nacional em ***1991***, tampouco os que lá se encontravam em ***1995***, estender a casais homoafetivos direitos fundamentais que originariamente foram legislados para se destinar a casais heteroafetivos, estes sim formadores da família que, na dicção do art. 226, da CR/88, deveriam receber a "*...proteção do Estado...*".

Nem mesmo no momento histórico atual, em pleno ano ***de 2015***, existe consenso na sociedade brasileira organizada em geral quanto à possibilidade de exercício de atividade legislativa plena que venha a conferir ***verdadeira*** proteção do Estado a casais homoafetivos.

O que existe no seio de parcela da sociedade organizada é o sentimento de que não deve existir numa sociedade plural como a brasileira espaço para que se promova qualquer tratamento discriminatório dos casais homossexuais defronte os heterossexuais, inexistindo, entretanto, no plano legislativo, ainda nos dias atuais, qualquer instrumento normativo concebido com o fito de verdadeiramente promover esta igualação plena de ambas as fórmulas de concepção de família moderna existentes no plano fático e sociológico.

Vê-se que tais questões ainda geram grandes e acirrados debates no seio da sociedade brasileira organizada, tanto que os candidatos à Presidência da República, no pleito eleitoral ***de 2014***, tiveram opiniões divergentes entre si acerca desta questão, especificamente considerada, sinal claro de que o Estado Brasileiro recriado pós 05/10/1988 ainda passa longe de constituir um Estado verdadeiramente laico, estando todo seu arcabouço jurídico-legislativo ainda fortemente influenciado por convicções religiosas, umas mais receptivas para com estas novas fórmulas de concepção de família sociologicamente identificadas, outras menos receptivas e, ainda outras, que têm verdadeira repulsa por tais fórmulas com que os brasileiros vêm, no plano sociológico, constituindo família.

Todas as ilações acima servem apenas para mostrar que, inclusive para o parlamento brasileiro, jamais houve a vontade de estender aos casais homoafetivos, tanto os direitos civis, quanto previdenciários, criados e concebidos para proteger a família modelada pelo constituinte originário no art. 226, da CR/88, até porque quando da promulgação do texto constitucional republicano de 1988, as leis civis vigentes deste país estavam regradas pelo CCB/1916, diploma legislativo concebido nos primórdios do século XX, que tinha o direito de família nele positivado, fortemente inspirado em normas de direito canônico, tanto que no texto original do referido *códex* substantivo, o casamento era indissolúvel e, o regime de bens eleito pelos nubentes para contrair núpcias, imutável (art. 230 do CCB/1916 – disciplina a imutabilidade do regime de bens eleito pelos nubentes para contrair nupciais e art. 315, parágrafo único, do CCB/1916 – disciplina que o casamento válido só se dissolve com a morte de um dos cônjuges), ***sendo verdadeiramente inimaginável que o legislador ordinário de 1916, mesmo tendo concebido este modelo de família tradicional no seio do direito civil positivado, estivesse aberto para estender os mesmos direitos outorgados aos casais heterossexuais, àqueles homossexuais***.

Quando o excelso pretório começou a adotar a chamada "*posição concretista*" para dizer que a melhor interpretação do art. 226 da CR/88 impunha a inclusão dos casais homossexuais entre as fórmulas de concepção de família moderna merecedoras de "*...proteção do Estado...*" em igualdade de condição com as demais fórmulas de concepção de família pré-existentes e reconhecidas no plano legislativo, nitidamente ele exerceu atividade legislativa que lhe é imprópria e usurpou competência que, ordinariamente, era do Congresso Nacional.

Como dito acima, este fato sobreveio reconhecido pelos Ministros Gilmar Mendes e Ricardo Levandowski, por ocasião do julgamento da ***ADI 4577/RJ*** e ***ADPF 132/RJ***.

Ambos os insignes ministros retro citados concordaram com as conclusões a que chegou o Min. Carlos Ayres Britto, que serviu de relator de ambos os processos judiciais, quando S. Exa. pontificou que no seio da sociedade moderna brasileira, tão plural, não existia mais espaço para que se proporcionasse tratamento discriminatório entre casais heteroafetivos defronte os homoafetivos, *mas discordaram de S. Exa. o relator, quando este literalmente "forçou a barra" na fundamentação que conduziu à conclusão de seu voto, quando quis fazer crer que a norma inserta no art. 226 da CR/88, concebida pelo parlamento brasileiro nos anos 80 (oitenta), tinha todo este alcance, quando o mais razoável seria reconhecer como existente um "vácuo legislativo" quanto a forma com que o Estado deve tratar estes casais homossexuais, adotando-se outras "fontes do direito" como a analogia e princípios gerais de direito, para aí sim viabilizar que o Poder Judiciário lhes proporcione, por atividade jurisdicional própria e lídima, tratamento equânime àquele que o constituinte originário federal de 1988 proporcionou aos casais heteroafetivos*.

Por mais nobres que tenham sido os motivos que conduziram a maioria dos ministros que integravam o excelso pretório a acompanhar o raciocínio verdadeiramente "*surreal*" desenvolvido pelo Min. Carlos Ayres Britto nestes casos concretos acima identificados e tantos outros, o autor não pode concordar com esta forma de comportamento, pois ele transforma o Poder Judiciário num poder "*onipotente*" que ele não é e, talvez o que seja mais grave, gera séria insegurança jurídica, pois tudo aquilo que sempre se apregoou e, se encontra validamente legislado, em português claro a inibir interpretações dúbias, fica numa última análise subjugado à vontade subjetiva e personalíssima dos ministros que tomam assento naquela mais alta Casa de Justiça deste país, que acabam se tornando fontes de direito que jamais foram, nem deveriam sê-lo, ao desdizerem aquilo que se encontra dito nas leis formais deste país.

Dentro de um Estado recriado sob ares de princípios democráticos constitucionalizados, inconcebível é que o excelso pretório tenha de se arvorar em legislador que ele não é, nem pode sê-lo, para encobrir a letargia com que se comporta o Congresso Nacional diante de certos temas, em especial quando os parlamentares deixam de normatizá-los e, via de consequência, deixam cidadãos que se encontram em determinadas situações, completamente desamparados por pura "*faute de service*" do aparelho legislativo.

Por pior que seja a qualidade da atividade legislativa brasileira e, por mais que o Congresso Nacional seja tão demorado para transformar projetos de lei em leis formais, o autor não entende como saudável que o excelso pretório "*finja que não vê*" tais situações e, literalmente crie normas que não foram concebidas pelo parlamento brasileiro através de processo legislativo regular, tão só para que direitos fundamentais possam ser estendidos àqueles que ainda se encontram fora do raio de alcance deles, tal qual concebidos pelas leis formais existentes, já consoante acima se disse e ora se repete, existem outras fórmulas que não o do puro e simples exercício de atividade legislativa imprópria, para viabilizar que o Estado-juiz "*diga o direito*" que lhe foi posto, quando existente "*vácuo legislativo*" acerca da matéria.

2.7 REFLEXOS MEDIATOS "SUPERNORMATIZAÇÃO" CONSTITUCIONAL IDEALIZADO PELO CONSTITUINTE ORIGINÁRIO FEDERAL DE 1988 – CONCEPÇÃO DE NORMAS CONSTITUCIONAIS DESARMÔNICAS – NECESSIDADE DE REALINHAMENTO DA ATIVIDADE JURISDICIONAL AOS FINS A QUE O PODER JUDICIÁRIO FOI CONCEBIDO NO PLANO CONSTITUCIONAL – ADOÇÃO DE "FONTES DE DIREITO" ALTERNATIVAS NA HIPÓTESE DE "VACATIO LEGIS", EM SUBSTITUIÇÃO À ADOÇÃO DA CHAMADA "POSIÇÃO CONCRETISTA"

O que se revela saudável, nas hipóteses em que existe "*vacatio legis*" em matéria afeta a direitos fundamentais do brasileiro, é que o Poder Judiciário não deixe de reconhecer as hipóteses em que ocorrente esta situação e, também, não tente exercer atividade legislativa que lhe é imprópria, ainda que nobilíssimos sejam os objetivos perseguidos.

Saudável, para um país recentemente redemocratizado, é que nestes casos o Poder Judiciário reconheça a inexistência de lei formal que discipline a matéria e passe a adotar a "*analogia*", os "*costumes*" e os "*princípios gerais de direito*" como "*fontes do direito*" aplicáveis ao caso concreto, *pois é isto o que determina a norma inserta no art. 126 do CPC, para evitar que eventual "vacatio legis" em determinada matéria sirva de lastro para que o Poder Judiciário se esquive de outorgar a prestação jurisdicional que lhe foi demandada.*

Vejam que, no seio do art. 126 do CPC, o legislador processual civil não elencou a jurisprudência entre as "*fontes de direito*" de que deveria se valer o magistrado, na hipótese de "*vacatio legis*".

Não obstante isto, o que mais se vê no âmbito dos tribunais, em especial dos Tribunais Superiores, são acórdãos que trazem, como fundamento único, a existência de outros acórdãos na mesma direção.

Também não enxerga o autor como saudável esta postura dos tribunais, em especial quando a matéria em foco é direito previdenciário, já que todos os casos concretos têm suas peculiaridades e, nem sempre, um precedente jurisprudencial pode ser aplicado ao caso concreto, dada a dessemelhança do pressuposto fático que desaguou na prolação do precedente jurisprudencial defronte o do caso "*sub examine*", visto em sua concretude.

Enxerga o autor, também nesta hipótese, um péssimo exemplo que vem sendo dado pelos Tribunais Superiores à sociedade organizada a que eles servem, na medida que, adotando esta praxe viciada, ainda que com o nobre objetivo de racionalizar os trabalhos jurisdicionais, eles acabam fazendo "*tábula rasa*" das leis formais deste país que não incluem, entre as "*fontes do direito*" aplicáveis, a jurisprudência.

Tanto a adoção unicamente de precedentes jurisprudenciais com o escopo de fundamentar as decisões judiciais, quanto a adoção da chamada "*posição concretista*", ambas feitas pelo excelso pretório em variados temas, além de antijurídicas e pouco saudáveis para um país recentemente redemocratizado, decorrem, numa última análise, como mais um efeito ora da péssima qualidade do trabalho legislativo brasileiro, ora da inércia do poder legislativo diante de determinados fatos sociais que se encontram carentes de regulamentação legal infraconstitucional, ora da vontade dos ministros que integram a Corte Constitucional de racionalizar seus trabalhos, segundo a metodologia personalíssima deles.

Acaso inexistissem outras "*fontes de direito*" que não as normas positivadas, para evitar que os ministros que tomam assento no excelso pretório, diante de "*vacatio legis*", se esquivassem de cumprir seu ofício jurisdicional, estaria aí uma "*explicação*" plausível para adoção do que lá se denomina "*posição concretista*", ou para que os Tribunais Superiores dessem tanta importância aos precedentes jurisprudenciais deles próprios, fazendo com que tais precedentes acabassem sendo tratados como sem verdadeiras leis formais o fossem, tamanha sua aplicabilidade...

Como existem outras "*fontes de direito*" que não as leis formais positivadas no território nacional que podem servir de norte a que o excelso pretório cumpra com seu "*papel*" constitucional, de todo saudável que ele se ombreie nestas fontes para "*dizer o direito*" que lhe foi posto, permanecendo na condição que constitucionalmente lhe foi imposta, que é a de intérprete maior do texto constitucional republicano e não criador dele.

2.8 REFLEXOS MEDIATOS "SUPERNORMATIZAÇÃO" CONSTITUCIONAL IDEALIZADO PELO CONSTITUINTE ORIGINÁRIO FEDERAL DE 1988 – CONCEPÇÃO DE NORMAS CONSTITUCIONAIS DESARMÔNICAS – CAUSA DE LENTIDÃO DO SUPREMO TRIBUNAL FEDERAL NO DESLINDE DOS PRINCIPAIS CONFLITOS DE INTERESSES QUE LHE SÃO POSTOS A EXAME

Outro efeito da péssima qualidade do trabalho legislativo brasileiro no âmbito constitucional é perceptível "*primo oculi*" por qualquer operador do direito mais atento, quando este vê a imensa dificuldade com que a Corte Constitucional brasileira, "*in casu*" o Supremo Tribunal Federal, tem enfrentado tanto para exercício do controle concentrado de constitucionalidade das normas, quanto o exercício do chamado controle de constitucionalidade por exceção (ou controle difuso de constitucionalidade) dos arestos proferidos em última instância pelos tribunais estaduais e/ou regionais federais de todo o país.

Há um grande prejuízo de tempo, por parte dos ministros que tomam assento no Supremo Tribunal Federal para, de um lado, exercerem com regularidade / responsabilidade suas atribuições tal qual constitucionalmente vieram determinadas e, de outro, evitarem que fruto de suas próprias conclusões, que vêm estampadas nos arestos que dirimem este, ou aquele conflito de interesses, a Corte Constitucional acabe por lesar os direitos individuais de expressiva fatia da sociedade, destinatária que é da imensa maioria das normas constitucionais que vieram positivadas no corpo permanente do texto constitucional republicano.

Comumente, os ministros que tomam assento no Supremo Tribunal Federal se vêm literalmente "*entre a cruz e a espada*", quando por exemplo uma "*ação direta de inconstitucionalidade*" sobrevém julgada procedente após infindáveis anos de tramitação e, os efeitos da declaração de inconstitucionalidade da norma invocada na exordial, se irradiam em patrimônio jurídico já consolidado até pelo exercício alongado de tal direito, por seu titular, gerando uma situação no mínimo inóspita, que é a atuação do poder judiciário contra os interesses justamente da fonte primeira dos Três Poderes constituídos da república: o povo brasileiro.

Exemplificando: o Supremo Tribunal Federal, desde o ano de 1999, está processando as ***ADIs*** nºs ***2110*** e ***2111***, cujo objetivo era expungir do "*mundo jurídico*" o chamado "*fator previdenciário*" concebido por lei federal no mesmo ano de 1999 (Lei Federal nº 9786/99) como ferramenta hábil ao saneamento do RGPS, às custas da "*divisão do déficit*" dele, fruto da existência de um "*sem número*" de benefícios concebidos na história da existência do RGPS, tendo como destinatários contribuintes que não aportaram o número de contribuições necessárias para que pudessem eles fazer jus à sua percepção, entre aqueles que dali em diante estavam em vias de se aposentar.

Com a concepção do chamado "*fator previdenciário*" por força da superveniência da Lei Federal nº 9786/99, todos quantos se aposentaram dali em diante tiveram seus proventos calculados não com o aproveitamento máximo do patrimônio previdenciário amealhado durante suas vidas laborais, como deveria sê-lo dentro de um sistema previdenciário que deseja se manter permanentemente saneado sob os ares da principiologia da contributividade que, desde 1998, passou a inspirar o macrossistema da seguridade social no plano constitucional, com o escopo de, quem sabe um dia, todo o macrossistema seja financiado pelo esforço do próprio contribuinte dele, mas sim vergonhosamente subdimensionados pela aplicação de um "*fator*", que para o autor melhor denominação teria se fosse "*de-flator*", que em tese objetiva dosar o tamanho do benefício a ser outorgado segundo a expectativa média de vida do brasileiro, como se vivêssemos num país sem tantas desigualdades regionais.

Enxerga-se a imensa dificuldade que o Supremo Tribunal Federal vem lidando com estas duas ADIs, trazidas acima exemplificativamente, pois na eventualidade de procedência das arguições de inconstitucionalidade, o RGPS poderá vivenciar uma crise econômico-financeira sem precedentes na história republicana brasileira, "*colocando em xeque*" a possibilidade até de manter-se em dia com os benefícios já outorgados aos cidadãos brasileiros, máxime porque ordinariamente os efeitos do aresto que dirime uma ADI, quando acolhida a arguição de inconstitucionalidade, são "*ex tunc*" ao momento em que o diploma legal tido por viciado por inconstitucionalidade formal e/ou material, foi concebido no âmbito do direito positivo.

O imenso reflexo social e/ou econômico-financeiro que muitas das vezes deriva dos trabalhos jurisdicionais emergentes do Supremo Tribunal Federal, faz com que a Corte Constitucional brasileira "*pense mil vezes*" antes de "*dizer o direito*" que lhe foi posto, transformando-se verdadeiramente num "*fiel da balança*" que equilibra os demais poderes constituídos da república.

Outro exemplo deste verdadeiro "*drama*" que muitas vezes assoma as consciências dos ministros do Supremo Tribunal Federal, que coloca em contraste aquilo que tecnicamente eles teriam de julgar este, ou aquele conflito de interesses que lhes foi posto, sobretudo em sede de ADI e ADC, defronte aos reflexos econômicos, financeiros e sociais que esta decisão jurisdicional técnica produziria na sociedade brasileira como um todo, foi visualizado na ***ADI nº 4/DF***, distribuída em ***12/10/1988*** ao Min. Sidney Sanches, onde o PDT – Partido Democrático Trabalhista arguiu a inconstitucionalidade material do art. 192, §1º, da CR/88, com a redação que lhe foi proporcionada pelo constituinte originário, delimitando os chamados "*juros reais*" ao patamar de 12% (doze por cento) ao ano.

Referida ADI sobreveio julgada improcedente em ***07/03/1991***, ao argumento central de que referida disposição constitucional federal não colidia com as demais normas constitucionais vigentes, instrumentalizadoras do chamado Sistema Monetário Nacional.

Além de considerar constitucional a norma impugnada no seio da ***ADI nº 4/DF***, o excelso pretório foi além em seu ofício jurisdicional, declarando que a dita norma não foi concebida pelo constituinte originário com eficácia plena, estando, pois, faltante regulamentação por lei formal infraconstitucional que viesse a definir o que se entendia por "*juros reais*" para ganhar autoaplicabilidade.

Enxerga-se na forma com que esta ADI foi dizimada pelo STF, uma elevada carga de responsabilidade social de seus julgadores, que culminou na prolação de um aresto onde referidos valores humanos (responsabilidade social) acabaram prevalecentes sobre a própria técnica usualmente eleita para enfrentamento de arguições de inconstitucionalidades no âmbito da Corte Constitucional brasileira, tendo em vista o temor de todo o mercado financeiro à época, de que eventual reconhecimento da autoaplicabilidade da indigitada norma constitucional, geraria "*falência*" do sistema financeiro nacional em curto espaço de tempo.

Adiante ao julgamento desta ADI, o próprio Congresso Nacional também tratou da questão à luz da mesma responsabilidade social com que o Supremo Tribunal Federal proporcionou à ADI, preferindo em vez de regulamentar a norma constitucional federal tida pela Corte Constitucional brasileira como de eficácia contida, pura e simplesmente revogá-la através da EC federal nº 13/96.

Todas as ilações acima servem também para entremostrar que o órgão jurisdicional que literalmente "*dá a última palavra*" quanto à constitucionalidade das normas, ou dos trabalhos decisórios proferidos pelos demais tribunais da federação, mesmo possuindo uma imensa gama de atribuições que vieram discriminadas nos arts. 102 a 103-A, da CR/88, é composto por apenas 11 (onze) ministros (art. 101, da CR/88), o que também constitui uma imensa concentração de poderes nas "*mãos*" de poucas pessoas, fato que subjuga, ao menos em tese, todos os esforços despendidos pelo constituinte originário no afã de desconcentrar / descentralizar poderes entre aqueles constituídos

dos Entes Federativos, através de uma "*supernormatização*" de péssima qualidade e, que torna tormentosos os trabalhos de uma Corte Constitucional composta por tão poucos membros e, via de consequência, tão grande responsabilidade social.

2.9 REFLEXOS MEDIATOS "SUPERNORMATIZAÇÃO" CONSTITUCIONAL IDEALIZADO PELO CONSTITUINTE ORIGINÁRIO FEDERAL DE 1988 – CONCEPÇÃO DE NORMAS CONSTITUCIONAIS DESARMÔNICAS – CRIAÇÃO DE UMA CORTE CONSTITUCIONAL COM EXCESSO DE ATRIBUIÇÕES, POUQUÍSSIMOS MEMBROS, ESCOLHIDOS QUASE QUE LIVREMENTE PELA CHEFIA DO PODER EXECUTIVO FEDERAL – CONSEQUÊNCIAS NUM ESTADO RECÉM-REDEMOCRATIZADO:

Vê-se que, também aqui, na organização dos próprios poderes constituídos da república, o constituinte originário federal preocupou-se até demasiadamente em desconcentrar / descentralizar poderes, entre os constituídos da república, no afã de que os Entes Federativos fossem recriados já com a possibilidade de exercício delimitado deles, para fins de cumprimento de um rol exaustivo de competências constitucionalmente fixadas para cada um deles, tudo isto para evitar concentração desmedida de poderes em "*poucas mãos*", mas de outro deixou de criar estruturas administrativas mais amplificadas, para evitar que todo o rol de competências constitucionalmente atribuídas para o exercício de um determinado poder da república, ficasse concentrado numa unidade orgânica composta por pouquíssimos membros, o que acabou acontecendo com a organização do poder judiciário no plano constitucional, tudo isto por visível despreparo dos parlamentares que idealizaram o texto constitucional republicano e, apostaram numa "*supernormatização*" desqualificada uma fonte capaz de inibir o cometimento de arbitrariedades, impróprias dentro de um Estado recém-redemocratizado.

O excesso de atribuições que, constitucionalmente, foram impostas a uma Corte Constitucional dotada de apenas 11 (onze) membros, veio a ocasionar, como efeito primeiro, uma lentidão na outorga da jurisdição por parte de seus membros.

Numa tentativa de reduzir a lentidão dos trabalhos jurisdicionais constitucionalmente confiados à Corte Constitucional brasileira, o constituinte derivado, ou reformador de 2004, houve por bem proporcionar nova redação ao art. 102, da CR/88, acrescentando ao mesmo o §3º que ele antes disso não possuía e, criar o art. 102-A, da CR/88, que antes inexistia no corpo permanente do texto constitucional republicano.

O autor aqui está se referindo à criação, por intermédio da EC federal nº 45/2004, do pré-requisito da "*repercussão geral*" da matéria tida por inconstitucional, quando veiculada em sede de controle difuso de constitucionalidade (ou controle de constitucionalidade por exceção), no bojo de um "*recurso extraordinário*", pré-requisito este que passou a ser exigido para admissibilidade recursal pela Suprema Corte, bem como a criação das chamadas Súmulas Vinculantes, que vieram ao "*mundo jurídico*" para disciplinar questões já sedimentadas no âmbito daquela mesma Corte e que deveriam passar a servir de guia à alteração de rotinas administrativas viciadas, historicamente afastadas da jurisprudência uniformizada no excelso pretório, numa visível tentativa de evitar que demandas desta natureza tornassem a se multiplicar nos mais diversos foros da federação.

Quanto a exigência, imposta pelo constituinte derivado, ou reformador, idealizador da EC federal nº 45/2004, aos litigantes que viessem a exercer seu direito individual a veicular "*recurso extraordinário*" com o fito de demover o excelso pretório a promover o controle difuso de constitucionalidade de aresto proferido, em última instância, pelos tribunais estaduais e/ou regionais federais, no sentido de que deveriam eles demonstrar, preliminarmente à veiculação de suas razões recursais, se a temática constitucional controvertida teria a "*repercussão geral*" hábil a que fosse ela objeto de conhecimento pelo excelso pretório, o autor tem seríssimas restrições a esta criação legislativa promovida pelo constituinte derivado ou reformador.

A maior de todas as restrições que o autor tem para esta criação legislativa, está no objetivo dela, que foi a reduzir quantitativamente os trabalhos jurisdicionais confiados ao excelso pretório na base do "*qualquer jeito*", quando o que seria esperado do constituinte derivado, ou reformador, era que ele promovesse uma adequação da estrutura orgânica com que é composta a Corte Constitucional brasileira, com o rol de atribuições que, constitucionalmente, o constituinte originário lhe outorgou.

Melhor explicando: para o autor, constituiu grave vulneração ao princípio constitucional assecuratório da ampla defesa que se encontra positivado no seio do art. 5º, LV, da CR/88, esta restrição que sobreveio imposta pelo constituinte derivado, ou reformador, àqueles que se encontrem litigando num processo judicial, sobretudo quando os distinguiu em razão da matéria de fundo que estariam eles a debater.

Para o autor, trata-se de concepção legislativa que, para o cidadão comum, que aporta no Poder Judiciário portando pretensão acionável, limita seu acesso à jurisdição e, aí talvez o mais grave, transforma o Supremo Tribunal Federal um "*tribunal elitista*" que, definitivamente, não é compatível com um tribunal que, entre outros, foi remodelado pelo constituinte originário para "*dar a última palavra*" acerca das questões constitucionais, seja em sede de controle concentrado, ou difuso de constitucionalidade.

Enxerga-se com muita preocupação esta concepção legislativa, quando o tema em voga são os direitos previdenciários do cidadão, muitas vezes reivindicados em sede de Juizados Especiais em demandas dotadas de grande singularidade, pois nem por isto, podem elas serem relegadas pelo constituinte como de somenos importância para o Estado-juiz.

E, quem veio a reconhecer que as demandas veiculadas em sede de Juizados Especiais podem, sim, ser objeto de "*recurso extraordinário*", foi o próprio excelso pretório quando editou o verbete de sua Súmula nº 640, em ***<u>24/09/2003</u>***, "*in verbis*": "É cabível recurso extraordinário contra decisão proferida por juiz de primeiro grau nas causas de alçada, ou por turma recursal de juizado especial cível e criminal."

Agora, com a restrição constitucionalmente imposta ao conhecimento dos "*recursos extraordinários*" pelo excelso pretório promovida pela determinação de que o controle difuso de constitucionalidade só pudesse ser levado a efeito se existente "*repercussão geral*" da matéria de fundo levada a controle de constitucionalidade em sede recursal, vê-se que os interesses individuais dos cidadãos brasileiros, vistos segundo suas próprias singularidades, passaram a ficar "*menos importantes*" para o Estado, já que apequenada a via jurisdicional para tutela deles.

De todo condenável a concepção desta norma constitucional que apequena o direito de agir do cidadão, quando se vê que sua idealização teve como norte, pura e simplesmente reduzir quantitativamente os trabalhos jurisdicionais do excelso pretório, pelo visto na base do "*qualquer jeito*", despido de critérios maiores, que viessem a compatibilizar a necessidade de racionalização dos serviços judiciários com o rol de atribuições impostas ao excelso pretório pelo constituinte originário, sem que deste processo de compatibilização redundasse em perecimento de direitos individuais do cidadão, razão de ser e existir do Estado tripartido em Estado-juiz, Estado-executivo e Estado-legislativo.

Quanto à criação das chamadas Súmulas Vinculantes, o autor já teve maiores resistências a esta novidade trazida pelo constituinte derivado ou reformador, que se encontra estampada no art. 103-A, da CR/88, com a redação que lhe foi proporcionada pela EC federal nº 45/2004.

Não obstante o autor continue convicto de que também não é criando Súmulas Vinculantes que o Estado-juiz conseguirá coibir que demandas já julgadas e rejulgadas numa mesma direção possam ser novamente reavivadas pelo cidadão e, muito embora o autor continue convicto de que a concepção destas Súmulas Vinculantes por sua vez não trarão como resultado útil a tão ansiada redução quantitativa dos trabalhos jurisdicionais do excelso pretório, de qualquer forma, esta criação legislativa, promovida pelo constituinte derivado ou reformador, de 2004, não tem se mostrado lesiva, na prática, ao exercício do direito de ação por parte dos cidadãos.

O receio do autor de que as Súmulas Vinculantes viessem a limitar demasiadamente o direito de ação e, apequenar demasiadamente o acesso a jurisdição, hoje cedeu espaço apenas para um lamento, pois não precisava este instituto ter sido concebido, para os fins desejados pelo constituinte derivado, ou reformador. Ou seja, a otimização dos trabalhos jurisdicionais não depende de criações legislativas apequenadoras do direito de ação como esta, promovida pela EC federal nº 45/2004.

Para felicidade geral, os próprios ministros que integram o excelso pretório se aperceberam bem desta circunstância, pois vêm eles usando com extrema parcimônia na edição destas Súmulas Vinculantes.

Volta-se a dizer: toda a lentidão com que o excelso pretório tem se comportado para exercício de sua atividade-fim está no descompasso entre a multiplicidade de atribuições que permanecem de incumbência dele, com a quantidade de ministros que integram aquela Corte Constitucional brasileira.

Qualquer criação legislativa que venha a restringir o acesso do cidadão à Corte Constitucional brasileira, ainda que advenha ao mundo jurídico com o nobre objetivo de tentar otimizar os trabalhos jurisdicionais do excelso pretório, constituem apenas "*remendos*" de um sistema judiciário mal estruturado.

A grande prova de que tudo quanto acima alegado condiz com a realidade, está na visível falta de eficácia de todas as múltiplas tentativas que o legislador já promoveu para tentar racionalizar, através de atividade legislativa plena, os trabalhos no âmbito da Corte Constitucional. A história pregressa destas tentativas frustradas já deveria ter conduzido o parlamento brasileiro a visualizar que não se consegue acabar com a lentidão do aparelho judiciário através da criação de válvulas apequenadoras do acesso a jurisdição.

Relembrando a última tentativa pretérita ao do advento da EC federal nº 45/2004: em 1998, a Lei Federal nº 9756/1998 proporcionou nova redação ao "caput" do art. 557 do CPC, bem como acrescentou a este artigo os §§1º-A, 1º e 2º que ele antes não possuía, criando hipóteses excepcionais em que seria dado aos magistrados que tomam assento nos tribunais de toda a federação, inclusive os superiores, julgar monocraticamente os recursos postos a seu crivo, em vez de que submetê-los ao crivo do órgão jurisdicional colegiado que, em tese, seria o seu real destinatário.

O que aconteceu a partir do advento da Lei Federal nº 9756/1998, no âmbito dos Tribunais Superiores, foi o seguinte: o que era para constituir uma exceção de uso restrito, passou a constituir regra de conduta, pois absolutamente todos os magistrados que tomam assento nos Tribunais Superiores, em especial quando instados a promover controle difuso de constitucionalidade (no caso do STF), ou controle jurisdicional de legalidade (no caso do STJ) deste, ou daquele aresto oriundo de outro tribunal da federação, passaram a dizimar os recursos que lhe foram submetidos à relatoria destes, de forma monocrática, o que além de configurar claro desrespeito ao objetivo do legislador processual civil, configurou grave burla ao princípio da colegialidade, que deve ser sempre a regra a ser observada, quando o tema é reexame, por uma determinada instância, de aresto proferido por órgão jurisdicional de outra.

Esta tentativa feita pelos magistrados que tomam assento nos Tribunais Superiores, visivelmente ao arrepio da "*mens legis*" do objetivo perseguido pela Lei Federal nº 9756/1998, de racionalizar os trabalhos jurisdicionais na base do "*qualquer jeito*", não surtiu o efeito por eles desejado.

Ou seja: desde 1998 ao menos, os ministros que tomam assento nos tribunais superiores já têm ciência e consciência, pela dinâmica de seus próprios trabalhos jurisdicionais, que lei formal alguma consegue racionalizar o ofício jurisdicional, já que ele é dependente do funcionamento de toda uma "*engrenagem*" que começa no advogado, perpassa pelos serventuários da justiça, pelos promotores de justiça e que tem sua foz no magistrado, a quem é entregue o poder jurisdicional.

Retomando o que antes se disse: quando do advento da EC federal nº 45/2004, que entre várias medidas, incluiu no corpo permanente do texto constitucional republicano o art. 103-A que ele antes não possuía, criando as chamadas Súmulas Vinculantes e, proporcionou nova redação ao §3º, do art. 102 de seu corpo permanente, criando novo pré-requisito de admissibilidade dos "*recursos extraordinários*", antes inexistente (necessidade de que a matéria objeto do recurso tenha "*repercussão geral*" e seja dotada de interesse meta-individual para que seja passível de conhecimento), a sociedade brasileira organizada e, mesmo a comunidade jurídica em geral, já tinha passado por outras experiências legislativas, como a acima trazida como exemplo, que vieram ao mundo jurídico com o escopo de racionalizar os trabalhos jurisdicionais e que não alcançaram o sucesso desejado, o que já deveria ter despertado em todos estes segmentos a certeza de que a otimização da prestação jurisdicional não depende de simplificação das normas processuais, de supressão de veículos recursais e, menos ainda, de redução do acesso do cidadão à jurisdição.

Diante de tantas experiências legislativas já promovidas com o nobre objetivo de racionalizar os trabalhos jurisdicionais, todas frustradas, imagina-se que, para verdadeiramente melhorar os trabalhos jurisdicionais do excelso pretório, o legislador constituinte há de conscientizar-se que o rol de atribuições do referido órgão jurisdicional há de guardar compatibilidade com o quantitativo de ministros que o integram (idêntico raciocínio se aplica em relação aos demais Tribunais Superiores, que têm tantas atribuições e, tão poucos membros, que tornam o trabalho jurisdicional lento).

De todo censurável, portanto, as medidas legislativas que desviam o problema da lentidão do aparelho judiciário da sua verdadeira causa, que deve ser combatida de frente e não através de medidas paliativas como as acima vistas, que além de não resolverem o problema, servem mais para criar outros, como do visível apequenamento das vias jurisdicionais e, de tratamento desigual entre cidadãos, em termos de acesso à jurisdição, em virtude da natureza dos direitos que estão a pleitear sejam reconhecidos pelo Estado-juiz, o que se afigura uma verdadeira aberração num Estado recém-redemocratizado sob os ares do princípio da igualdade plena de todos perante a lei.

Afora todas estas incongruências que vem cada vez mais transformando a Corte Constitucional brasileira num "*tribunal elitista*" e afastado do povo brasileiro, fonte primária de todo o poder por ela, Corte Constitucional, exercida, o constituinte originário federal deixou de criar pré-requisitos mais rígidos, objetivos e, mais alinhados à "*onda moralizadora*" imposta aos agentes políticos do Estado no art. 37, "*caput*", da CR/88, para que um bacharel em direito pudesse tomar assento no cargo de ministro do Supremo Tribunal Federal através de investidura originária.

O que se vê, neste particular, é a mais completa falta de um critério objetivo, para definir o que se deve compreender por pessoas "*de notório saber jurídico e reputação ilibada*" (art. 101, da CR/88), passíveis de serem nomeadas ministros do Supremo Tribunal Federal.

Menos ainda, o constituinte definiu critério hábil a que o provimento do cargo de ministro do Supremo Tribunal Federal derivasse de uma promoção por mérito, dos juízes togados que tomam assento nos Tribunais Estaduais, e/ou Regionais Federais de todo o Estado Brasileiro, preterindo o critério da "*meritocracia*", mais afeiçoado ao princípio da impessoalidade, deixando prevalecer o "*político*", completamente avesso à mesma principiologia que informa, ou deveria informar, toda a atividade administrativa estatal, sem excetuar nenhuma.

Apenas restou definido, no art. 101, parágrafo único, da CR/88, que caberia à chefia do poder executivo federal proceder à escolha, pura e simples, dos ministros que tomam assento no Supremo Tribunal Federal, existindo como condicionantes para nomeação do escolhido apenas três pré-requisitos que, afora o etário (exigência de idade mínima e máxima do candidato), os demais são dotados de tanta carga de subjetividade que possibilitam praticamente uma "*escolha livre*".

Vejam os pré-requisitos que estão delineados no art. 101, parágrafo único, da CR/88, para que alguém possa ser nomeado ministro do Supremo Tribunal Federal por escolha da chefia do poder executivo federal: ser "*...cidadão com mais de trinta e cinco e menos de sessenta e cinco anos de idade...*" (critério objetivo); ser cidadão "*...de notório saber jurídico e reputação ilibada...*" (critério subjetivo); ser aprovado, após a escolha, "*...pela maioria absoluta do Senado Federal...*" (critério objetivo, porém sujeito ao subjetivismo dos parlamentares);

Há, aqui, uma imensa margem de discricionariedade para que a chefia do poder executivo escolha quem bem entenda para tomar assento no cargo de ministro do Supremo Tribunal Federal, o que ao menos a princípio, não se afigura algo minimamente alinhado ao que por aqui se entende por "*democracia*".

Enxerga-se, nesta falta de critérios objetivos mais austeros constitucionalizados, para servir de balizamento à escolha dos ministros que tomam assento no Supremo Tribunal Federal, um atrelamento entre quem nomeia e aquele que é nomeado que, em muitos casos, tem retirado da cúpula do Poder Judiciário, a independência que teria de servir-lhe de norte para execução profícua e perfeita de seus misteres e, em alguns, casos, a própria credibilidade da instituição, tida por alguns como fortemente influenciada por fatores externos.

Hoje, há quem defenda a limitação de tanto poder "*nas mãos*" da chefia do poder executivo federal, através da criação de um sistema de nomeação de ministros para exercerem a judicatura por prazo certo, tal como ocorre nos Tribunais Regionais Eleitorais e no Tribunal Superior Eleitoral, reduzindo por este viés o poder de escolha da chefia do poder executivo federal daqueles que tomam assento no cargo de ministro do Supremo Tribunal Federal.

Para os defensores desta ideia, a Corte Constitucional brasileira ficaria mais "*oxigenada*" com a troca de sua composição plenária de tempos em tempos, medida que, para estes, evitaria "*engessamento*" de entendimentos, tornando a atividade jurisdicional naquele âmbito menos previsível, mais dinâmica e independente.

Já, para outros, o ideal seria a integração formal do cargo de ministro do Supremo Tribunal Federal à carreira da magistratura estadual e federal, deixando para a chefia do poder executivo federal apenas a missão de escolher quem, em lista concebida pelos tribunais estaduais e/ou federais, fosse indicado por seus próprios pares a ascender funcionalmente àquela Corte.

Muitos, ainda, defendem a necessidade de redução das atribuições constitucionalmente impostas ao Supremo Tribunal Federal, para que o tamanho de sua composição plenária possa atender com maior celeridade e eficácia aos reclames da sociedade a que ele serve.

Entretanto, enquanto nada disso acontece, a Corte Constitucional brasileira continua sendo composta por 11 (onze) ministros que são nomeados pela chefia do poder executivo federal, com lastro em critérios nada objetivos e completamente distanciados daquilo que se tem conceitualmente por "*meritocracia*", portando um verdadeiro "*roseiral*" de atribuições que tornam sua atividade jurisdicional "*lenta*" e, em muitos casos, ineficaz.

Visível, pois, a incoerência do constituinte originário federal nesta normatização, - onde se concebeu um poder judiciário que tem em sua base juízes togados investidos em cargos públicos – mediante concurso público de provas e/ou provas e títulos (art. 37, II, da CR/88) e, no alto da pirâmide da estrutura orgânica deste poder constituído, uma Corte Constitucional cujos membros são nomeados pela chefia de outro poder, com lastro em critérios pouco objetivos, para não dizer personalíssimos.

Ainda, vê-se a falta de coerência do constituinte originário para com este propósito primeiro, que o conduziu a criar uma "*supernormatização*" no plano constitucional federal em 05/10/1988, concebendo mecanismos de controle externo dos atos de gestão do poder executivo pelo legislativo (através do Congresso Nacional) e pelo Tribunal de Contas (arts. 70 e 71 da CR/88) e, ainda, mecanismos de controle internos dos atos de gestão dentro da órbita interna de cada um dos poderes constituídos (art. 74 da CR/88), deixando contudo o poder judiciário sem nenhum mecanismo de controle externo de seus atos de gestão.

Ou seja, quando promulgado o atual texto constitucional republicano, em 05/10/1988, a chefia do poder judiciário da União, "*in casu*" o Presidente do Supremo Tribunal Federal, ficou dotado de poderes administrativos que beiravam aos "*divinos*", dada a falta de um mecanismo de controle externo deles pré-concebido no corpo da própria "*lex mater*".

Dada a constatação do tamanho da concentração de poderes "*nas mãos*" da chefia do poder judiciário da União, que consoante se disse no parágrafo acima, beiravam aos "*divinos*", fato que uma vez mais colocou "*em xeque*" todos os esforços despendidos na "*supernormatização*" promovida pelo constituinte originário justamente com o escopo de evitar "*superpoderes*" que se sobrepusessem sobre outros constituídos e, "*super-Entes*" que aniquilassem, ou apequenassem gravemente a autonomia com que foram concebidos os outros, é que em 2004, o Congresso Nacional exerceu o poder constituinte derivado ou reformador, com o fito de acrescentar ao texto constitucional republicano, o art. 103-B, da CR/88 que ele antes não possuía, através da EC federal nº 45/2004, criando o Conselho Nacional de Justiça justamente para evitar que a chefia do poder judiciário da União fosse a única dotada de poderes literalmente sem mecanismos hábeis a seu controle externo.

Identifica-se, também aí, que a "*supernormatização*" promovida pelo constituinte originário federal em 05/10/1988 no corpo permanente do texto constitucional republicano, acabou frustrando os objetivos que nortearam os trabalhos constituintes.

Tudo isto, porque acabaram sendo concebidos poderes constituídos mais "*fortes*" que outros, ao arrepio de toda esta tentativa de minudentemente normatizar várias fórmulas de controle do exercício de cada um dos poderes (controles externo e interno).

O trabalho legislativo desenvolvido pelos parlamentares eleitos que tomaram assento no Congresso Nacional, não só quando da concepção da atual ordem constitucional, mas também ainda visível na imensa maioria dos trabalhos legislativos posteriormente concebidos, independentemente de sua posição na estrutura piramidal da hierarquia das normas no direito positivo brasileiro, dada a mais completa ignorância jurídica daqueles que, paradoxalmente, teriam é de ter o conhecimento mais amplo de todo o extenso e denso caderno legislativo da União, ou seja, os parlamentares eleitos pelo povo que tomam assento no Congresso Nacional nas duas Casas Legislativas, transformou o direito positivo brasileiro numa imensa "*colcha de retalhos*", de difícil e às vezes impossível interpretação harmoniosa, dificultando que o Estado-executivo promovesse o cumprimento espontâneo das normas postas e, o Estado-juiz, a aplicação delas no deslinde dos conflitos de interesses.

No capítulo seguinte, o autor discorrerá sobre as consequências deste modelo "*sui generis*" de Estado federalizado concebido pelo constituinte originário e, os reflexos derivados do que acima se chamou de "*supernormatização*", quando o tema em voga são os direitos previdenciários do cidadão brasileiro

III
COMPETÊNCIAS LEGISLATIVAS QUE SOBREVIERAM DISTRIBUÍDAS ENTRE OS ENTES FEDERATIVOS NO SEIO DA "SUPERNORMATIZAÇÃO" DO TEXTO CONSTITUCIONAL REPUBLICANO

3.1 FORMA COM QUE O CONSTITUINTE ORIGINÁRIO DISTRIBUIU COMPETÊNCIA, ENTRE OS ENTES FEDERATIVOS, PARA LEGISLAR ACERCA DE "PREVIDÊNCIA SOCIAL" – FALTA DE OUTORGA DE COMPETÊNCIA AOS MUNICÍPIOS PARA TANTO:

O texto constitucional republicano atual, em seu art. 22, XXIII, taxativamente determina que compete privativamente à União Federal legislar acerca de "*seguridade social*".

Logo adiante, em seu art. 24, XII, o texto constitucional republicano atual visivelmente retirou da União parte da competência legislativa privativa que o art. 22, XXIII, lhe outorgou, quando literalmente instituiu competência legislativa concorrente entre União, Estados Distrito Federal, para legislar acerca de "***previdência social***, *proteção e defesa da saúde*"

Neste ponto, identifica-se a péssima qualidade do trabalho legislativo brasileiro, já que não ressoa crível tenha o constituinte intencionado excluir a "*previdência social*" da condição de espécie do gênero "*benefícios da seguridade social*".

Tanto esta premissa é verdadeira, que a "*seguridade social*" é tratada no âmbito constitucional no título VIII, capítulo II, que por sua vez é subdividido em 4 (quatro) seções, denominadas "*disposições gerais*" (seção I), "*da saúde*" (seção II), "*da previdência social*" (seção III) e "*da assistência social*" (seção IV).

Tendo a "*previdência social*" sido legislada, no plano constitucional federal, como uma das espécies que nele vieram agrupadas no gênero do título VIII, capítulo II, denominado "*da seguridade social*", tal fato deixa entremostrar que não houve uma opção político constitucional de retirar esta espécie do gênero que sempre serviu de norte à sua normatização no seio da história constitucional brasileira pretérita.

Desnudado tal fato jurídico, ressai agora claro e luminoso que a aparente antinomia do preceito normativo inserto no art. 22, XXIII, defronte aqueloutro, inserto no art. 24, XII, ambos do texto constitucional republicano, não passa de falha de técnica na redação das duas disposições constitucionais.

Enxerga-se, com este panorama mais alargado, que no âmbito do art. 22, XXIII, da CR/88, instituiu-se competência privativa da União para legislar sobre o gênero "*seguridade social*", ficando fora do alcance desta norma genérica a espécie "*previdência social*", que no âmbito do art. 24, XII, da CR/88, teve a competência legislativa fixada como concorrente a União, Estados e Distrito Federal.

Do exame conjunto das duas normas constitucionais acima explicitadas, vê-se que nenhuma delas instituiu competência legislativa para que os municípios legislassem acerca de "*seguridade social*", enquanto gênero, nem de "*previdência social*", enquanto espécie deste gênero.

Necessário, aqui, é também mencionar que o preceito normativo inserto no art. 23, II, da CR/88, não retirou da União a competência privativa para legislar acerca das demais espécies que, juntamente à "*previdência social*", formam o gênero "*seguridade social*" tal como veio estruturado no plano constitucional federal.

Referido preceito normativo institui competência comum da União, Estados, Distrito Federal e Municípios apenas para "***cuidar*** *da saúde e assistência pública*". Dessa forma, o gestor público que, em todas as esferas político administrativas, ficou incumbido de "*cuidar*" dos benefícios da "*saúde*" e "*assistência pública*", também ficou juridicamente obrigado a pautar toda a atividade administrativa secundado na legislação federal que vier a instituir e normatizar cada um destes benefícios da "*seguridade social*", com fundamento no art. 22, XXIII, da CR/88.

Não precisaria nem ser dito, dada a obviedade, do tamanho da perplexidade que assoma o âmago de todo estudioso da matéria em voga, quando adiante, no art. 39, "*caput*", da CR/88, o constituinte originário determinou que todos os Entes Federativos, sem exceção de qualquer deles, criassem regimes jurídicos únicos para abrigar seu funcionalismo, deixando a todos a impressão de que, relativamente aos municípios, haveria uma única restrição: ficariam eles, em tese, impedidos de instituir regimes próprios de previdência para abrigar seus servidores, através de atividade legislativa plena, dada a falta de autorização constitucional federal a tanto.

Ou seja, determinou-se no "*caput*" do art. 39, da CR/88, que os municípios concebessem regimes jurídicos únicos para abrigar seu funcionalismo, até ali proporcionando aos mesmos um tratamento legislativo, no plano constitucional, distinto daquele conferido ao gênero "*trabalhador urbano*", do qual o funcionalismo serve de espécie, o que conduz qualquer operador do direito mais atento a imaginar que, para cumprimento do princípio isonômico, que decorre daqueloutro, de maior amplitude e latitude, que veio positivado no art. 5º, "*caput*", da CR/88, que é o da igualdade plena de todos perante a lei, igual conduta teria de ter o constituinte, quando o tema em voga são os direitos previdenciários do funcionalismo.

Este era o raciocínio lógico para quem, no "*caput*", do art. 39, da CR/88, criou uma norma programática determinante de que os Entes Federativos, sem excetuar nenhum deles, criassem regimes jurídicos únicos para abrigar seu funcionalismo, distinguindo a espécie "*funcionalismo*" do gênero "*trabalhador urbano*", que permanece com seus direitos e deveres trabalhistas, decorrentes da relação laboral empregado-empregador, delineados no caderno celetista concebido no "*governo getulista*".

Infelizmente, quando o tema em voga são os trabalhos legislativos pelo parlamento brasileiro, nem sempre coerência é a "*palavra de ordem*"...

Dada à situação jurídico-constitucional, decorrente da leitura conjunta dos arts. 22, XXIII e 24, XII, ambos da CR/88, seria de se indagar se no âmbito dos municípios, as regras de aposentadoria no serviço público previstas no art. 40, "*caput*", da CR/88, sejam aquelas concebidas por força do poder constituinte originário, ou aquelas concebidas pelo constituinte reformador ou derivado, nos anos de 1998, 2003 e 2005, atingiriam os servidores públicos municipais.

A literalidade do "*caput*" do art. 40, da CR/88, não ajuda muito na procura da resposta a tal indagação, até porque a "*letra*" do texto constitucional republicano, invariavelmente mal redigida, na grande maioria das vezes não reflete a vontade condutora do exercício da própria atividade legislativa.

A grande prova do acima alegado é visualizável todas as vezes que se promulga um determinado diploma legislativo e, os destinatários da norma percebem que a exposição dos motivos que conduziram ao exercício da atividade legislativa não corresponde com o que efetivamente foi legislado.

Dado ao desencontro entre a vontade condutora do exercício da atividade legislativa, defronte ao que efetivamente foi legislado é que o autor reiteradamente vem insistindo que o maior de todos os problemas hoje enfrentados pela sociedade brasileira está na dificuldade realmente existente na aplicação das leis pelo Poder Executivo e, no julgamento dos conflitos de interesses pelo Poder Judiciário, segundo o ordenamento legislativo brasileiro, dada a péssima qualidade da atividade legislativa que é a "*fonte*" primeira para o exercício regular dos demais poderes constituídos da república, dentro de um Estado Democrático de Direito.

Retomando a discussão quanto a abrangência do preceito normativo inserto no art. 40, "*caput*", da CR/88: vejam todos que lá no "*caput*", do art. 40, da CR/88, o constituinte originário apenas criou uma norma programática, dirigida aos poderes legislativos dos Entes Federativos, para que estes, através de atividade legislativa plena, assegurassem aos servidores públicos destes, um "*regime de previdência, de caráter contributivo e solidário*" que lhes abrigasse de forma distinta e com regramentos distintos daqueles previstos na legislação previdenciária instituidora do regime geral de previdência social.

Objetivou-se, ali, nos parágrafos e incisos do art. 40, da CR/88, apenas traçar os contornos materiais, de cunhos previdenciários, a que os poderes legislativos dos Entes Federativos, teriam que neles se ombrear, no exercício regular de suas atividades legislativas, para cumprir com o objetivo de assegurar a seus servidores públicos um "*regime de previdência, de caráter contributivo e solidário*" que lhes abrigasse de forma distinta e com regramentos distintos daqueles previstos na legislação previdenciária instituidora do regime geral de previdência social.

Vê-se que, entre a norma programática inserta no art. 40, "*caput*", da CR/88 e, aqueloutra, inserta no art. 24, XII, da CR/88, existe um "*vácuo*", pois enquanto a primeira institui norma programática dirigida aos poderes legislativos de todos os Entes Federativos sem exceтuar nenhum deles, para que estes concebam seus respectivos regimes próprios de previdência para abrigar seu funcionalismo, a segunda esvazia parte deste esforço, quando tirou os municípios do rol dos Entes Federativos que ganharam competência legislativa concorrente para legislar acerca de "*previdência social*".

Inegavelmente, existe aí um grave problema de ordem jurídico-constitucional, pois diante deste "*vácuo*" acima explicitado, aparentemente os servidores públicos dos municípios ficaram sem o instrumento hábil à criação válida do regime próprio de previdência que o art. 40, "*caput*", da CR/88, lhes assegurou.

Isto porque, visivelmente, a norma programática do art. 40, "*caput*", da CR/88 delineou os contornos materiais do regime próprio de previdência que deveria ser objeto de atividade legislativa plena pelos Entes Federativos, em favor de seus servidores, sem atentar-se para o fato também visível de que, por opção político constitucional, não foi conferida aos municípios a competência para legislar autonomamente acerca de "*previdência social*".

Outro fato a endossar esta ideia de que o constituinte originário não desejou, por opção político constitucional, proporcionar aos municípios competência tanto para instituir, quanto para gerir regimes próprios de previdência para abrigar seu funcionalismo, está na "*letra*" do art. 30 e seus incisos da CR/88.

No art. 30, da CR/88, o constituinte originário discriminou todo o rol de competências dos municípios que integram a federação brasileira, discriminando a existência de competência para "*organizar e prestar, diretamente ou sob regime de concessão ou permissão, os serviços públicos de interesse local, incluindo o de transporte coletivo, que tem caráter essencial*" (art. 30, V, da CR/88), mas, quedando-se silente quanto a forma com que os servidores públicos municipais que acessarem validamente o serviço público serão aposentados ao fim de sua vida laborativa.

Indaga-se: esta ausência de previsão jurídico-constitucional autorizativa a que os municípios pudessem exercer atividade legislativa plena para instituir regimes próprios de previdência para abrigar seus servidores, seria algo fruto apenas de mau exercício do poder constituinte?

Retornando às origens do texto constitucional republicano vigente, ou seja, a 05/10/1988, este autor desacredita que havia a intenção do constituinte originário de, um lado, deixar de no seio dos arts. 29 e 30 da CR/88, outorgar competência para que os municípios legislassem acerca de "*previdência social*" para seus próprios servidores e, mais adiante, no seio do art. 40, "*caput*", da CR/88, criar norma programática determinando que todos os Entes Federativos, sem excetuar nenhum deles, deveriam conceber regimes próprios de previdência para abrigar seu funcionalismo.

Como acima se disse, não existe mínima coerência do constituinte originário ter deixado, no seio dos arts. 29 e 30, da CR/88, de outorgar competência para que os municípios legislassem acerca de "*previdência social*" para seus próprios servidores, defronte a própria razão tanto da inclusão dos municípios no pacto federativo consagrado no art. 1°, da CR/88, quanto da distribuição aos municípios , de um rol de competências privativas, no título III do corpo permanente do texto constitucional republicano, denominado "*Organização do Estado*", justamente no afã de amplificar a autonomia deles e evitar que ficassem reféns dos Estados onde se situam geograficamente.

Para quem incluiu os municípios no pacto federativo, de forma inédita em direito constitucional comparado e, lhes outorgou uma série de competências privativas justamente para fortalecer a autonomia deles para organizarem-se "*interna corporis*" de seus "*muros*", observado o princípio da simetria, a ausência de norma instituidora de competência para que estes Entes Federativos legislem acerca de "*previdência social*" de seus próprios servidores, exsurge no mínimo como atitude incoerente do constituinte originário, para não falar em mau exercício do poder constituinte originário.

3.2 EFLEXOS DA FALTA DE COMPETÊNCIA DOS MUNICÍPIOS PARA INSTITUIR REGIMES PRÓPRIOS DE PREVIDÊNCIA PARA ABRIGAR SEU FUNCIONALISMO NO MOMENTO PRESENTE:

3.2.1 Desequilíbrio econômico-financeiro dos regimes próprios de previdência que foram concebidos por municípios, mesmo contrariando a ordem constitucional:

Consoante restou acentuado no item 3.1 acima, o constituinte originário, seja por faltar-lhe coerência mínima nos objetivos por ele perseguidos quando incluiu os municípios no pacto federativo sobre o qual se assenta o Estado Brasileiro recriado, seja por ter exercido tão densamente o poder constituinte, criando uma "*supernormatização*" no plano constitucional dotada de tanta complexidade que o conduziu a, por "*obra do acaso*", ter deixado os municípios despidos de competência para instituir regimes próprios de previdência para abrigar seu funcionalismo, em qualquer dos casos, independentemente dos motivos, fato é que o constituinte realmente deixou os municípios despidos desta competência especificamente considerada.

Por mais que se tente promover interpretação harmônica entre os mais diversos dispositivos constitucionais que se encontram enfeixados no "*capítulo I*", do "*título III*", do texto constitucional republicano, não se consegue deste exame conjunto extrair qualquer possibilidade de real existência de competência jurídico-constitucional outorgada aos municípios para que concebam, pelas leis próprias que adotarem, regimes próprios de previdência para abrigar seu funcionalismo.

Com os "*olhos*" voltados para 05/10/1988, vislumbra-se nesta atitude do constituinte originário algo extremamente agressivo aos direitos previdenciários dos servidores municipais, vez que àquela época, todo o macrossistema previdenciário dos Entes Federativos que veio positivado no art. 40, da CR/88, foi fortemente inspirado pelo princípio paritário, decorrente daqueloutro, de maior amplitude e latitude, que é o da estabilidade financeira, ambos determinantes de que os Entes Federativos, exceto os municípios, concebessem por leis formais regime próprios de previdência para abrigar seu funcionalismo, deixando previamente assegurado aos servidor o direito de, neste RPPS a ser legislado, perceber proventos de aposentadoria dosados de acordo com os vencimentos (no plural, sinônimo de remuneração) que o próximo ocupante do cargo público onde ele aposentou-se, está percebendo, obviamente quando ele preencher todos os pré-requisitos ao desfrute dos efeitos do "*estado de fato*" de inativo exatamente na forma prevista no verbete da Súmula nº 359 do STF, com a redação atualmente vigente, que é a que lhe foi dada pelo Tribunal Pleno em 1973.

Ainda com "*olhos*" voltados para 05/10/1988, enxerga-se que estaria aí uma grande fonte de desestímulo a que os brasileiros em geral acessassem o serviço público municipal através de concurso público de provas e/ou provas e títulos (art. 37, II, da CR/88), vez que um dos grandes atrativos à acessibilidade ao serviço público, na época, estava na expectativa do direito que lá se delineou no corpo permanente do texto constitucional republicano (mais especificamente em seu art. 40), de gozo de uma futura aposentadoria remunerada por proventos paritários aos vencimentos (no plural, sinônimo de remuneração) de quem, no lugar do jubilado, passou a ocupar o cargo público objeto da aposentação.

Entretanto, com os "*olhos*" voltados para 2015, ou seja, 27 (vinte e sete) anos após a promulgação do texto constitucional republicano vigente, enxerga-se que a grande maioria dos municípios que criaram regimes próprios de previdência para abrigar seu funcionalismo, tem encontrado enormes dificuldades econômico-financeiras para mantê-los saneados, fato que deixa entremostrar que não foi tão desastroso assim o produto da atividade legislativa do constituinte originário, quando deixou os municípios despidos de competência para instituírem, por leis formais, regimes próprios de previdência para abrigar seu funcionalismo.

A dificuldade enfrentada pelos municípios que criaram regimes próprios de previdência para abrigar seu funcionalismo, mesmo na falta de autorização jurídico-constitucional para tanto, de mantê-los saneado, tem sua origem no fato de que a grande maioria sobrevive quase que exclusivamente através dos recursos que lhe são repassados pelos demais Entes Federativos, por força das normas constitucionais previstas na seção VI ("*Da repartição das receitas tributárias*"), do capítulo I ("*Do Sistema Tributário Nacional*"), do título VI ("*Da Tributação e do Orçamento*"), do texto constitucional republicano.

Inexistissem estas normas constitucionais instituidoras de critérios objetivos de repartição de parte das receitas tributárias da União e dos Estados para os Municípios e, acaso estes tivessem que sobreviver apenas à custa dos tributos de sua competência legislativa, todos os esforços despendidos para integração dos municípios dentro do pacto federativo consagrado no art. 1°, do texto constitucional republicano, dotados de autonomia para organizarem-se "*interna corporis*" de seus "*muros*", ficariam 100% (cem por cento) frustrados.

Vejam que até aí, neste ponto, existiu outra imensa incoerência da vontade constituinte de incluir os municípios no pacto federativo sobre o qual repousa o Estado Brasileiro recriado pós 05/10/1988, já que inimaginável como os gestores municipais pudessem exercer com verdadeira autonomia seus *munus* constitucionais, se grande parte dos recursos econômico-financeiros necessários exatamente ao cumprimento destes *munus*, não decorre de pura e simples atividade arrecadatória dos tributos de competência legislativa municipal.

Para quem acreditava na inclusão dos municípios no pacto federativo sobre o qual se assenta o Estado Brasileiro recriado pós 05/10/1988 como mais uma ferramenta hábil a evitar concentração demasiada de poderes "*em poucas mãos*", no mínimo incoerente literalmente apequenar a autonomia da chefia do poder executivo dos municípios para gerir os destinos dos munícipes, quando retirou deles capacidade econômico-financeira própria, fruto apenas de atividade arrecadatória de tributos de sua competência legislativa, para tanto.

Revela-se algo incompreensível para quem acreditava na amplificação da autonomia dos municípios uma ferramenta importante para evitar concentração desmedida de poderes de uns Entes Federativos defronte outros, deixar de criar tributos de competência legislativa e arrecadatória dos municípios suficientes para assegurar exatamente o exercício pleno desta autonomia e, ainda, deixá-los reféns de repasses de parte do produto da arrecadação das receitas tributárias de competência dos outros Entes Federativos para cumprimento de seus planos de governo, criando entre estes um estado de interdependência completamente indesejável.

Incompreensível, pois, foi a inclusão dos municípios como entes integrantes da federação brasileira recriada após 05/10/1988, despidos de recursos suficientes a que a chefia do poder executivo pudesse exercê-lo com maior autonomia, fruto da arrecadação dos tributos de sua própria competência.

Dado a este descompasso normativo do texto constitucional republicano, jamais consertado nestes 27 (vinte e sete) anos de vigência dele, seria necessária a fusão de vários municípios de pequena densidade populacional, para fortalecimento do Ente Federativo que viesse a ser concebido para aglutinar a todos que nele foram fundidos...

Aqui, no âmbito do Estado de Minas Gerais, que é o terceiro mais importante Estado da federação, a fragilidade da autonomia de que dispõem os Municípios na realidade quotidiana é tão latente, que conduziu o então Governador Antônio Anastasia (eleito Senador da República para a legislatura que se iniciou em 2015), em momento histórico recentíssimo, a se vangloriar do fato de que, pela primeira vez em muitos mandatos, cada Comarca estava a contar com pelo menos um Delegado de Polícia, integrante dos quadros da Polícia Civil mineira, a servir de chefe de polícia para os Municípios que integram referida comarca.

Vejam o que disse o então Governador Antônio Anastasia (eleito Senador da República para a legislatura que se iniciou em 2015), quando empossou os Delegados de Polícia que passaram no último concurso público que sobreveio promovido dentro do governo dele, em Minas Gerais, "*in verbis*":

> "...A população de Minas Gerais passa a contar, já neste mês, com a presença de novos delegados da Polícia Civil em todas as 289 comarcas do Estado. A informação foi dada pelo governador Antonio Anastasia, nesta sexta-feira (1°), em Belo Horizonte, durante a formatura de 420 novos delegados, a maior turma a se formar na história da Polícia`Civil."
>
> (...)

> "Esses delegados vão suprir as necessidades atuais da Polícia Civil, inclusive em comarcas que, há muitos anos, não têm delegados. Isso vai significar bom esforço na nossa cotidiana luta contra a criminalidade", afirmou o governador, lembrando já ter autorizado novos concursos para outras categorias, entre elas escrivães, agentes, médicos e dentistas, além do concurso aberto com 13 mil vagas da Polícia Militar..." (http://valedojequi.com/aracuai-recebera-novo-delegado-comarcas-de-minas-gerais-passam-a-contar-com-mais-420-delegados-da-policia-civil/)

Está aí a prova inequívoca de que a falta de recursos orçamentários próprios, fruto da arrecadação dos tributos de sua própria competência legislativa, é fator que apequena a autonomia dos municípios e, em alguns aspectos, os coloca reféns de outros Entes Federativos se a chefia do poder executivo deles realmente desejar que serviços públicos básicos cheguem realmente aos munícipes, como por exemplo, o serviço de segurança pública, só acessível se o Estado de Minas Gerais aumentar o quantitativo do contingente policial e aparelhar todos os municípios com unidade orgânica policial própria.

Vejam como o texto constitucional republicano, visto como um "*pacote normativo*" único, ficou recheado de contradições e antinomias normativas, muitas delas agressivas à própria base principiológica sobre o qual ele se assenta, como na hipótese acima debatida, onde se concebeu um Estado federal, incluindo na federação os municípios, mas deixou de proporcionar-lhes meios para, sem ajuda econômico-financeira dos demais Entes Federativos, assegurar o exercício pleno da autonomia que lhes foi dada.

Voltando ao tema: não obstante esta repartição de parte das receitas tributárias da União e dos Estados aos Municípios, tal qual constitucionalmente prevista, ao menos assegure que os municípios tenham recursos econômico-financeiros para se organizarem internamente e os seus serviços para atendimento das necessidades peculiares da coletividade por eles representada político-administrativamente em forma de pessoa jurídica de direito publico interno, o que se vê com os "*olhos*" voltados para 2015 é que, quando o tema em voga é "*regime próprio de previdência*", a imensa maioria dos municípios que, de uma forma ou de outra, criou regimes próprios de previdência para abrigar seu funcionalismo, encontra-se com seríssimas dificuldades para mantê-los saneados.

A visível dificuldade econômico-financeira por que perpassam os municípios integrantes da federação brasileira, grande parte deles reféns da repartição de parte do produto da arrecadação de tributos federais e estaduais para, aí sim, exercer seu poder dever de organizar-se "*interna corporis*" de seus "*muros*", observado o princípio da simetria, tudo isso fruto da forma com que o constituinte originário promoveu a "*Organização do Estado*" no título III, do texto constitucional republicano, obviamente produziu nefastas consequências nas contas públicas daqueles municípios que ousaram, na contramão da ordem jurídico-constitucional, conceber regimes próprios de previdência para abrigar seu funcionalismo.

Diante de tantas dificuldades para manterem-se autossuficientes econômico financeiramente para gerir seus próprios programas de governo e atendimento das questões mais particularizadas dos munícipes, era de se imaginar, ***já em 1988***, que todos os municípios que tentassem criar, ainda que na contramão da ordem jurídico-constitucional, regimes próprios de previdência para abrigar seu funcionalismo, já conceberiam um regime endividado, quando nada, pela necessária criação de estrutura orgânica para geri-lo, cargos públicos etc...

Vê-se que, quanto a este problema, existe um motivo maior que a tão só insuficiência de recursos, ou má gestão dos recursos existentes, para que os municípios consigam manter os regimes próprios de previdência eventualmente concebidos, mesmo sem competência legislativa para tanto, perenemente saneados.

Aqui, o problema que exsurge é de cunho orçamentário: identifica-se que o texto constitucional republicano, no seio de seu art. 165, §5º, I, II e III, da CR/88, determina que a lei orçamentária anual dos Entes Federativos deverá ser subdividida em três partes, sendo a primeira delas (inciso I) destinada a abrigar "*o orçamento fiscal referente aos poderes da União, seus fundos, órgãos e entidades da administração direta e indireta, inclusive fundações instituídas e mantidas pelo Poder Público*", a segunda (inciso II) destinada a abrigar "*o orçamento de investimentos das empresas em que a União, direta ou indiretamente, detenha a maioria do capital social com direito de voto*" e, a terceira (inciso III) destinada a abrigar "*o orçamento da seguridade social, abrangendo todas as entidades e órgãos a ela vinculados, da administração direta ou indireta, bem como os fundos e fundações instituídos pelo poder público*", tendo o §7º deste mesmo dispositivo constitucional deixado assentado que os orçamentos previstos no inciso I e II dele "*terão suas funções a de reduzir as desigualdades inter-regionais, segundo critério populacional.*"

Denota-se , na previsão contida no art. 165, §7º, da CR/88, que novamente por opção política do constituinte originário, ele destinou os orçamentos fiscal e de investimentos para que ambas fossem executados com o fito de "*...reduzir as desigualdades regionais inter-regionais...*", obviamente através de atividades executivas planejadas para esta finalidade e que não tivessem cunho securitário, já que para estas o constituinte previu que existiria um orçamento próprio para tanto.

Não obstante a "*seguridade social*" exista como uma ferramenta hábil a que o Estado Brasileiro consiga cumprir com os objetivos de "*construir uma sociedade livre, justa e solidária*" (art. 3º, I, da CR/88), "*erradicar a pobreza e a marginalização e as desigualdade regionais*" (art. 3º, III, da CR/88) e de "*promover o bem de todos, sem preconceitos de origem, raça, sexo, cor, idade e quaisquer outras formas de discriminação*" (art. 3º, IV, da CR/88), enxerga-se claramente que existe um empecilho de ordem jurídico-constitucional a que a "*seguridade social*" seja gerida com recursos que estejam fora do orçamento específico que deve ser instituído anualmente para abriga-los.

Diante deste panorama, vê-se também a dificuldade com que os municípios que, bem ou mal, criaram regimes próprios de previdência para abrigar seu funcionalismo, vêm enfrentando para gerir o próprio regime, já que não podem se valer dos orçamentos fiscais e de investimentos para tanto.

Como toda a "*seguridade social*" sobreveio concebida no plano constitucional como serviço público financiado em conjunto de esforços dos empregados, empregadores e Poder Público (art. 194, parágrafo único, V, da CR/88), não sendo possível que este último promova incremento das receitas dos regimes próprios de previdência por ele concebido por meio de desvio das verbas orçamentárias fiscais e de investimentos, só daí percebe-se a dificuldade de manutenção dos regimes próprios de previdência perenemente saneados, dada a relativa participação dos Entes Federativos no financiamento deles.

Novamente dizendo: com os "*olhos*" voltados para 2015, enxerga-se que, por mais absurdo que possa transparecer, o constituinte originário acabou acertando, como se visionário fosse, quando por uma "*obra do acaso*", não outorgou competência aos municípios para instituírem, por atividade legislativa plena, regimes próprios de previdência para abrigar seu funcionalismo, já que todos os que, contrariando o mandamento constitucional, criaram tais regimes, estão com imensas dificuldades para geri-los segundo os mandamentos constitucionais.

Fechando esta linha de raciocínio: inexiste autorização constitucional a que os municípios legislem acerca de "*previdência social*", o que com os "*olhos*" voltados para 2015 transparece tenha sido uma opção política acertada do constituinte originário, não obstante visivelmente fruto de "*obra do acaso*".

3.2.2 Consequências da concepção de regimes próprios de previdência pelos municípios, mesmo estando estes despidos de competência para tanto em relação a seus servidores:

Consoante se disse no subitem 3.2.1 acima, não obstante os municípios estejam, desde 05/10/1988, despidos de competência para promoverem a criação, por leis formais, de regimes próprios de previdência para abrigar seu funcionalismo, muitos destes Entes Federativos, dada a "*supernormatização*" promovida pelo constituinte originário no plano constitucional, dificultando a exata compreensão daquilo que sobreveio legislado, tamanhas as antinomias normativas que sobrevieram justapostas num mesmo compêndio legislativo, acabaram concebendo por leis formais regimes próprios para abrigar seu funcionalismo.

Inexistindo competência jurídico-constitucional para tanto, indaga-se se os municípios poderiam tomar "*por empréstimo*" a legislação federal criadora do regime próprio de previdência da União, para proporcionar concretude à vontade do constituinte que veio estampada no art. 40, "*caput*", da CR/88.

Por mais "*boa vontade*" interpretativa que se tenha, não se pode chegar a tanto.

Haveria, aí, a se permitir a adoção da legislação federal afeta ao regime próprio de previdência da União, para aplicação aos municípios, nítida invasão de um poder constituído da república de determinado Ente Federativo, noutro distinto, pertencente a outro Ente Federativo que também integra a federação brasileira sem nenhuma autorização jurídico constitucional a tanto.

Ou seja: haveria aí a quebra da autonomia de que gozam os Entes Federativos de organizarem seus serviços "*interna corporis*" de seus "*muros*", já que tal poder dever só pode ser exercido "*secundum legis*".

Também haveria aí a criação de um liame de verdadeira subordinação de um Ente Federativo sobre outro, fato que aniquilaria a "*ratio*" que, em 05/10/1988, conduziu o parlamento brasileiro a incluir os municípios dentro do pacto federativo consagrado no art. 1°, da CR/88, numa clara tentativa de distribuir entre os mais diversos Entes, o máximo de parcelas de poder do Estado, evitando grandes concentrações de poderes em poucos Entes.

Vale dizer: no que tange a "*previdência social*", não poderiam os Poderes Legislativos dos municípios criar um regime próprio de previdência para abrigar os servidores municipais, nem o Poder Executivo criar unidades orgânicas gestoras de tal regime próprio, dada a falta de autorização jurídico-constitucional para exercício de atividade legislativa plena, pelos municípios, acerca da matéria específica em questão.

Eis aí, visível, nova limitação constitucionalmente imposta à autonomia de que gozam os municípios neste pacto federativo "*sui generis*" concebido pelo texto constitucional republicano promulgado em 05/10/1988, para organizar seus serviços, observado o princípio da simetria frente aos textos constitucionais estadual e federal, bem como às bases principiológicas destes.

Como o Supremo Tribunal Federal vem reiteradamente proclamando que não existe direito adquirido do servidor público à manutenção deste, ou daquele regime jurídico, para que a Corte Constitucional brasileira se mantenha coerente com esta premissa com que ela vem sistematicamente dizimando conflitos de interesse quando o tema em voga são os direitos do funcionalismo já agregados ao patrimônio jurídico deles, seja por força de ato jurídico perfeito, ou dos efeitos de coisa julgada, defronte as sucessivas alterações legislativas, chegando ao ápice de dizer que a garantia constitucional prevista no art. 5º, XXXVI, da CR/88, quando o tema é alteração de regime jurídico do funcionalismo por lei formal, traz ínsita dentro de si uma "*cláusula rebus sic stantibus*" que lhe serve de delimitadora de eficácia no tempo e no espaço, terá ela, se provocada a tanto, de dizer que nenhuma das regras previdenciárias trazidas no corpo permanente do art. 40, da CR/88, nem das Emendas Constitucionais federais nºs 20/98, 41/2003 e 47/2005, são aplicáveis ao funcionalismo dos municípios, ainda que estes tenham exercido atividade legislativa regulamentando a matéria "*intra muros*" deles.

Ato contínuo, com base no princípio da especialidade, terá o Supremo Tribunal Federal que concluir: faltante autorização jurídico constitucional para concepção do regime próprio de previdência pelos municípios que integram a federação brasileira, enquanto perdurar este "*vácuo*" legislativo, aplicáveis seriam a todos estes servidores as regras do regime geral de previdência social.

Vejam todos que, ***tecnicamente***, esta é a situação jurídico-previdenciária a que deveriam estar jungidos todos os servidores públicos municipais.

Enquanto perdurasse este "*vácuo*" legislativo, nenhuma das matérias declinadas nos parágrafos e incisos do art. 40, da CR/88, nem mesmo aqueloutras, concebidas no seio das Emendas Constitucionais federais nºs 20/98, 41/2003 e 47/2005, poderia ser objeto de atividade legislativa plena pelos municípios brasileiros, colocando seus servidores, por exemplo, fora do raio de alcance da chamada "*contribuição previdenciária do inativo*" que só alcança os servidores jungidos ao regime próprio de previdência validamente legislado.

Seria o caso, também em tese, de se determinar aos municípios que foram além da competência legislativa que o texto constitucional republicano lhes outorgou e, legislaram invalidamente acerca de "*previdência social*", que eles promovam à devolução ao contribuinte de tudo quanto este pagou para promover o autofinanciamento da "*fonte de custe*io" deste, ou daquele benefício, dada a invalidade da norma instituidora da exação ("*in casu*", seria uma "*contribuição social*").

De igual sorte, seria o caso, também em tese, de se promover a anulação de todas as aposentadorias nos regimes próprios de previdência legislados nos municípios brasileiros.

Todas estas hipóteses acima conjecturadas, em tese, seriam aquelas que, dentro da teoria das nulidades do ato administrativo, seriam as juridicamente corretas.

Tudo isto porque, enquanto no âmbito das relações civis existe ato jurídico nulo e anulável, este último podendo ter seu vício de concepção embrionário convalescido, ou quiçá ser alvo de convalidação pelas partes nele envolvidas, já no âmbito do direito administrativo, dada a vinculação da atividade administrativa à vontade legislativa, derivada da autoaplicabilidade do princípio constitucional da estrita legalidade que veio jusconstitucionalizado no seio do art. 37, "*caput*", da CR/88, a nortear toda a atividade administrativa dos Entes Federativos, só existe ato administrativo legal (praticado segundo a vontade da lei), ou ilegal (praticado fora da vontade da lei), o que afasta a possibilidade da existência um ato administrativo meio-legal, que seria o correspondente ao anulável no âmbito das relações civis.

Justamente porque o ato administrativo é vinculado à vontade legislativa, que ordinariamente a nulificação dele faz com que todos os efeitos que ele, enquanto esteve acobertado pela presunção de legitimidade que inspirou sua prática, produziu no mundo jurídico, sejam também desconstituídos.

Apenas a título ilustrativo, vejam que a lei federal vigente que disciplina as normas gerais em matéria de licitações (Lei Federal nº 8666/93), em seu art. 59, textualmente diz o seguinte: "*A declaração de nulidade do contrato administrativo opera retroativamente impedindo os efeitos jurídicos que ele, ordinariamente, deveria produzir, além de desconstituir os já produzidos.*"

Vejam também que o preceito normativo inserto no art. 59, da Lei Federal nº 8666/93, quando disciplina quais são os efeitos que devem ser irradiados da declaração de nulidade de um contrato administrativo, que diga-se "*en passent*", é concebido como fruto de um longo procedimento administrativo, alinha-se com perfeição na teoria das nulidades do ato administrativo.

Não obstante tal disposição normativa esteja e realmente tem de estar alinhada à teoria das nulidades do ato administrativo, de outro ela não deixa de disciplinar como fica a situação jurídica de quem, mesmo após a declaração de nulidade de determinado contrato administrativo, prestou serviços ou entregou bens à Administração sem perceber a contrapartida prevista na contratação nulificada.

O mesmo legislador que, no seio do art. 59, da Lei Federal nº 8666/93, textualmente diz que o contrato nulo não pode produzir efeitos porque nulidade não se convalesce no âmbito do direito administrativo, no parágrafo único do mesmo dispositivo faz a seguinte ressalva: *"A nulidade não exonera a Administração do* ***dever de indenizar*** *o contratado pelo que este houver executado até a data em que ela for declarada e por outros prejuízos regularmente comprovados, contanto que não lhe seja imputável, promovendo-se a responsabilidade de quem lhe deu causa."*

Aí, no parágrafo único do art. 59, da Lei Federal nº 8666/93, o legislador brasileiro trouxe para o plano legislativo a teoria do fato da administração, inibitória de que o particular que contrata com a Administração sofra todas as consequências da nulificação da contratação levada a efeito por iniciativa dela, Administração, muitas das vezes valendo-se das chamadas cláusulas exorbitantes existentes implicitamente em todo contrato tipicamente administrativo, máxime quando nada concorreu para que o Administrador Público tivesse que exercer o poder dever de autotutela patrimonial do Estado a que alude o verbete da Súmula nº 473 do STF para promover a nulificação da contratação promovida ao arrepio da legislação que teria de servir-lhe de guia.

Percebam que, mesmo nulificando uma contratação e, não podendo esta produzir qualquer efeito por força de disposição legal de eficácia plena, a Administração não pode usar deste subterfúgio para deixar de ***reparar os danos*** causados a quem, de boa-fé, participou desta contratação, forneceu bens, produtos e serviços ao Estado e não recebeu a contrapartida contratada justamente pelo efeito "*ex-radice*" produzido em toda decisão administrativa que culmina na nulificação de contratação administrativa.

Novamente: esta previsão normativa constante do parágrafo único do art. 59, da Lei Federal nº 8666/93, não traz consigo uma antinomia normativa em relação ao "*caput*" do mesmo artigo, já que o dever ali imposto à Administração de reparar os danos que causar a quem, de boa-fé, lhe forneceu bens, produtos ou serviços fruto da contratação nulificada, não tem o condão de alterar o fato realmente inegável de que a contratação nula no âmbito do direito administrativo não produz qualquer efeito.

Que fique bem claro: o dever imposto à Administração de reparar os danos causados a terceiros é apenas medida inibidora de enriquecimento sem causa da Administração perante quem com ela de boa-fé contratou e acabou lesada quando a primeira declarou nula a contratação.

E ainda: o terceiro que contrata com a Administração, entrega à coletividade bens, produtos e serviços, na forma contratualmente prevista e, com a nulificação da contratação, deixa de perceber a contraprestação contratualmente ajustada, tem o direito de receber verba reparadora dos danos que a Administração lhe causou que nada têm a ver com o valor da contraprestação contratual que ele deixou de perceber em decorrência da contratação que sobreveio nulificada pela aplicação, por parte do Poder Público, das chamadas cláusulas exorbitantes que estão implícitas em todo contrato administrativo típico.

Nestas hipóteses, fica a Administração juridicamente obrigada a ressarcir nem mais, nem menos, mas estritamente o prejuízo que ela causou ao terceiro que com ela contratou, entregou bens, produtos e serviços e nada recebeu em contrapartida, ressarcimento este que deve ser apurado pelo custo do bem, produto, ou serviço que passou a integrar o patrimônio público, jamais partindo da falsa premissa de que este custo estaria espelhado na contraprestação contratualmente ajustada, pois nesta, encontra-se embutida margem de lucro ao contratado, que não integra o que conceitualmente é o custo do bem a ser objeto de mero ressarcimento, para inibir enriquecimento sem causa da Administração perante seus administrados.

Todas estas ilações foram feitas para aqui reiterar que, ordinariamente, tendo muitos dos munícipios brasileiros extrapolado seu poder legiferante e instituído na contramão do texto constitucional republicano regimes próprios de previdência para abrigar seu funcionalismo, que eventual reconhecimento de inconstitucionalidade material do citado regime previdenciário, teria de redundar na cassação da aposentadoria daqueles que com lastro neste regime invalidamente concebido se aposentaram e, na devolução de tudo quanto os atuais segurados dele verteram para promoverem o autofinanciamento da "*fonte de custeio total*" (art. 195, §5º da CR/88) de seus benefícios.

Da mesma forma, tal raciocínio conduziria à necessária devolução de tudo quanto os atuais contribuintes dele vêm vertendo ao erário para promoverem o auto financiamento da "*fonte de custeio total*" (art. 195, §5º da CR/88) de suas futuras aposentadorias, dada a aplicabilidade aí da teoria das nulidades do ato administrativo.

Inimaginável, contudo, que tudo isso possa, de fato, na realidade do mundo contemporâneo, ocorrer...

Não obstante a falta de autorização legislativa contamine a norma conceptiva de eventual regime próprio de previdência instituído por município, de inconstitucionalidade material insuperável, não há como aqui deixar de reconhecer que todos os efeitos que eventualmente tenham sido irradiados desta norma "*nati morta*", hão de se estabilizar no tempo e no espaço.

Aplicável, aqui, a teoria do fato consumado para evitar que o desfazimento de situações jurídico-previdenciárias já consolidadas no tempo e no espaço "*ex radice*", gere caos social na vida de milhares de famílias que teriam seus orçamentos domésticos imediatamente comprometidos pela "*faute de service*" da atividade administrativa municipal.

E, mais aplicável ainda a teoria do fato da administração em matéria previdenciária, a impedir que os servidores municipais venham a sofrer qualquer sorte de prejuízos pela "*faute de service*" da atividade administrativa do município que desalinhou-se da orientação constitucional federal que deveria servir-lhe de norte.

Acredita-se que a conduta mais alinhada ao princípio da razoabilidade, esteio da atividade administrativa dos Entes Federativos implicitamente concebido, como decorrente do princípio constitucional da estrita legalidade, este último explicitado no corpo permanente do texto constitucional republicano (art. 37, "*caput*", da CR/88), é que se demande o realinhamento paulatino da atividade administrativa dos municípios ao mandamento constitucional.

Por realinhamento paulatino, entenda-se o seguinte: que estes municípios só apliquem as regras dos regimes próprios de previdência que conceberam, àqueles que já adentraram no serviço público secundado neste regramento, realinhando por conseguinte sua atividade administrativa relativamente àqueles que dali em diante acessarem validamente o serviço público municipal, proporcionando a estes ciência e consciência de que, do ponto de vista previdenciário, estarão eles vinculados ao regime geral de previdência social, ao menos enquanto vigorar a forma com que o constituinte distribuiu entre os Entes Federativas competência para legislar acerca desta, ou daquela matéria.

A proposição acima encontra amparo na norma inserta no art. 10, da Lei Federal nº 9717/98 (diploma legislativo instituidor de normas programáticas infraconstitucionais que deveriam servir de balizamento para que os entes federativos concebessem, por leis formais próprias, regimes próprios de previdência para abrigar seu funcionalismo), quando esta prevê que, na hipótese de extinção do regime próprio de previdência legislado por determinado Ente Federativo, este ficará responsável pelo pagamento dos benefícios previdenciários já outorgados a seus servidores.

Enxerga-se, destas conclusões, a dimensão da importância de que estes municípios promovam a contratação de entidades de previdência complementar fechadas e privadas já concebidas, através da deflagração de prévio procedimento licitatório segundo determinação contida no art. 37, XXI, da CR/88, justamente para evitar que, os novos servidores públicos que já adentrarão vinculados ao regime geral de previdência social, possam se valer desta ferramenta para, num futuro, quando se aposentarem, receber desta entidade a complementação necessária à recomposição do "*quantum*" remuneratório que, naquele momento, abastecia as vidas deles.

Aqui, neste particular, chama-se a atenção de que não é dado ao município criar, através de atividade legislativa plena, nenhuma entidade de previdência complementar "*de natureza pública*", como a União recentemente o fez, concebendo o FUNPRESP através da Lei Federal 12.618/2012, já que a norma programática que viabiliza a criação destas entidades de previdência complementar pelos Entes Federativos encontra-se aposta no §14, do art. 40, da CR/88, com a redação que lhe foi conferida pela Emenda Constitucional federal nº 41/2003, que como visto acima é inaplicável aos municípios devido ao "*vácuo*" normativo existente entre o conjunto das normas insertas no "*caput*" do art. 40 e o art. 24, XII, ambos do texto constitucional republicano.

Outra questão importante: não obstante a atual redação conferida pelo constituinte derivado, ou reformador, ao art. 40 da CR/88, bem como a seus parágrafos e incisos, promovida com o advento da Emenda Constitucional federal nº 41/2003, deixe para todos os leitores destas novas disposições constitucionais federais a falsa impressão, decorrente da "*letra*" destas próprias disposições normativas, de que os municípios também seriam destinatários da norma, aqui há de se sobrelevar que, quanto a esta questão específica, existe nítida assimetria do exercício do poder constituinte derivado, ou reformador federal, com os limites da própria competência que lhe foi atribuída pelo próprio texto constitucional republicano em seus arts. 22, XXIII e 24, XII, para exercício de atividade legislativa plena.

Noutras palavras: não existindo margem de competência para que a União Federal pudesse, por meio de seu Poder Legislativo, criar norma, independentemente de sua hierarquia e posicionamento dentro da estrutura piramidal das normas no direito positivo brasileiro, que autorize os municípios a legislar acerca de "*previdência social*" enquanto gênero e, "*previdência social complementar*" enquanto espécie deste gênero, a interpretação que deve ser proporcionada ao art. 40, §14, da CR/88, com a redação que lhe foi conferida pela Emenda Constitucional federal nº 41/2003, não pode ser literal (método gramatical), mas sim uma interpretação conforme aqueloutras normas, previstas nos arts. 22, XXIII e 24, XII, da CR/88, com a redação que lhes foi conferida pelo constituinte originário.

Há, portanto, a necessidade de se interpretar o exercício do poder constituinte derivado, ou reformador, pelos parlamentares brasileiros, levada a efeito ***em 2003***, com o advento da Emenda Constitucional federal nº 41/2003, sempre de forma restritiva aos limites que o próprio constituinte originário proporcionou não só ao exercício do poder constituinte reformador, ou derivado, mas também aos limites do próprio poder legislativo, enquanto gênero, do qual é espécie o poder constituinte derivado, ou reformador, fato que inibe, como visto acima, que os municípios fiquem dentro do raio de alcance das normas programáticas previstas na atual redação conferida pelo constituinte brasileiro ao art. 40, §§ e incisos, da CR/88.

Relativamente às limitações ao poder constituinte derivado, ou reformador, digno de realce é que o texto constitucional republicano vigente as trouxe no seio de seu art. 60, §1° (limitação temporal), §4° (limitações materiais) e §5° (limitação material), num rol exaustivo, que também não comporta interpretação ampliativa.

Acerca destas limitações constitucionalmente impostas ao poder constituinte derivado, ou reformador, também sobreleva-se digno de realce que entre elas não se encontra a limitação material de alterar a forma como o Estado Brasileiro sobreveio organizado no plano constitucional no título III ("*Da Organização do Estado*") do texto constitucional republicano de 1988.

Isto significa que poderia o Poder Legislativo da União promover emenda ao texto constitucional republicano, alterando o rol de competências legislativas que o constituinte originário outorgou ora só à União ("*competência privativa*" do art. 22 da CR/88), ora aos Estados, Distrito Federal e Municípios ("*competência comum*" do art. 23 da CR/88), ora a União, Estados, e ao Distrito Federal ("*competências concorrentes*" do art. 24, da CR/88).

Se não há limitação material ao exercício do poder constituinte derivado, ou reformador, quando o tema em voga é a forma com que foram distribuídas as competências legislativas entre os Entes Federativos no título III ("*Da Organização do Estado*") do texto constitucional republicano de 1988 e, ainda assim, o parlamento não exerceu esta parcela de poder do Estado que lhe foi outorgada constitucionalmente, não há dúvidas de que esta conduta entremostra a vontade legislativa de manter intactas as normas que integram este título.

E, se esta tem sido a vontade do parlamento desde 05/10/1988, não há como se imaginar como razoável que, de um lado, os municípios tenham ficado despidos de competência para instituir e gerir regime próprio de previdência para abrigar seu funcionalismo através de atividade legislativa plena justamente por falta de autorização jurídico constitucional a tanto explicitada no título III ("*Da Organização do Estado*") do texto constitucional republicano de 1988 e, de outro, que adiante a este título, esta competência que estes Entes Federativos jamais tiveram ao menos enquanto vigente a atual ordem constitucional, dentro da estrutura de organização do Estado Brasileiro promovida pelo constituinte originário, tenha sido outorgada justamente a estes Entes, num dispositivo constitucional "*casuístico*" e isolado do contexto (art. 40, da CR/88).

Transparece visível que, diante deste cenário, a redação conferida tanto pelo constituinte originário, quanto pelo reformador, ao art. 40, da CR/88, deve ser reduzida aos limites da competência de que dispunha o próprio parlamento federal para concebê-lo como norma programática, determinante que os Entes Federativos promovam a criação de regimes próprios de previdência para abrigar seu funcionalismo e fundos de previdência complementar destinados ao mesmo público alvo.

Vale dizer: a norma inserta no art. 40 e seus §§ da CR/88, tanto com a redação que lhes foi proporcionada pelo constituinte originário, quanto pelo derivado ou reformador, deve ser interpretada como uma norma programática dirigida apenas aos Poderes Legislativos da União, dos Estados e do Distrito Federal, ficando os municípios fora de seu raio de alcance, não obstante sua literalidade induza a conclusão diversa, pois inexistente competência legislativa para tanto.

Diante deste panorama, fica também visível porque acima se pontuou que a solução hábil a que os servidores públicos municipais não fossem prejudicados pela "*faute de service*" dos poderes constituídos municipais, seria compelir estes municípios a tentar cumprir a "*ratio*" que conduziu o poder constituinte derivado federal a acrescentar ao art. 40 da CR/88 o §14 que ele antes não tinha, fato ocorrido quando do advento da Emenda Constitucional federal nº 41/2003, sem exercício de atividade legislativa plena, já que o constituinte originário não lhes outorgou competência para tal, seria a pura e simples contratação de entidades fechadas e privadas de previdência complementar, obviamente precedida da deflagração de prévio procedimento licitatório (art. 37, XXI, da CR/88) para não retirar do servidor que agora adentra no serviço público a capacidade de gerir sua vida e a vida de suas famílias, quando este quedar-se à inatividade com direito à percepção de proventos desatrelados do princípio paritário que, ***até 2003***, servia de norte tanto de sua instituição, quanto da taxação correta de seu dimensionamento.

Todas as formas com que o autor procurou contornar a "*faute de service*" dos poderes constituídos dos municípios que eventualmente tenham criado regimes próprios de previdência para abrigar seu funcionalismo e unidades gestoras destes regimes, não obstante lhes falecesse competência para legislar sobre "*previdência social*" por força de opção político constitucional do parlamento brasileiro quando idealizou o atual texto constitucional republicano que sobreveio promulgado em 05/10/1988, tiveram como objetivo central não o de esconder inconstitucionalidades materiais que vêm sendo sistematicamente cometidas pelos poderes legislativos municipais, menos ainda incentivar que os criadores destas normas inválidas, por escoimadas do vício da inconstitucionalidade material, fiquem infensas aos mecanismos de controle externo de suas atividades, mas sim de procurar alternativas para que estes municípios possam realinhar paulatinamente suas atividades administrativas ao padrão de legalidade que eles dele se desviou, por um motivo ou por outro, sem lesar os aposentados, ou aqueles que já estão em vias de se aposentar segundo o regime próprio deles, que são na verdade as grandes "*vítimas*" da vilania municipal.

Ou seja: não se quis aqui dizer, nem insinuar que todas estas atividades legislativas e executivas municipais fiquem imunes ao raio de alcance dos órgãos concebidos para procederem ao controle externo de suas atividades finalísticas, nem insinuar, que os eventuais responsáveis pelos danos que vierem a ser apurados como causados ao erário, fiquem imunizados do dever de ressarci-los. Na forma prevista no art. 37, §5º, da CR/88, procurou o autor aqui apenas encontrar uma solução que pudesse evitar que o ser humano, razão de ser e existir do Estado personificado, acabasse sendo o maior lesado pela "*faute de service*" da Administração.

Novamente buscando coerência, as soluções aqui apresentadas partem sempre do pressuposto de que os direitos previdenciários são fortemente inspirados no princípio constitucional protetor da dignidade da pessoa humana, que aqui há de servir de escudo para que os destinatários destas normas municipais de cunho previdenciários que foram concebidas "*nati mortas*", percam a condição de sobreviver, ou fomentar a sobrevivência de todo o núcleo familiar que às vezes dele depende com exclusividade.

No capítulo seguinte, o autor discorrerá acerca da necessidade / utilidade dos Entes Federativos exercerem atividade legislativa plena para viabilizar que seus ex-servidores públicos efetivos, hoje aposentados no RPPS possam requerer suas "*desaposentadorias no serviço público*".

IV
NECESSIDADE / UTILIDADE DE EXERCÍCIO DE ATIVIDADE LEGISLATIVA PLENA PARA "DESAPOSENTADORIA NO SERVIÇO PÚBLICO"

4.1 O QUE CONSTITUI "DESAPOSENTADORIA NO SERVIÇO PÚBLICO"???

A palavra "*desaposentadoria*", que vem sendo utilizada indiscriminadamente tanto pelo público leigo, quanto pelos próprios operadores do direito, não traz consigo o que realmente pretendem os ex-servidores públicos, inativos, quando desejam fazer uso deste instituto, hoje concebido apenas no plano doutrinário e jurisprudencial.

A impropriedade da palavra "*desaposentadoria*", para os fins a que este instituto se destina, ou ao menos foi concebido doutrinariamente para se destinar, deriva do fato de que, a literalidade dela conduziria ao entendimento de que "*desaposentar*" alguém seria desfazer a situação jurídico-fundamental de inativo do ex-servidor público efetivo que não só satisfaz todos os pré-requisitos necessários à inclinação dele ao estado de inatividade, mas vai além, requerendo à unidade gestora do RPPS , diligencie para que este estado de inatividade produza todos os efeitos jurídico-previdenciários almejados.

Para se compreender bem o tamanho da impropriedade da palavra "*desaposentadoria*" para os fins a que tal instituto se destina, importantíssimo se faz, antes de tudo, aqui entremostrar quando um determinado servidor público é considerado aposentado no serviço público.

A respeito desta questão, esclarecedor é o verbete da Súmula nº 359 do STF, "*in verbis*":

> Súmula nº 359[1] – "Ressalvada a revisão prevista em lei, os proventos da inatividade regulam-se pela lei vigente ao tempo em que o militar, ou o servidor civil, reuniu os requisitos necessários."

Importante aqui é destacar que este verbete sumular tem esta redação acima explicitada desde ***1973***, quando em virtude do julgamento do ***RE 72.509***, o Tribunal Pleno do STF retirou, do final do enunciado, a seguinte expressão ***"inclusive a apresentação do requerimento, quando a inatividade for voluntária"***.

Apenas para deixar claro, entre ***1963***, ano em que foi concebido o citado verbete sumular, até ***1973***, quando ele ganhou a redação acima, vigente íntegra até o momento presente, o citado verbete continha o seguinte enunciado, "*in verbis*":

> Súmula nº 359 – "Ressalvada a revisão prevista em lei, os proventos da inatividade regulam-se pela lei vigente ao tempo em que o militar, ou o servidor civil, reuniu os requisitos necessários, inclusive a apresentação do requerimento, quando a inatividade for voluntária."

Indaga-se:

> O que conduziu o excelso pretório a retirar da parte final do verbete da Súmula nº 359 do STF, a expressão "inclusive a apresentação do requerimento, quando a inatividade for voluntária"???

Não há a menor dúvida de que a alteração da redação originalmente conferida ao verbete da Súmula nº 359 do STF, pela composição plenária do excelso pretório, deveu-se à circunstância de que entenderam os ministros que integravam sua composição plenária, em ***1973***, que "*a apresentação do requerimento*", pelo interessado, à unidade gestora do RPPS não integra o fato gerador da aposentadoria naquele

[1] Súmula 359 – Supremo Tribunal Federal (1973)

regime, que se reputa consumada quando o servidor público reúne todos os pressupostos legalmente dele exigidos para tanto.

O excelso pretório, ao alterar a redação do verbete de sua Súmula nº 359, em ***1973***, deixou claro que o direito material à aposentadoria no RPPS nasce no momento em que o servidor público perfaz todos os pré-requisitos fáticos necessários a tanto, sendo que a "*apresentação do requerimento*" passou a servir apenas de marco inaugural a que este "*estado de fato*" seja convolado em "*estado de direito*", apto portanto a produzir os efeitos jurídico previdenciários almejados pelo requerente.

Noutras palavras, o excelso pretório, ao alterar a redação do verbete de sua Súmula nº 359, fato ocorrido em ***1973***, apenas separou o fato gerador da inclinação do servidor ao estado de inatividade do efeito que este estado de inatividade ***pode*** gerar no mundo jurídico.

E, aqui se faz necessário também dizer que esta separação de causa e efeito promovida pelo excelso pretório, quando alterou a redação originalmente conferida ao verbete de sua Súmula nº 359, em ***1973***, constituiu medida consentânea ao princípio da segurança nas relações jurídicas entre Administração e administrado, aparentemente na contramão do Estado totalitário que por aqui estava instaurado com a vigência da EC federal nº 01, ao texto constitucional federal promulgado de 1967, mais conhecida como o próprio texto constitucional outorgado de 1969.

Quando se fala que a alteração do verbete sumular promovida em ***1973*** pelo excelso pretório estava "*aparentemente*" em descompasso com um Estado totalitário, governado por ditadores militares que, sobretudo após 1968, aniquilaram com todas as instituições democráticas e com todos os direitos e garantias individuais dos cidadãos brasileiros no plano constitucional federal (através dos chamados "*atos institucionais*" de 1968), é porque tal alteração do verbete sumular veio a deixar todos aqueles que satisfizessem os pré-requisitos para se aposentar no RPPS, imunes tanto ao exercício do próprio poder legislativo que viesse a alterá-los, quanto ao exercício do próprio poder executivo, que à época também exercia atividade legislativa própria através dos chamados "*decretos-leis*".

Enxerga-se nesta alteração de redação do verbete sumular, uma Corte Constitucional preocupada em assegurar ao cidadão brasileiro, que à época estava com o direito de ir e vir cerceado por governos de feições ditatoriais que se alternaram no poder desde 1964, o direito material à aposentadoria no RPPS, certamente visualizando que estaria o poder judiciário, com tal medida, deixando fora do alcance do poder executivo os direitos previdenciários do cidadão, medida realmente necessária a restauração, ao menos em parte, do princípio protetor da dignidade da pessoa humana, à época relativizado pela "*vontade dos reis*" que por aqui passaram.

Outra preocupação de fácil visualização na alteração deste verbete sumular, foi a de deixar os direitos previdenciários do cidadão imunizados ao próprio exercício regular do poder legislativo infraconstitucional, inibindo que o próprio poder executivo iniciasse processo legislativo que ao final dele, alcançasse situações jurídico-previdenciárias já consolidadas pela legislação anterior e, portanto, aptas a produzir os efeitos à época desejados.

Aqui, neste particular, vejam que o poder judiciário acabou funcionando como um verdadeiro "*poder moderador*" (ordinariamente inexistente – enquanto poder constituído explícito - em Estados que têm forma de governo presidencialista, como o brasileiro), com "*olhos*" voltados para os destinatários últimos dos serviços públicos e seus direitos fundamentais, à época, subjugados à "*vontade dos reis*"...

Com todas estas preocupações, visivelmente a Corte Constitucional brasileira passou a proporcionar à aposentadoria no RPPS um tratamento de "*estado de fato*" que se consuma quando um servidor perfaz todos os pré-requisitos a tanto, ficando o requerimento dirigido à Administração apenas como um marco a que a unidade gestora do regime convole o "*estado de fato*" pré-existente em "*estado de direito*", de molde a que ele comece a produzir os efeitos jurídico -previdenciários almejados, consistentes na percepção de proventos calculados segundo a norma que viabilizou o alcance, pelo servidor, do "*status*" de aposentado no RPPS.

De igual sorte, visualiza-se que o ato administrativo produtor de efeitos concretos que reconhece o "*status*" de aposentado de determinado servidor no RPPS, passou a ter conteúdo material meramente declaratório de uma situação fática pré-existente, cuja publicação, para atendimento ao princípio constitucional da publicidade, esteio da atividade administrativa moderna (art. 37, "*caput*", da CR/88), viabiliza que ele, "*estado de fato*" ali declaradamente confessado como existente no plano fático-jurídico, produza os efeitos jurídico-previdenciários que dele são esperados.

Igual relevância tem o fato de que após a publicação no "*Diário Oficial*" do ato administrativo de conteúdo material declaratório do "*estado de fato*" de aposentado de determinado servidor no RPPS, começa ele a perceber os proventos de inatividade, enquanto efeitos decorrentes do "*estado de fato*" reconhecido e declarado pela Administração, não obstante referido ato administrativo tenha de, a seguir, ser encaminhado ao Tribunal de Contas para que ele reexamine a legalidade de seu conteúdo material e, ato contínuo, proceda a seu registro (art. 71, III, da CR/88).

Enquanto tramita todo este *iter* procedimental, prevalecente fica a presunção de legitimidade de que é dotado o ato administrativo que reconhece o "*estado de fato*" de inativo do servidor público efetivo no RPPS, a possibilitar que ele perceba seus proventos mesmo enquanto o Tribunal de Contas revê, dentro do poder-dever que constitucionalmente lhe é imposto, a legalidade deste mesmo ato para fins de registro.

Tendo em vista que o ato administrativo produtor de efeitos concretos que, a princípio, reconhece o "*estado de fato*" de aposentado de determinado servidor no RPPS tem de ser registrado no Tribunal de Contas, a quem incumbe exercer o poder-dever de fiscalizar a legalidade destas espécies de atos administrativos, por força de ordem jurídico-constitucional de eficácia plena, grande parte dos doutrinadores de direito administrativo têm descrito que referido ato administrativo é uma espécie do gênero ato administrativo complexo, pois ele nasce da exteriorização de vontade de um determinado agente político de uma esfera de governo, mais especificamente daquele incumbido, dentro da esfera de poder a que o servidor está hierarquicamente subordinado a tanto, e completa-se com seu registro noutra unidade orgânica, que integra o poder legislativo ("*in casu*" do Tribunal de Contas).

Apenas para facilitar a compreensão do que é um ato administrativo complexo e, quais as diferenças deste para os chamados atos administrativos compostos e, mesmo, dos chamados procedimentos administrativos, o autor traça um paralelo entre cada uma destas formas de exteriorização da vontade administrativa no quadro demonstrativo abaixo:

Ato complexo	Ato composto	Procedimento administrativo
Um ato administrativo	Um ato administrativo	Seqüência de atos administrativos
Forma-se pela conjugação de 2 ou mais vontades	Forma-se com a vontade de um único órgão	
Manifestadas por órgãos diversos	Mas precisa da manifestação de outro órgão para ter exequibilidade	

Justamente por todas estas nuances é que ao início deste tópico se disse e ora se repete que a expressão "*desaposentadoria*" vem sendo utilizada inapropriadamente tanto pelo público leigo, quanto pelos próprios operadores do direito, vez que não há como se desfazer uma aposentadoria consumada nos termos do verbete da Súmula nº 359 do STF, já que esta se consuma no plano fático, sendo possível apenas se imaginar como juridicamente defensável que alguém já aposentado possa requerer à unidade gestora do RPPS que o remunera, que esta deixe de pagar seus proventos, enquanto efeitos jurídico-previdenciários que decorrem do "*estado de fato*" da inatividade.

Quando ocorrente esta hipótese, estará um ex-servidor público aposentado, não requerendo sua "*desaposentadoria*", mas sim que sua aposentadoria consumada no plano fático-jurídico segundo as prescrições do verbete da Súmula nº 359 do STF, deixe de produzir os efeitos jurídico-previdenciários que antes disso ela estava produzindo.

Com base nestas explicações, pode-se dizer que um aposentado no RPPS não se "*desaposenta*" jamais, ao menos enquanto vida estiver, pois a aposentadoria nada mais constitui que um "*estado de fato*", estando dentro do raio de alcance do aposentado apenas requerer o sobrestamento dos efeitos decorrentes do "*estado de fato*" de inativo no RPPS.

Quando consumado o direito material à aposentadoria no RPPS e, seu titular, tiver requerido à unidade gestora do regime que convole o "*estado de fato*" de inativo dele em "*estado de direito*", a fim de que ele possa começar a sentir os efeitos jurídico-previdenciários desejados (percepção de proventos), inegavelmente neste instante este titular do direito material à aposentadoria deixa a condição de servidor, para trespassar à de ex-servidor inativo, já que não servirá profissionalmente à Administração, enquanto nesta condição estiver, sendo correta a comparação feita pelo autor, à época em que publicou o livro "*Aposentadoria no Serviço Público*", em 2011, de que a aposentadoria que esteja produzindo efeitos está para a Administração assim como a morte está para o direito civil, ou seja, ambas marcam o término de um ciclo produtivo e o início de um novo, teoricamente improdutivo.

Desfeita esta primeira impropriedade semântica a que o público leigo e os próprios operadores do direito cometem, ao denominarem a vontade de um aposentado no RPPS de requerer à unidade gestora do regime que sobreste os efeitos decorrentes do estado de fato de inativo que ele antes desfrutava, de "*desaposentadoria*", necessário se faz desfazer uma segunda impropriedade a que o público leigo e os próprios operadores do direito vêm cometendo, quando instados a interpretar a natureza jurídica deste ato unilateral de vontade do aposentado, dirigido à Administração, para que ela sobreste os efeitos que vêm sendo irradiados a partir do estado de fato da inatividade dele.

4.2 "DESAPOSENTADORIA" TEM CONTEÚDO MATERIAL DE SIGNIFICÂNCIA EQUIPARADA A "RENÚNCIA DE APOSENTADORIA"???

A segunda impropriedade a que o público leigo e os próprios operadores do direito cometem, quando se referem ao instituto conhecido pelo nome também impróprio de "*desaposentadoria*", ocorre quando procuram definir o instituto como "*renúncia a uma aposentadoria no RPPS*", para que num momento seguinte possa obter "*nova aposentadoria no RPPS com direito à percepção de proventos melhor taxados*".

O que antes de qualquer coisa deve ser afastada é a possibilidade jurídica de "*renúncia a uma aposentadoria no RPPS*", até porque se tratando a aposentadoria no RPPS um "*estado de fato*", segundo declina o próprio verbete da Súmula nº 359 do STF, se revela ela, enquanto tal, irrenunciável...

De igual sorte, deve ser afastada de plano a ideia de que a aposentadoria no RPPSconstitui ato jurídico perfeito e acabado, já que consoante se disse acima e aqui se repete, o direito material à aposentadoria no RPPS é um "*estado de fato*" e, enquanto tal, se consuma no dia a dia do servidor e se torna infenso ao exercício de qualquer dos poderes constituídos da república, justamente por tratar-se de "*fato jurídico*".

Diante destas circunstâncias todas, também deve ficar afastada a ideia inegavelmente tradicional em direito previdenciário, que proporcionava tanta importância ao "*requerimento de aposentadoria*" dirigido pelo titular do "*estado de fato*" de inativo no RPPS dirigido à unidade gestora do regime, a fim de que esta convolasse este "*estado de fato*" em "*estado de direito*", apto a produzir os efeitos jurídico -previdenciários almejados, que acabava por imaginar que lhe seria defeso requerer à mesma unidade gestora do regime que, em definitivo ou transitoriamente, sobrestasse o pagamento dos proventos que decorrem deste "*estado de fato*".

Volta-se a dizer: a aposentadoria no RPPS é um "*estado de fato*" e, o "*requerimento*" dirigido à unidade gestora do regime, no sentido de que convole este "*estado de fato*", em "*estado de direito*", é um direito individual deste faticamente aposentado, passível de exercício quando e como melhor lhe convier.

A grande prova disto está na razão de ser e existir do chamado "*abono de permanência*" concebido pelo art. 2º, §5º, da EC federal nº 41/2003 justamente para aquinhoar aqueles faticamente aposentados que, por vontade livre deles, não requereram imediatamente à unidade gestora do regime a convolação do "*estado de fato*" de inativo em "*estado de direito*", preferindo continuar em plena atividade de seus cargos públicos até quando não mais lhes convier.

Vê-se, com a própria razão de ser e existir do chamado "*abono de permanência*" concebido pelo art. 2º, §5º, da EC federal nº 41/2003, que até o constituinte derivado ou reformador, tratou o direito material à aposentadoria no RPPS como consumado no plano fático, distinguindo tal direito material consumado no plano fático de seus efeitos, que são direitos individuais disponíveis do titular deste "*estado de fato*", exercitáveis por este quando e melhor lhe convier.

A distinção entre o momento em que se consuma o direito material à aposentadoria ("*estado de fato*" que se perfaz tão só com o preenchimento dos requisitos ao atingimento dele, "*estado de fato*") e, aquele em que este direito material consumado pode produzir seus efeitos jurídico-previdenciários (direito à percepção de proventos, que só exsurgem quando o titular do direito material à aposentadoria no RPPS requerer à unidade gestora do regime que tome as providências necessárias às convolação deste "*estado de fato*", em "*estado de direito*" apto a produzir efeitos), visível desde ***1973*** quando o excelso pretório reformulou a redação do verbete de sua Súmula nº 359, retirando do fato gerador do direito material a aposentadoria a necessidade de apresentação do requerimento à unidade gestora do regime e, novamente escancarada quando o constituinte reformador de 2003 criou o chamado "*abono de permanência*" a que alude o art. 2º, §5º, da EC federal nº 41/2003, é o fator que impede aos herdeiros de um servidor público que perfez todos os requisitos a aposentar-se, portanto atingiu o "*estado de fato*" de aposentado no RPPS, mas morreu sem ter requerido à unidade gestora do regime que esta diligenciasse a que este "*estado de fato*" produzisse os efeitos jurídico previdenciários possíveis, de invocar o poder jurisdicional portando pretensão acionada objetivando reaver todas as contribuições previdenciárias amealhadas por seu ancestral, que em virtude de sua morte, formaram a "*fonte de custeio total*" (art. 195, §5º, da CR/88), de proventos da inatividade que ele jamais percebeu.

Impossível, aqui, é sequer cogitar em existência de direito subjetivo à repetição destas contribuições previdenciárias, pois ao contrário do direito material à aposentadoria que se perfaz no plano fático, os efeitos decorrentes deste "*estado de fato*" só são passíveis de serem irradiados a requerimento do interessado dirigido à unidade gestora.

Acaso o servidor público que se encontre no "*estado de fato*" de inativo tenha preferido manter-se trabalhando no serviço público literalmente até sua morte, por sua livre e espontânea vontade, não podem seus herdeiros, "*post mortem*" deste, invocar o poder jurisdicional com o escopo de requerer a devolução de tais contribuições previdenciárias que poderiam, quando vivo o ancestral, lhe render proventos da inatividade, já que os efeitos que ***podem*** derivar do "*estado de fato*" de inativo no RPPS constituem propriedade privada de seu titular, que desaparece juntamente com sua morte, até porque impensável que uma pessoa morta perceba proventos.

A prova insofismável de que a separação da ***causa*** – existência do direito material à aposentadoria no RPPS – dos ***efeitos*** que podem ou não ser produzidos no mundo jurídico, dependendo da vontade do titular do direito material à aposentadoria, a inviabilizar que os sucessores de um titular do direito material à aposentadoria que não tenha, por opção personalíssima dele, requerido à unidade gestora do regime que convolasse este "*estado de fato*" em "*estado de direito*" a fim de que ele passasse a começar a produzir os efeitos jurídico-previdenciários desejados, possam "*post mortem*" dele, inativo, requerer verba indenizatória à unidade gestora do regime, veio legislada no seio do art. 32, da Lei Complementar mineira nº 64/2002, disciplinadora do RPPS deste Ente Federativo, no exato instante em que o legislador deixou assentado o seguinte: "***não haverá restituição de contribuição vertida para o Regime Próprio de Previdência Social, exceto no caso de recolhimento indevido, hipótese em que a restituição se fará na forma do regulamento***"

Dada a distinção entre o momento em que se consuma o direito material à aposentadoria no RPPS, do momento que este "*estado de fato*" ***pode*** produzir efeitos jurídico-previdenciários, conclui-se: quando se fala na produção dos efeitos decorrentes do "*estado de fato*" próprio da inatividade, como disse acima, está-se a dizer que a produção de tais efeitos depende de que o interessado requeira à Administração que convole este "*estado de fato*" em "*estado de direito*" apto a que eles, efeitos, se irradiem, bem como que esta última publique no "*Diário Oficial*" o ato administrativo reconhecedor deste "*status*" de aposentado no RPPS para atendimento do princípio constitucional da publicidade, esteio da atividade administrativa moderna (art. 37, "*caput*", da CR/88) e, ainda, que tal ato seja registrado no Tribunal de Contas.

Percorrida toda esta trilha, aí sim pode-se imaginar na existência de direitos passíveis de "*renúncia*" por seu titular, que obviamente tem de estar ao menos vivo.

Ocorre que, sendo esta a hipótese, se um determinado titular de um benefício de aposentadoria no RPPS "*renunciar*" ao direito de perceber proventos, estará ele abdicando por completo a possibilidade de, num futuro, voltar a percebê-los secundado naquele fato gerador específico.

Isto porque, a "*renúncia*" constitui ato unilateral de vontade onde o renunciante abdica por completo de um direito, sem que possa num futuro voltar a exercê-lo.

Já a "*dispensa*", trata-se de ato unilateral de vontade onde o desistente está a abdicar no momento de um direito, reservando-se no direito de vir a exercê-lo num futuro.

Não precisaria nem ser dito, dada a obviedade, que o titular de um direito só pode vir a "*renunciá-lo*" ou "*dispensá-lo*" por manifestação unilateral de vontade, se ele for um agente capaz, o objeto da "*renúncia*" ou "*dispensa*" versar sobre direitos disponíveis, bem como revestir este ato unilateral de forma prevista, ou não vedada em lei.

Noutras palavras: "*dispensa-se*" ou "*renuncia-se*" a direitos da mesma forma com que o titular deles pode adquiri-los validamente, tudo isto segundo prescreve a norma inserta no art. 104 do CCB/02.

Ou melhor, só se pode "*dispensar*" ou "*renunciar*" a direitos que foram adquiridos validamente nos termos da legislação que lhes dá suporte e, em todos os casos, desde que tais direitos sejam disponíveis por seu titular.

No âmbito do direito previdenciário, o ex-servidor público que já perfez todos os pré-requisitos necessários a sua aposentadoria no RPPS, não poderá "*renunciar*" ao direito de "*ser aposentado*", já que trata-se de um "*estado de fato*", que não pode ser desconstituído porque consumado no plano fático, mas pode ele "*renunciar*" aos efeitos jurídico-previdenciários que decorrem deste "*estado de fato*".

Acaso ocorra esta hipótese acima conjecturada, o ex-servidor público permanecerá no "*estado de fato*" de aposentado no RPPS, mas jamais poderá requerer à Administração que este mesmo "*estado de fato*", decorrente tão só da implementação de determinado fato gerador legalmente estipulado, se convole novamente em "*estado de direito*", para tornar a produzir os efeitos jurídico-previdenciários que ele, antes de sua "*renúncia*", produziu no tempo e no espaço.

Como o instituto impropriamente conhecido como "*desaposentadoria*" tem como um de seus principais objetivos viabilizar que um ex-servidor público já aposentado no RPPS, abdique provisoriamente do direito à percepção dos proventos que ele vem percebendo para que, amealhando mais contribuições, possa ele auferir proventos mais bem dimensionados da unidade gestora do regime, tem-se que para tanto, ele não pode "*renunciar*" ao direito à percepção de proventos, mas apenas "*dispensar*" a Administração de pagá-los, enquanto lhe convier.

Defronte a esta manifestação unilateral de vontade do candidato a "*desaposentação*", cabe à Administração tomar todas as medidas "*interna corporis*" de seus "*muros*" para que esta manifestação de vontade produza os efeitos desejados por quem a exteriorizou.

Diferentemente do que ocorre em relação ao ato administrativo declaratório do "*status*" de aposentado no RPPS deste, ou daquele servidor, que uma vez publicado no "*Diário Oficial*" para atendimento do princípio constitucional da publicidade (art. 37, "*caput*", da CR/88), que é uma espécie do gênero ato administrativo complexo, já que na sequência deve o mesmo ser encaminhado ao Tribunal de Contas para seu registro, quando ocorrente uma "*desaposentadoria*", esta é deflagrada a requerimento do interessado, cabendo à Administração deflagrar procedimento administrativo hábil a que esta manifestação volitiva produza os efeitos desejados.

Retomando a discussão quanto a natureza jurídica da manifestação volitiva de um aposentado, no sentido de que a unidade gestora do RPPS sobreste o pagamento dos proventos que ele antes percebia: tecnicamente, se um aposentado no RPPS "*renunciar*" ao direito a percepção de proventos, terá ele que acessar novamente o serviço público na forma constitucionalmente determinada (art. 37, II, da CR/88), percorrer toda uma segunda vida laborativa útil até satisfazer os pré-requisitos delineados a novamente ficar no "*estado de fato*" de aposentado, a viabilizar que ele requeira à unidade gestora que, deste segundo "*estado de fato*" consumado, irradiem os efeitos jurídico previdenciários almejados.

Nesta hipótese, não estará este servidor acima conjecturado cumulando ilicitamente aposentadorias, como inicialmente poderia se imaginar...

E, o caso não configuraria cumulação ilícita de aposentadorias, porque a vedação contida no art. 40, §6°, da CR/88 (redação atual), é a de que um ex-servidor público faticamente inativo possa perceber mais de um provento de inatividade no âmbito do RPPS, salvo se a dupla percepção de proventos decorrer de dupla aposentadoria em cargos públicos cuja cumulação remunerada revelou-se lícita desde sua investidura originária, na forma prevista no art. 37, XVI, "*a*", "*b*", e "*c*", da CR/88 (redação atual).

Uma vez feitos todos estes contornos, vê-se que o instituto tratado pelos leigos e até mesmo pelos operadores do direito como "*desaposentadoria*" nada mais constitui que um ato unilateral de "*dispensa*", veiculado por aquele que já esteja percebendo seus proventos de inatividade e, dirigido à unidade gestora do RPPS, para que ela sobreste transitoriamente o pagamento de seus proventos, a fim de que possa ele adicionar à "*fonte de custeio total*" (art. 195, §5°, da CR/88) que viabilizou um dia fossem eles taxados neste, ou naquele patamar, as contribuições previdenciárias reputadas como necessárias a que eles sejam, num momento mediato, novamente pagos, porém com melhor dimensionamento.

No capítulo seguinte, o autor discorrerá sobre as consequências práticas do uso do instituto conhecido de forma imprópria por "*desaposentadoria*" no âmbito do RPPS

V
CONSEQUÊNCIAS PRÁTICAS DO USO DO INSTITUTO CONHECIDO DE FORMA IMPRÓPRIA POR "DESAPOSENTADORIA" NO ÂMBITO DO RPPS POR SEU TITULAR

5.1 EFEITOS DA "DESAPOSENTADORIA NO SERVIÇO PÚBLICO" PARA AQUELES QUE APOSENTARAM COM DIREITO À PERCEPÇÃO DE PROVENTOS PROPORCIONAIS E ENXERGAM NO INSTITUTO DA "DESAPOSENTADORIA" UMA FÓRMULA HÁBIL À INTEGRALIZAÇÃO DE SEUS PROVENTOS

5.1.1 Dicotomia entre o momento da consumação do "direito material à aposentadoria" e o momento que este direito pode produzir efeitos jurídico-previdenciários – importância desta dicotomia para dela se enxergar a possibilidade do uso do direito a "desaposentadoria" no RPPS

Os efeitos da chamada "*desaposentadoria no serviço público*", assim compreendido o requerimento de "*dispensa*", veiculado pelo faticamente inativo, em direção à unidade gestora do regime, a fim de que ele sobreste o pagamento de seus proventos, diferem em parte dos efeitos da chamada "*desaposentadoria no RGPS*".

E, o que mais distancia a "*desaposentação*" no RPPS, daquela veiculada ao RGPS, consiste na circunstância de que, enquanto no primeiro caso, o faticamente inativo pode retornar ao "*status quo ante*" ao momento em que ele, por primeiro, veiculou requerimento à unidade gestora do regime, no sentido de que ela convolasse o "*estado de fato*" de inativo em "*estado de direito*", apto a produzir os efeitos jurídico previdenciários almejados, no âmbito do RGPS não ocorre a retomada da vinculação jurídico laborativa que, porventura, existia no momento pretérito ao da produção dos efeitos da primitiva aposentadoria.

Teoricamente, quem se vale do instituto conhecido como "*desaposentadoria no serviço público*", tem como efeito primeiro o de deixar de receber seus proventos de inatividade e, como efeito segundo, o de retornar ao cargo público que serviu de suporte para que a Administração, no passado, convolasse o "*estado de fato*" de inativo dele em "*estado de direito*".

Como efeito terceiro, este "*desaposentado*" teria de regressar ao serviço público percebendo o chamado "*abono de permanência*" a que se refere o art. 2º, §5º, da EC federal nº 41/2003, pois a situação fática de aposentado no RPPS dele permaneceria incólume mesmo "*desaposentado*", já que a "*desaposentadoria*" só alcança os ***efeitos*** do "*estado de fato*" de inativo no RPPS, permanecendo este incólume, até porque se trata de um fato jurídico consumado.

Acaso reingressasse no serviço público, como consequência mediata da "*desaposentação*" no RPPS, o faticamente aposentado retomaria sua trilha laborativa do estado em que ele a deixou, ou seja, no momento em que deixou o serviço público para gozo dos ***efeitos*** do "*estado de fato*" de inativo.

Ou seja: regressaria ele ao serviço público faticamente aposentado, faltante apenas requerimento dirigido à unidade gestora do regime para que convolasse este "*estado de fato*" em "*estado de direito*" para que ele pudesse, após publicado no "*Diário Oficial*" esta convolação para atendimento do princípio constitucional da publicidade, esteio da atividade administrativa moderna (art. 37, "*caput*", da CR/88), voltar a perceber proventos próprios da inatividade, calculados segundo a norma que serviu de suporte para que a Administração promovesse esta convolação.

Inegavelmente, quando acima se disse que o ponto que mais distancia a chamada "*desaposentadoria*" no RPPS daquela promovida no RGPS, centra-se no fato de que na primeira "*...o faticamente* *inativo* ***pode*** *retornar ao "status quo ante" ao momento em que ele, por primeiro, veiculou requerimento à unidade gestora do regime, no sentido de que ela convolasse o "estado de fato" de inativo em "estado de direito"... "* fez-se questão de frisar que esta é uma faculdade que é dada àquele que se "*desaposenta*" no RPPS.

Para aqueles que se aposentaram no RPPS com direito à percepção de proventos proporcionais ao tempo de contribuição, o que era permitido no ordenamento jurídico constitucional brasileiro até o advento da EC federal nº 20/98, o uso do instituto da "*desaposentadoria*" no RPPS surge não como uma faculdade de regressar ao serviço público, enquanto objetivo finalístico do titular do direito, mas sim para complementar a "*fonte de custeio total*" (art. 195, §5º, da CR/88) do mesmíssimo benefício que sobreveio outorgado ao ex-servidor, porém dimensionado proporcionalmente ao tempo de contribuição.

Vê-se que, para esta gama de ex-servidores inativos do RPPS, que visualizam no uso do instituto da "*desaposentadoria*" apenas uma forma de promoverem a complementação da "*fonte de custeio total*" (art. 195, §5º, da CR/88) de benefício que sobreveio outorgado com direito à percepção de proventos proporcionais ao tempo de contribuição, de molde a vê-los integralizados, que enxergaram eles no instituto da "*desaposentação*" a mesma utilidade que ele possui no âmbito do RGPS.

Importante aqui é descrever que, para quem deseja fazer uso do instituto da "*desaposentadoria*" para integralizar benefício previdenciário outorgado apenas proporcionalmente ao tempo de serviço e/ou contribuição, exsurge como juridicamente possível o cômputo de tempo de serviço, mesmo que não acoplado ao mesmo número de contribuições aportadas ao RGPS, para fins de contagem recíproca, na hipótese em que o candidato a "*desaposentadoria*" possuía este "*patrimônio previdenciário*" amealhado no RGPS ***até a data-limite de 16/12/1998***, coincidente com a data da entrada em vigor da EC federal nº 20/98 e, não promoveu o uso deste "*patrimônio previdenciário*" ocioso, vertido ao RGPS, por ignorância, ou outro motivo qualquer.

Nesta hipótese, a contagem recíproca do tempo de serviço que não contemple igual número de contribuições, se afigura juridicamente possível ante ao que determina o art. 4º, da EC federal nº 20/98, "*in verbis*":

Art. 4º - "Observado o disposto no art. 40, §10, da Constituição Federal, o tempo de serviço considerado pela lei vigente para efeito de aposentadoria, cumprido até que a lei discipline a matéria, será contado como tempo de contribuição."

Trata-se, pois de uma norma de transição trazida pela EC federal nº 20/98, excepcionadora da nova principiologia que passou dali em diante a servir de "*pedra de toque*" sobre a qual passou a repousar todo o macrossistema da previdência no plano constitucional federal: o princípio da contributividade.

Como dito, trata-se de resquício da antiga principiologia sobre o qual repousava todo o macrossistema da previdência no plano constitucional federal até 1998, qual seja, o da solidariedade, que vem a permitir o uso deste "*patrimônio previdenciário*" amealhado antes da reforma constitucional, em sua inteireza, inclusive para fins de trazê-lo a contagem recíproca junto ao RPPS, para que somados todos os tempos trabalhados e/ou contribuídos pelo segurado jungido a ambos os regimes, possa ele aposentar-se com direito à percepção de proventos da inatividade integrais.

Ocorrente esta hipótese acima conjecturada, não há sequer cogitar que a "*letra*" do art. 201, §9º, da CR/88, constituiria empecilho ao uso deste "*patrimônio previdenciário*" ocioso e gerido pelo RGPS, no âmbito do RPPS, para contagem recíproca.

Aqui, a "*letra*" do art. 201, §9º, da CR/88, quando descreve que é "*... assegurada a contagem recíproca do tempo de* ***contribuição*** *na administração pública e na atividade privada, rural e urbana...*" para fins de aposentadoria no RPPS, há de ser interpretada em sintonia com a norma de transição constante do art. 4º, da EC federal nº 20/98, que numa síntese equipara tempo de serviço laborado até a ***data-limite de 16/12/1998 (data do início da vigência da emenda)*** a tempo de contribuição.

Relativamente ao uso de tempo de serviço prestado após 16/12/1998, sem que o candidato a "*desaposentadoria*" tenha vertido ao RGPS igual número de contribuições, é de se registrar que, ***inicialmente***, revela-se aproveitável para exercício da chamada contagem recíproca perante o RPPS apenas o tempo contribuído.

Acima, quando se disse que nesta situação, "*...* ***inicialmente*** *revela-se aproveitável para exercício da chamada contagem recíproca perante o RPPS apenas o tempo contribuído*", é porque se o trabalhador era contribuinte obrigatório do RGPS, na condição de empregado formal de terceiros, com vinculação jurídico laborativa regida pelo caderno celetista e, teve ele sua quota parte na contribuição previdenciária total constante de seus contracheques mensais descontada por seu empregador, mas por este não recolhida ao erário (leia-se: Receita Federal do Brasil), configurando a prática, por este, do crime em tese de "*apropriação indébita previdenciária*" tipificado no art. 168-A, do CPB e, gerando um desequilíbrio entre o tempo de serviço e o tempo de contribuição, restará a unidade gestora do RGPS apenas promover a cobrança daquilo que deixou de ser recolhido a tempo e modo próprios pelo empregador, jamais prejudicar o trabalhador urbano que em nada contribuiu para que o patrimônio jurídico previdenciário dele ficasse desfalcado.

Também para este trabalhador urbano, que se vê vitimado de um crime atentatório a seu patrimônio jurídico previdenciário, por fato de terceiro, que é sancionável tanto na esfera criminal, quanto na civil, com lastro nas mais diversas disposições normativas das Leis Federais nº 8212/1991 e 8213/1991, não há sentido lógico em inibir que este, nesta situação específica, use de todo o "*patrimônio jurídico previdenciário ideal*" dele, para fins de contagem recíproca junto ao RPPS, mesmo que este tempo laborado tenha sido posterior à data-limite de 16/12/1998 e, ainda que inaplicável ao caso a norma inserta no art. 4º, da EC federal nº 20/98.

Quanto a estes, o autor não vê maiores dificuldades em enxergar como juridicamente possível o uso do instituto da "*desaposentadoria*" para estes fins, independentemente da existência de lei formal que autorize a Administração a tanto.

Tal é a conclusão a que chega o autor, porque consoante antes se disse e ora se repete, o instituto da "*desaposentadoria*" nada mais constitui que um requerimento de dispensa, formulado pelo ex-servidor inativo, dirigido à unidade gestora do benefício que ele vem percebendo, a fim de que ela sobreste até "*segunda ordem*" o pagamento dele.

Trata-se, pois, de manifestação unilateral de vontade, dirigida à unidade gestora do RPPS, que enquanto tal, não necessita ser convalidada pela Administração para que produza seus efeitos, máxime tratando-se de manifestação que delibera acerca de direitos patrimoniais disponíveis do beneficiário da seguridade social.

Identifica-se, pois, que tratando-se de uma manifestação unilateral de vontade, em que o "*manifestante*" exterioriza seu desejo de, transitoriamente, deixar de perceber os efeitos do "*estado de inativo*" que a própria Administração, em momento histórico pregresso, reconheceu através de ato administrativo produtor de efeitos concretos devidamente publicizado no "*Diário Oficial*" para atendimento do princípio constitucional da publicidade, esteio da atividade administrativa moderna (art. 37, "*caput*", da CR/88), resta à Administração apenas cumprir com a vontade exteriorizada.

Aqui neste particular, ainda que existisse lei formal que inibisse à Administração de acolher o pleito de seu segurado, tal lei, ainda que formalmente concebida pelo poder legislativo local, segundo o devido processo legal dentro da Casa Parlamentar, estaria escoimada de flagrante inconstitucionalidade material, pois agressiva ao princípio capitalista sobre o qual se assentou o texto constitucional republicano, quando alçou o direito à propriedade privada a cláusula pétrea constitucional (art. 5°, XXII, da CR/88).

Não precisa grande esforço intelectivo para se identificar que não pode a Administração interferir no exercício do poder de que é titular um aposentado no RPPS, de dispor, no todo ou em parte, dos proventos que ele percebe, justamente por tratar-se de direito patrimonial disponível por seu titular.

Desinteressa, para estes fins, a Administração perquirir o que pretende o ex-servidor público inativo quando requer à unidade gestora do regime que sobreste o pagamento de seus proventos, pois tratando-se de direito patrimonial dele, dotado do atributo da disponibilidade, tem seu titular à sua disposição todos os poderes inerentes ao domínio deles previstos no art. 1228 do CCB/02.

Tratando-se de direitos patrimoniais disponíveis do ex-servidor público que inclina-se à inatividade no RPPS, visivelmente não pode a Administração interferir na forma com que o titular do benefício pretende destiná-lo, máxime quando o beneficiário usa do direito constitucional de petição (art. 5°, XXXIV, "*a*", da CR/88) para tanto, ou seja, usando dos mesmos meios que viabilizaram, na origem, que a mesma Administração começasse a pagar os proventos, enquanto ***efeitos*** do "*estado de fato de inatividade*" só alcançáveis a requerimento do interessado.

Como, nesta hipótese, a Administração é apenas a gestora do regime e, enquanto tal, a fonte pagadora do benefício, resta à mesma, diante de um requerimento do beneficiário, no sentido de que ela sobreste transitoriamente, até "*segunda ordem*", o pagamento dos proventos, única e exclusivamente respeitar a vontade do titular do direito.

"*In casu*", não se consegue visualizar no exercício deste direito individual à "*desaposentadoria no RPPS*", qualquer dano ao princípio da universalidade da atividade arrecadatória das fontes de custeio do benefício que na sequência será integralizado (***base principiológica que DEVERIA servir de norte à atividade arrecadatória em todos os sistemas previdenciários escalonados em forma de regime***) pois diferentemente do que ocorre no RGPS, o "*aposentado no RPPS*", cujo "*estado de fato*" de inativo está produzindo ***efeitos*** jurídico-previdenciários desejados (percepção de proventos), permanece sendo sujeito passivo de contribuições previdenciárias, ainda que delas não façam emergir direito à consumação de um segundo direito à aposentadoria, passível de produção de efeitos juntamente à primeira.

E, falando nas diferenças entre o RGPS e o RPPS, aqui há de sobrelevar que, desde o advento da EC federal nº 41/2003, quando o ex-servidor inativo que já está percebendo os ***efeitos*** jurídico-previdenciários próprios de seu "*estado de fato*" de inativo, passou a ser também contribuinte do regime, não obstante permaneça constitucionalmente vedada a dupla aposentadoria, afora as exceções delineadas na mesma "*lex mater*", ali nesta reforma constitucional restou concebida a "*pedra de toque*" para viabilizar que o princípio da contributividade passasse cada vez mais servir de inspiração para criação de benefícios previdenciários e, ***o princípio da universalidade da atividade arrecadatória das fontes de custeio, antes balize de todos os sistemas previdenciários escalonados em forma de regime, viesse a ceder espaço para que cada contribuinte passasse a ter sua "conta individualizada", contabilizada em rubrica própria, tal como se estivesse vertendo contribuições para uma entidade de previdência***

complementar, sem que a adoção desta nova praxe, redundasse em qualquer desequilíbrio da sanidade do macrossistema.

5.1.2 Prova da quebra do princípio da universalidade da atividade arrecadatória no RPPS – exemplo do RPPS mineiro legislado – fator que abre espaço para uso do instituto da "desaposentadoria" de forma responsável:

Inspirado no princípio da contributividade que veio cada vez mais fortemente inspirando os macrossistemas previdenciários constitucionalizados desde 1998, hoje o RPPS mineiro legislado, por exemplo, declina textualmente no conjunto normativo dos arts. 33 e 34, da Lei Complementar mineira nº 64/2002 (redação atual) que a "*fonte de custeio*" de cada benefício da seguridade social ali concebido naquele diploma legislativo será implementada não a um "*caixa único*", mas sim na "*conta individualizada*" de quem promove suas contribuições e, nestas condições, será contabilizado pela Administração, enquanto gestora do regime.

Vê-se que o RPPS mineiro legislado, visivelmente afastou-se do princípio da universalidade da atividade arrecadatória da "*fonte de custeio*" que, no âmbito do RGPS, vem servindo de empecilho a que o direito à aposentadoria deixe de ser espécie do gênero "*direito de terceira idade*", para transformar-se em direito de quem implementa a "*fonte de custeio to*tal" daquilo que pretende, num determinado momento, ver revertido a seu patrimônio jurídico em forma de proventos, independentemente de sua faixa etária, ***fato que torna o RPPS mineiro legislado imunizado às críticas de muitos estudiosos do direito previdenciário que enxergam no exercício do instituto impropriamente conhecido como "desaposentação", um risco à sanidade financeira e atuarial de todo o sistema previdenciário estruturado em forma de regime.***

Outro ponto interessante que se encontra legislado no seio do RPPS mineiro pela superveniência da Lei Complementar mineira nº 64/2002, que demonstra como e em que condições cada servidor público ocupante de cargo de provimento efetivo, enquanto contribuinte obrigatório do RPPS legislado, formará este "*caixa individualizado*" dele, composto pelo conjunto de todas as suas contribuições previdenciárias que, num futuro, quando ele implementar os pressupostos constitucionalmente dele exigíveis para alcance do "*estado de fato*" de inativo, tornará juridicamente viável que ele venha a requerer, quando e se assim o desejar, à unidade gestora do regime, a reversão deste patrimônio previdenciário em forma de proventos de inatividade (efeitos jurídico previdenciários que ***podem*** efluir do "*estado de inatividade*") veio prescrito nos arts. 31 e 32, do mencionado diploma legislativo.

Para facilitar a compreensão do que acima se disse, o art. 31, da Lei Complementar mineira nº 64/2002, disciplinadora do RPPS deste Ente Federativo, diz textualmente que o servidor público efetivo que, por interesse próprio, tiver se licenciado para tratar de assuntos particulares (benefício funcional "*carinhosamente*" conhecido no regime jurídico afeto aos servidores públicos mineiros como "*LIP*"), ainda que durante este período de afastamento do serviço público, ele não tenha percebido vencimentos, deverá verter a seu "*caixa individualizado*" as contribuições previdenciárias devidas no período, tal como se trabalhado ele tivesse e, tal como se percebido vencimentos ele tivesse.

Referido dispositivo legal traz consigo um traço que bem distingue a forma com que são arrecadadas as contribuições previdenciárias no RGPS, num "*caixa único*", da forma com que são arrecadadas as contribuições previdenciárias no âmbito do RPPS, *em "contas individualizadas*" devidamente contabilizadas desta forma.

Enquanto no âmbito do RGPS nada justifica que, eventual falta de recolhimento neste, ou naquele momento histórico, possa ser suprido pelo próprio contribuinte adiante, para tanto vertendo de uma só vez ao erário tudo quanto ele deixou de verter, a tempo e modo próprios, ao RGPS, ao menos para fins da implementação da "*fonte de custeio total*" do benefício que, num futuro, ele poderá fazer jus à sua fruição, já que todo este "*pacote de contribuições*" recolhido de forma atrasada não viabiliza que o tempo não contribuído possa ser utilizado para fins de contagem total de todos os tempos de serviço e/ou contribuição para fins de aposentadoria, mas apenas servem para incrementar a média dos salários de contribuição para igualmente incrementar a formação do futuro salário de benefício, justamente porque estas contribuições recolhidas atrasadas vão para o chamado "*caixa único*", para fomento da sanidade do regime, já no âmbito do RPPS legislado mineiro, de todo coerente se afigura que não só possa, como deva o servidor público efetivo que esteve afastado do serviço público e, justamente por força deste afastamento, não percebeu vencimentos e, via de consequência, não sofreu nenhum desconto de verba previdenciária direto "*em folha*" durante o referido período, promover o recolhimento ao erário todo o "*pacote de contribuições*" que ele deixou de recolher "*oportuno tempore*" durante este tempo de afastamento.

Tal é a conclusão, porque mesmo recolhidas serodiamente, tais contribuições previdenciárias incrementarão o "*caixa individualizado*" do contribuinte do RPPS mineiro, que nele congrega o conjunto de todas as suas contribuições que, num futuro, viabilizarão que elas lhe sejam reversíveis em forma de proventos.

Até para que o regime permaneça sempre saneado, tal previsão legislativa mineira tem todo um sentido lógico, pois qualquer sistema previdenciário escalonado em forma de regime, pressupõe necessariamente que o equilíbrio dele, sistema, está na equalização contábil e atuarial entre as verbas previdenciárias que estão sendo vertidas ao erário pelo servidor público efetivo, ainda que contabilizadas em "*caixas individualizados*" deles próprios, com a previsão de gastos anuais do regime com pagamento dos benefícios já instituídos.

Justamente por isto é que, logo adiante no art. 32, da Lei Complementar mineira nº 64/2002 o legislador deixou expresso que "*não haverá restituição de contribuição vertida para o Regime Próprio de Previdência Social, exceto no caso de recolhimento indevido, hipótese em que a restituição se fará na forma do regulamento*", medida que se compraz com a necessária equalização dos direitos individuais de cada um dos contribuintes, de verem suas contribuições contabilizadas num "*caixa individualizado*", com as necessidades de um sistema previdenciário estruturado em forma de regime.

Todo este rigor demonstrado pelo legislador mineiro em compatibilizar os interesses individuais dos contribuintes do RPPS legislado, com as necessidades do sistema de previdência, estruturado em forma de regime, manter-se perenemente saneado, é algo que deve ser aqui sobrelevado como conduta demasiadamente rigorosa, pois sendo o inativo do RPPS que esteja percebendo proventos, também contribuinte obrigatório do regime por imposição da EC federal nº 41/2003, tal rigorismo poderia ter sido perfeitamente atenuado pelo legislador.

Dado o excessivo rigor com que o sistema previdenciário afeto ao funcionalismo é tratado legislativamente, tanto para viabilizar que cada contribuinte tenha uma "*conta individualizada*" passível de contabilização, quanto para se conceber mecanismos equalizadores desta forma de contabilização singularizada de cada uma das contribuições vertidas por cada um dos contribuintes, com as necessidades do sistema, estruturado em forma de regime, manter-se perenemente equilibrado em termos de receitas e despesas, não se visualiza qualquer risco de desequilíbrio econômico-financeiro do macrossitema de custeio, defronte o de benefícios do RPPS, quando qualquer "*aposentado no RPPS*" se vale do instituto da "*desaposentadoria*" com o fito de apenas ver integralizado o benefício inicialmente taxado proporcionalmente ao tempo de contribuição, máxime quando se vê que, afora todas as peculiaridades acima descritas, tanto o aposentado no RPPS que esteja percebendo proventos de inatividade, quanto aquele que se "*desaposenta*", independentemente do motivo, permanecem contribuintes do regime por imposição da EC federal nº 41/2003, instituidora da chamada "*contribuição previdenciária do inativo*".

5.1.3 Quebra do princípio da universalidade da atividade arrecadatória no RPPS – exemplo do RPPS mineiro legislado – não incidência de imposto de renda nos proventos de inatividade que terão sua origem na "conta individualizada" do servidor público

Consoante se acentuou no subitem 5.1.2, desde 1998, com o advento da EC federal nº 20/98, a cada vez mais presença do princípio da contributividade na atividade arrecadatória das "*fontes de custeio*" dos benefícios da seguridade social criados, majorados, ou estendidos, gerou uma quebra de um paradigma histórico que atrelava o instituto da aposentadoria com um direito da terceira idade, ou terceira geração, que paulatinamente foi sendo transformado num direito de quem contribui o suficiente para que, em determinado momento, possa ver revertido tudo quanto contribuiu em forma de proventos a seu patrimônio jurídico.

No âmbito do RPPS legislado, identifica-se que há uma tendência de se criar, para cada servidor público ocupante de cargo público efetivo, que é o público alvo dele, RPPS, de uma "*conta individualizada*" em que serão contabilizadas todas as contribuições que ele verteu ao regime, justamente para proporcionar concretude ao princípio da contributividade, cada vez mais fortemente presente como base principal sobre a qual se assenta todo o macrossistema da seguridade social no plano constitucional sobretudo de 1998 em diante.

Defronte esta fato, observa-se que o RPPS vem sendo tratado legislativamente, tal como as "*entidades de previdência complementar*", isto do ponto de vista contábil.

Tal qual as "*entidades de previdência complementar*" (que têm suas disciplinas jurídicas nas Leis Complementares federais nº 108/2001 e 109/2001,) no RPPS legislado moderno o contribuinte possui uma "*conta individualizada*" que abrigará suas contribuições, sendo certo se afirmar que todo este "*pacote de contribuições*" que será alocado nestas condições individuais, constituem patrimônio previdenciário do contribuinte.

Sendo assim, também é certo afirmar que quando o contribuinte do RPPS legislado chegar ao "*estado de fato*" de inativo e, houver por bem requerer à unidade gestora do regime que convole este "*estado de fato*" em "*estado de direito*", de molde a que ele comece a perceber os efeitos jurídico-previdenciários próprios do alcance deste estado de aposentado (consistentes na percepção de proventos de aposentadoria), tais efeitos jurídico-previdenciários serão custeados não do "*caixa único*" do RPPS, mas sim da "*conta individualizada*" que sempre abrigou as contribuições previdenciárias amealhadas pelo servidor.

Identifica-se, aí, que os proventos de aposentadoria resultam da pura e simples reversão, mês a mês, de todo o produto da somatória de contribuições previdenciárias que veio a formar o que o autor chama aqui de "*patrimônio previdenciário*" do servidor, alocado numa "*conta individualizada*", devidamente contabilizada, no RPPS.

Como todas as contribuições previdenciárias que formam esta "*conta individualizada*" foram vertidas pelo servidor mediante desconto direto em seus contracheques durante toda uma vida laborativa útil, não há dúvidas de que tais verbas já vieram para a unidade gestora devidamente tributadas na fonte (IRRF).

Por este raciocínio, identifica-se que não há o menor sentido de que, quando tais contribuições vierem a ser revertidas ao patrimônio do servidor público em forma de proventos de inatividade, que estes fiquem dentro do raio de incidência do Imposto de Renda.

Noutra senda de raciocínio, acaso desprezássemos o fato inequívoco de que, quando o servidor público verte suas contribuições previdenciárias ao erário, ele o faz com esta verba devidamente tributada na fonte, o que aqui só se admite para efeito argumentativo, ainda assim, nesta hipótese, não haveria como se cogitar em incidência de Imposto de Renda sobre os proventos de inatividade.

Nesta segunda senda de raciocínio, o fator que inibiria a incidência do Imposto de Renda, seria o fato inquestionável de que, tratando-se os proventos de inatividade de mera reversão do aqui denominado "*patrimônio previdenciário*" total do servidor, amealhado por ele durante toda uma vida funcional e alocado numa "*conta individualizada*", devidamente contabilizada desta forma, no RPPS, não haveria nesta reversão deste "*patrimônio previdenciário*" em quotas mensais nenhum acréscimo patrimonial ao ali já inativo.

Como o conceito de renda trazido no Código Tributário Nacional, para disciplinar o fato gerador do Imposto de Renda, é o de renda-acréscimo (art. 43, II, do referido *codex*), induvidoso se torna o fato de que, nesta segunda senda de raciocínio, nada haveria a ser tributado a título de Imposto de Renda dos proventos de inatividade, dado o fato de que o pagamento mensal dele não representa nenhum acréscimo patrimonial para o antes ativo e ali, posteriormente, inativo.

5.1.4 Quebra do princípio da universalidade da atividade arrecadatória no RPPS – exemplo do RPPS mineiro legislado – acoplado à incidência de contribuição previdenciária – não imposto de renda - incidente sobre os proventos de inatividade – viabilidade do exercício responsável do direito a "desaposentadoria"

Uma vez fixadas estas premissas, o autor não enxerga empecilho algum a que um ex-servidor público inativo que tenha exercido seu direito constitucional de petição (art. 5º, XXXIV, "*a*", da CR/88), com o fito de requerer à unidade gestora do RPPS que paga seus proventos de inatividade, que sobreste seu pagamento até "*segunda ordem*", que adiante ele requeira, aí não na condição de beneficiário da seguridade social, mas de seu segurado, condição que reassumiu ao "*desaposentar-se*", que a unidade gestora do regime promova a contagem de tantas contribuições previdenciárias quantas ele tenha amealhado, para que a seguir, feita a recontagem de todo este patrimônio previdenciário total, possa ele exercer novamente seu direito de petição (art. 5º, XXXIV, "*a*", da CR/88), com o fito de retomar sua condição de beneficiário da seguridade social, para tanto requerendo à Administração que convole novamente seu "*estado de fato*" de inativo em "*estado de direito*" e, diligencie para que este "*estado de direito*" volte a produzir os ***efeitos*** jurídico-previdenciários almejados, consistente no direito à percepção de proventos que guardem proporcionalidade com a nova "*fonte de custeio total*" (art. 195, §5º, da CR/88) que ele ganhou.

Quanto a esta questão, digno de realce é que também não há se falar em necessidade de promulgação de lei formal para viabilizar o exercício deste direto material, pois com o retorno daquele que permanece no "*estado de fato*" de inativo ao serviço público, deixando momentaneamente de ser beneficiário da seguridade social para retomar a condição de segurado dela, fato que ocorre com o tão só exercício do citado direito constitucional de petição (art. 5º, XXXIV, "*a*", da CR/88), nada obsta que ele, enquanto segurado do RPPS, traga ao regime o "*pacote de contribuições*" previdenciárias que ele tiver disponíveis para que fomente a "*fonte de custeio total*" (art. 195, §5º, da CR/88) do mesmíssimo benefício que decorre de seu "*estado de fato de inatividade*".

Até porque trata-se de direito patrimonial individual do titular das contribuições previdenciárias, dotado do atributo da disponibilidade, que não pode ser apequenado por lei de nenhuma hierarquia, máxime porque o patrimônio privado do brasileiro encontra-se, via de regra, sob a proteção do Estado, por força da cláusula pétrea constitucionalizada no art. 5º, XXII, da CR/88.

Mesmo que assim não fosse, o que só se admite para efeito argumentativo, ainda nesta hipótese não haveria sequer interesse público a ensejar o exercício de qualquer atividade legislativa delimitadora do exercício pleno do direito à "*desaposentação*", máxime após 2003, quando pela superveniência da EC federal nº 41/2003, o aposentado no RPPS que está percebendo proventos de inatividade, retornou à condição de contribuinte do regime, ainda que as contribuições por ele vertidas neste segundo momento, não possam formar a "*fonte de custeio total*" (art. 195, §5º, da CR/88), de novo benefício, dada a proibição constitucional de cumulação de aposentadorias à conta de um mesmo regime.

Vale dizer: ainda que juridicamente existisse margem para exercício de atividade legislativa delimitadora do exercício pleno do direito a "*desaposentação*", teria a Administração que literalmente "*inventar uma desculpa*" para tanto, já que com o retorno do aposentado no RPPS, que já está percebendo proventos de inatividade, à condição de contribuinte do regime, nenhum dano à sanidade financeira e/ou atuarial pode acometer o sistema, eventual exercício do direito a "*desaposentação*". Isto porque, repete-se, ele continuará, ainda assim, a verter contribuições ao RPPS, mesmo no gozo da inatividade...

Não obstante aqui já se tenha afirmado que a União, o Distrito Federal e os Estados têm competência concorrente para legislar acerca de "*previdência social*" por força da norma inserta no art. 24, XII, do texto constitucional republicano e, não obstante aqui também tenha sido dito que referidos Entes Federativos têm também competência para criarem, por leis formais próprias, regimes próprios de previdências para abrigar seus servidores ocupantes de cargos de provimento efetivo, aí por força da norma inserta no art. 40, "*caput*", do mesmo texto constitucional republicano, em nenhuma das duas hipóteses o autor consegue visualizar margem para exercício de atividade legislativa plena por qualquer deles, para evitar que, do exercício do direito à chamada "*desaposentadoria no serviço público*", pelo ex-servidor público, possa ele promover o melhor aproveitamento do patrimônio previdenciário amealhado após ele, por primeiro, ter requerido à unidade gestora do RPPS que convolasse o "*estado de fato*" de inativo dele em "*estado de direito*", ou até de patrimônio previdenciário que este já dispunha antes, amealhado noutro regime de previdência e ainda ocioso, mas que por um motivo qualquer não trouxe à averbação quando, por primeiro, requereu à unidade gestora do regime que diligenciasse para que seu "*estado de fato*" de inativo começasse a produzir seus efeitos.

A inexistência de margem para exercício de atividade legislativa plena, pelos Entes Federativos declinados nos arts. 24, II e 40, "*caput*", do texto constitucional republicano, aqui identificada pelo autor, não decorre de falta de competência para tanto, mas sim por impossibilidade de que os Entes Federativos, valendo-se do pretexto de que estão a exercer o poder regulamentador da chamada "*desaposentadoria no serviço público*" no plano legislativo, acabem por criar normas ora apequenadoras do instituto da contagem recíproca dos tempos de serviço e/ou contribuição prestado e e/ou vertido pelo segurado sob vinculação jurídico-previdenciária ao RGPS, para que somado àqueloutro, prestado e e/ou vertido pelo segurado sob vinculação jurídico-previdenciária ao RPPS, possa o titular deste direito requerer à unidade gestora deste último regime, que convole o "*estado de fato*" de inativo dele em "*estado de direito*", porém redimensionando-se seus proventos segundo a nova "*fonte de custeio total*" (art. 195, §5°, da CR/88) que viabiliza sejam eles pagos ao beneficiário (hipótese em que haveria lesão ao postulado do art. 201, §9°, da CR/88), ora apequenadoras ao próprio direito de propriedade dos titulares das contribuições de usá-las como e bem lhes convierem (hipótese em que haveria lesão ao postulado contido no art. 5°, XXII, da CR/88 e ao art. 1228 do CCB/02).

Afora tudo isto, eventual criação de norma infraconstitucional limitadora ao exercício pleno do aproveitamento do "*patrimônio previdenciário*" disponível por este, ou aquele segurado da previdência, representaria gravíssima vulneração a um dos princípios mais importantes trazidos pelo constituinte para inspirar o macrossistema da seguridade social no plano constitucional, que é o da "*universalidade*" (art. 194, parágrafo único e I, da CR/88).

Isto porque, qualquer norma infraconstitucional limitadora do exercício pleno de "*patrimônio previdenciário*" não utilizado por este, ou aquele segurado, significaria agredir o direito dele de, primeiro, contribuir para formar a "*fonte de custeio total*" (art. 195, §5°, da CR/88) de seu próprio benefício e, apenas secundariamente, se tal "*patrimônio previdenciário*" não tivesse para ele qualquer serventia, dadas as limitações existentes para seu aproveitamento constantes do próprio texto constitucional republicano, como por exemplo fomentar a "*fonte de custeio total*" de duas aposentadorias à conta do mesmo regime (ressalvadas as hipóteses de cumulações lícitas de cargos públicos, geradoras de dupla aposentadoria, remunerada por duplos proventos), que aí sim fosse dado à Administração usar deste "*patrimônio*" para equilibrar o próprio regime, proporcionando nesta hipótese específica concretude ao princípio da "*solidariedade*" (art.40, "*caput*", da CR/88), aplicável hoje de forma excepcional à nova base principiológica da "*contributividade*", nas hipóteses restritas constitucionalmente concebidas.

Feitos todos estes comentários e registros quanto aos efeitos da "*desaposentadoria no serviço público*", quando promovida com o objetivo de integralização dos proventos antes calculados proporcionalmente ao tempo de contribuição, ao tempo em que o segurado, por primeiro, requereu à unidade gestora do regime que convolasse seu "*estado de fato*" de inativo em "*estado de direito*", possibilitando a produção dos ***efeitos*** próprios do "*estado de fato de inatividade*", o autor discorrerá, no item seguinte, acerca dos ***efeitos*** do uso do instituto da "*desaposentadoria no serviço público*", quando o grande móvel condutor do exercício deste direito material é o de retomada de trilha jurídico-laborativa no serviço público:

5.2 EFEITOS DA "DESAPOSENTADORIA NO SERVIÇO PÚBLICO" PARA AQUELES QUE DESEJAM USAR DO INSTITUTO PARA RETOMAR TRAJETÓRIA JURÍDICO-LABORATIVA NO SERVIÇO PÚBLICO:

Como descrito no item 5.1 acima, existe uma gama de ex-servidores inativos no RPPS, que visualizam no instituto da "*desaposentadoria*" uma fórmula de regressarem ao serviço público, ao "*status quo ante*" ao momento em que eles, por primeiro, veicularam requerimento à unidade gestora do regime, no sentido de que ela convolasse o "*estado de fato*" de inativo em "*estado de direito*" e, daí, deflagraram o procedimento administrativo hábil a que o "*estado de inatividade*" produzisse os ***efeitos*** jurídico previdenciários à época desejados.

Para estes, que vislumbram no uso do instituto da "*desaposentadoria*" uma fórmula hábil à retomada de suas atividades no serviço público, não se divisa que existem aí várias limitações, de ordem constitucionais, ao exercício pleno deste direito.

5.2.1 Limitações constitucionalmente impostas ao exercício do direito "a "desaposentadoria" no RPPS com o fito de, através dele, retomar a vida laborativa

As limitações mais claras, constantes do próprio texto constitucional republicano, ao uso do instituto da "*desaposentadoria no serviço público*" para fins de retomada da condição de servidor público efetivo pelo então "*aposentado no RPPS*", são as seguintes:

> ***1ª*** – limitação etária: o pretendente à "*desaposentadoria*", neste caso, teria de ter idade inferior a 70 (setenta) anos de idade, já que do septuagésimo aniversário em diante não lhe é dado ocupar cargo de provimento efetivo por força do óbice contido no art. 40, II, da CR/88;
>
> ***2ª*** – limitação física e/ou psíquica: o pretendente à "*desaposentadoria*" tem de estar com saúde suficiente à retomada do exercício do cargo público que, por primeiro, foi objeto de aposentadoria dele no RPPS, em sua plenitude, o que deve ser aferido da mesma forma que originariamente foi aferido o estado de saúde dele, quando de seu ingresso no serviço público via concurso, nos exatos termos em que determinado no art. 37, XXI, da CR/88 (obs.: não pode "*desaposentar*" quem contiver limitações ao exercício pleno do cargo público objeto da "*desaposentação*", já que a "*desaposentação*" aí redunda em retomada do serviço público do momento em que o "*desaposentado*" dele se desligou por primeiro, fato que torna impossível que esta retomada se dê já com adaptação funcional, que constitui válvula concebida pelo legislador infraconstitucional para que servidor público incapacitado para exercício de parte de suas atribuições continue servindo à coletividade – o óbice aí seria o fato do "*desaposentado*" já retomar o serviço público na "*via crucis*" de uma segunda aposentadoria, agora compulsória, motivada por invalidez, desvirtuando a finalidade a que se destina o instituto da "*desaposentação no serviço público*" e, neste caso específico, fazendo da "*desaposentadoria*"

uma fórmula de provimento derivado de cargo público, já que inadmissível o acesso ao serviço público daquele que, no procedimento licitatório, modalidade concurso, revelar-se despido da "*...qualificação técnica e econômica indispensáveis à garantia do cumprimento das obrigações...*" (art. 37, XXI, da CR/88) do pacto laboral, este dependente de que o candidato a servidor público tenha saúde suficiente para exercício regular das atribuições de seus cargos públicos);

3º - limitação para provimento e exercício do cargo público: ocorrente caso o pretendente à "*desaposentadoria*" tenha perdido seus direitos políticos, esteja proibido de contratar para com a Administração, ou tenha perdido o direito de exercer função pública como consequência de condenação em "*ação de improbidade administrativa*" já submetida aos efeitos das coisas julgadas formal e material (art. 37, §4º, da CR/88), ou de sentença penal condenatória que comine sanções de mesma natureza, também submetida aos efeitos das coisas julgadas formal e material, com espeque na autorização contida no art. 5º, XLVI, "*e*", da CR/88;

4º - limitação para exercício do cargo público: ocorrente caso o pretendente à "*desaposentadoria*" tenha, durante o período em que o "*estado de fato*" de aposentado no RPPS dele esteve produzindo os efeitos jurídico previdenciários almejados (percepção de proventos), acessado novamente o serviço público na forma do art. 37, II, da CR/88, em cargo, emprego ou função que não comporte exercício cumulado com aquele objeto da pretendida "*desaposentadoria*" – limitação decorrente da proibição constitucional à cumulação remunerada de cargos públicos – art. 37, XVI, XVII e §10, da CR/88;

5º - limitação para exercício do cargo público: ocorrente caso o pretendente à "*desaposentadoria*" esteja, no momento em que vier a requerer à unidade gestora do regime de previdência a que ele está jungido, "*dispensa*" da percepção dos proventos, enquanto efeitos jurídico previdenciários próprios de seu "*estado de fato*" de inativo, exercendo mandato eletivo, hipótese em que aplicáveis serão as disposições previstas nos incisos do art. 38, da CR/88;

6º - limitação para exercício do cargo público: ocorrente caso o pretendente à "*desaposentadoria*" esteja, no momento em que vier a requerer à unidade gestora do regime de previdência a que ele está jungido, "*dispensa*" da percepção dos proventos, enquanto efeitos jurídico previdenciários próprios de seu "*estado de fato*" de inativo, com seus direitos políticos suspensos, ou perdidos, nas hipóteses previstas nos incisos do art. 15, da CR/88;

7º - limitação para exercício do cargo público: ocorrente caso o pretendente à "*desaposentadoria*" esteja, no momento em que vier a requerer à unidade gestora do regime de previdência a que ele está jungido, "*dispensa*" da percepção dos proventos, enquanto efeitos jurídico previdenciários próprios de seu "*estado de fato*" de inativo, cumprindo pena privativa de liberdade, que é uma, entre as constitucionalmente possíveis de se apenar um sujeito passivo de processo-crime condenado com trânsito em julgado (art. 5º, XLVI, "*a*", da CR/88);

8º - limitação da própria estrutura administrativa: ocorrente caso a Administração não disponha de cargo público vago, de idênticas funções e vencimentos daquele que, por primeiro, se consumou a aposentadoria no RPPS e, da própria produção de efeitos decorrentes deste "*estado de fato*", já que inaplicável ao "*desaposentado*" a previsão contida no art. 41, §3º, da CR/88, disciplinador da hipótese de reintegração ao serviço público de servidor público estável cujo ato demissório tenha sido invalidado por decisão judicial – inaplicabilidade da disposição constitucional acima citada ao caso, nem mesmo analogicamente, porque o uso do instituto da "*desaposentadoria*" pressupõe exercício regular de um direito individual disponível do "*aposentado no RPPS*", ou seja, deriva de um ato jurídico lícito, ao contrário do instituto da "*reintegração ao serviço público*", que deriva da ilicitude de uma demissão e é tratado no texto constitucional republicano como dever da Administração, como consequência de ato demissório invalidado por decisão judicial;

Não precisaria nem ser dito, dada a obviedade, que podem existir um "*sem número*" de limitações ao exercício do direito à "*desaposentadoria*" àquele que pretende usar deste instituto com o fito de retomar sua trajetória jurídico laborativa no serviço público do "*status quo ante*" ao momento em que este requereu, por primeiro, dispensa à unidade gestora do RPPS, de perceber os proventos efeitos jurídico previdenciários que à época irradiavam do "*estado de fato*" de inativo deste.

5.2.2 *Limitações que podem ser impostas, através de atividade legislativa infraconstitucional, ao exercício do direito "a "desaposentadoria" no RPPS, com o objetivo de retomada, pelo "desaposentado", de sua vida laborativa:*

As limitações mais claras e visualizáveis ao exercício do uso do instituto da "*desaposentadoria*" com o fito do aposentado no RPPS retomar sua trajetória jurídico laborativa no serviço público, são aquelas constantes da lei local, disciplinadora do regime jurídico dos servidores públicos de cada Ente Federativo, para acessibilidade ao cargo público cujo exercício o candidato a "*desaposentadoria*" pretende apenas retomar.

A aplicabilidade das normas infraconstitucionais restritivas de acessibilidade originária aos cargos públicos àquele que pretende fazer uso do instituto da "*desaposentadoria*" para retomar sua trajetória jurídico laborativa no serviço público do "*status quo ante*" ao momento em que este requereu, por primeiro, dispensa à unidade gestora do RPPS, de pagar os proventos, enquanto efeitos jurídico-previdenciário que, à época, irradiavam do "*estado de fato*" de inativo deste, decorre da aplicabilidade "*in casu*" da máxima popular, inteiramente aplicável no mundo jurídico, que foi usada pela primeira vez na obra "*O Príncipe*", de *Maquiavel*[1], segundo o qual "*quem pode o mais, pode o menos*".

Existe, entretanto, margem para que a União, os Estados Federados e o Distrito Federal, possam conceber condicionantes outras ao exercício do direito à "*desaposentadoria*" no serviço público, quando o uso do instituto objetivar a retomada do serviço público daquele antes "*aposentado no RPPS*", que estava percebendo os efeitos jurídico previdenciários próprios do "*estado de fato*" de inativo.

Também não precisaria ser dito, dada a obviedade, que a possibilidade aí do exercício de atividade legislativa, pelos Entes Federativos, para os fins acima declinados, decorre do poder-dever de que cada um deles possui para "*organizar seus serviços*" "*interna corporis*" de seus "*muros*", reflexo primeiro do pacto federativo sobre o qual se assenta o Estado Brasileiro recriado no plano constitucional federal.

---

1 MAQUIAVEL, Nicolau. O Príncipe (1532).

O que deve aqui ser sobrelevado é que, não obstante exista a possibilidade do exercício de atividade legislativa, pelos Entes Federativos, para regrar o exercício do direito à "*desaposentadoria*", quando o uso do instituto tiver como objetivo primacial a retomada do serviço público pelo antes aposentado que estava percebendo os efeitos jurídico previdenciários próprios do "*estado de fato*" de inativo, não se pode ignorar que o exercício da referida atividade legislativa só pode ter como norte regulamentar o exercício de tal direito que é personalíssimo do "*aposentado no RPPS*" e, sobretudo, compatibilizá-lo com todas as políticas públicas afetas a recursos humanos já legisladas, aí promovendo também o cumprimento do princípio constitucional da publicidade (art., 37, "*caput*", da CR/88) e evitando que o exercício do citado direito individual possa se transformar em privilégio de alguns.

Neste particular, a possibilidade de exercício de atividade legislativa pelos Entes Federativos exsurge não como mecanismo de consagração da supremacia do interesse público sobre o privado, mas sim como mecanismo de adequação do direito privado do ex-servidor público que pretende fazer uso do instituto da "*desaposentadoria*", com as políticas públicas legisladas acerca de pessoal.

Sem sombra de dúvida, o exercício do direito individual à "*desaposentadoria*" deve ser compatibilizado com todas as políticas públicas afetas a pessoal legisladas pelos Entes Federativos, sob pena de criação de um direito cujo exercício seja ilimitado no tempo e no espaço, fato que seria extremamente prejudicial à própria continuidade dos serviços tipicamente públicos.

Afora tudo isto, o exercício de atividade legislativa para compatibilização do direito individual do candidato a "*desaposentadoria*" com o interesse público primário da Administração de organizar seus serviços "*interna corporis*" de seus "*muros*", constituiria medida extremamente saudável para que as unidades gestoras de recursos humanos dos Entes Federativos pudessem, ombreadas nelas, retirar do instituto da "*desaposentação*" este "*ar*" de novidade que hoje ele carrega consigo, disseminar nas referidas unidades orgânicas uma nova cultura em matéria previdenciária e, sobretudo, deixar claro a estes que os regramentos são oponíveis a todos quantos queiram fazer uso do citado instituto para os fins declinados, cumprindo assim o postulado constitucional da impessoalidade com que deve se revestir toda a atividade administrativa (art. 37, "*caput*", da CR/88).

Apenas a título de exemplo, vê-se como possível o exercício de atividade legislativa que venha a impor a preferencialidade do exercício do instituto da "*desaposentadoria*", por quem deseje fazer uso deste instituto com o fito de retomar sua vida no serviço público, frente contratações por tempo determinado que muitas das vezes são promovidas, na forma prevista no art. 37, IX, da CR/88, para "*atender necessidade temporária de excepcional interesse público*".

A preferencialidade pela admissão do uso do instituto da "*desaposentadoria*", neste caso, teria uma razão simples: o "*desaposentado*" que pretende retomar o serviço público, há muito, passou por "*estágio probatório*" (art. 41 da CR/88) e demonstrou aptidão para exercício das atribuições próprias de seu cargo público, ao contrário daquele que será contratado por tempo determinado, cuja qualidade de seu trabalho é uma incógnita para a Administração.

Outro exemplo: vê-se como possível o exercício de atividade legislativa que venha a impor a preferencialidade do exercício do instituto da "*desaposentadoria*", por quem deseje fazer uso deste instituto com o fito de retomar sua vida no serviço público, defronte contratações, pela Administração, de terceiras empresas interpostas, prática corriqueira na "*vida administrativa*" dos Entes Federativos modernos nitidamente avessa aos mais comezinhos princípios constitucionais que inspiram toda a atividade administrativa e que impõem à Administração, para exercício de sua atividade-fim, a contratação de servidores públicos efetivos, mediante prévia submissão dos interessados a concurso público de provas e/ou provas e títulos (art. 37, II, da CR/88).

Aqui, a preferencialidade teria uma razão de igual simplicidade: o exercício do instituto da "*desaposentadoria*", por quem deseje fazer uso deste instituto com o fito de retomar sua vida no serviço público, serviria de mecanismo inibidor de que inconstitucionalidades como esta, de terceirização de atividade-fim, continuassem sendo fomentadas pela Administração.

Mais um exemplo: vê-se como possível o exercício de atividade legislativa que venha a impor a preferencialidade do exercício do instituto da "*desaposentadoria*", por quem deseje fazer uso deste instituto com o fito de retomar sua vida no serviço público, quando a

Administração pretenda criar mais cargos públicos idênticos àquele que será objeto da "*desaposentadoria*".

Neste caso, a preferencialidade teria como norte o cumprimento do princípio constitucional da eficiência, esteio da atividade administrativa que veio jusconstitucionalizado no art. 37, "*caput*" da CR/88.

Um derradeiro exemplo: vê-se como possível o exercício de atividade legislativa que venha a impor a preferencialidade do exercício do instituto da "*desaposentadoria*", por quem deseje dela fazer uso com o fito de retomar sua vida no serviço público, como um mecanismo que proporcione concretude ao direito social ao trabalho consagrado como direito fundamental do brasileiro no art. 6º, da CR/88 (redação dada pela EC federal nº 26/2000), permitindo que todos quantos adentram na chamada terceira idade e têm dificuldade para realocação no mercado de trabalho, possam retomar a vida pública para proporcionar significância à própria existência.

O autor poderia ficar aqui criando mais e mais exemplos em que se lhe afigura possível o exercício de atividade legislativa que venha a impor a preferencialidade do exercício do instituto da "*desaposentadoria*", por quem dela deseje fazer uso com o fito de retomar sua vida no serviço público, mas diante da vastidão de possibilidades, prefere ele apenas mostrar, com os exemplos acima, que a possibilidade do exercício de atividade legislativa que sirva de regulamentadora do exercício do direito individual à "*desaposentadoria*" é algo factível e deve ser promovida para compatibilização do direito individual do "*aposentado no RPPS*" que pretende fazer uso do instituto da "*desaposentadoria*" com o interesse público.

5.3 EXERCÍCIO DO DIREITO A "DESAPOSENTADORIA NO SERVIÇO PÚBLICO" PARA FINS DE RETOMADA DE TRAJETÓRIA JURÍDICO LABORATIVA É UMA ESPÉCIE DE PROVIMENTO DERIVADO DE CARGO PÚBLICO???

5.3.1 Dicotomia entre o momento de aquisição do "direito material à aposentadoria" e o momento que este direito pode produzir efeitos jurídico-previdenciários – "pedra de toque" para dirimir esta controvérsia

Quando um "*aposentado no RPPS*" tenta usar do instituto da "*desaposentadoria*" para retomar sua trajetória jurídico laborativa no serviço público, muitos estudiosos do direito têm proclamado que no âmbito do serviço público seria constitucionalmente vedado o uso de tal instituto para estes fins, ao argumento de que ele importaria em suposto provimento derivado de cargo público.

Acerca desta corrente doutrinária, à qual se filiam vários doutrinadores de respeito e, também, vários juízes de tribunais diversos de igual respeitabilidade, este autor tem a dizer o seguinte:

Todos quantos enxergam o uso do instituto da "*desaposentação*" como uma fórmula de provimento derivado de cargo público, partem necessariamente da premissa de que a retomada da trilha jurídico laborativa via "*desaposentadoria*" significaria readmissão (re + admissão = nova admissão) ao serviço público, neste caso dependente de prévia submissão do interessado a concurso de provas e/ou provas e títulos, na forma do art. 37, II, da CR/88.

Com o respeito que todos quantos perfilham deste entendimento merecem e, realmente se fazem merecedores, tamanha a polêmica que a matéria em si desperta, o autor não consegue enxergar a "*vexata quaestio*" sob o prisma por eles enfocado.

O grande ponto de discordância do autor para com quem perfilha do entendimento acima esposado está na distinção entre o momento em que se consuma o direito material a aposentadoria no RPPS e, aqueloutro, onde se materializam os efeitos jurídico-previdenciários que, deste direito consumado, são esperados.

Para os filiados a esta corrente doutrinária acima exposta, identifica-se que eles atrelam a consumação do direito à aposentadoria no RPPS, que nada mais constitui que um "*estado de fato*", aos efeitos jurídico previdenciários que dele ***podem*** decorrer, como se a causa necessariamente tivesse que produzir seus efeitos de forma imediata e instantânea, tal como se fosse uma concausa.

Consoante anteriormente já restou explanado, o excelso pretório, desde quando proporcionou ao verbete de sua Súmula nº 359 sua atual redação, fato ocorrido em 1973, onde explicitou quando se consuma o direito material à aposentadoria, tratou de separar a causa (consumação do direito material à aposentadoria no RPPS) do efeito que ***pode*** derivar desta causa (percepção de proventos).

Quando o excelso pretório retirou a parte final do verbete desta mesma súmula, que era originária do ano de 1963 e inseria o *"requerimento"* como um dos componentes do fato gerador do direito material à aposentadoria no RPPS, quiseram os ministros que integravam o Tribunal Pleno de 1973 exatamente separar causa (momento da consumação do direito material à aposentadoria no RPPS) do efeito que ***pode*** derivar desta causa (percepção de proventos).

Foi justamente esta separação da causa (momento da consumação do direito material à aposentadoria no RPPS) do efeito que ***pode*** derivar desta causa (percepção de proventos), que vem possibilitando que todos quantos cumprem todos os pré-requisitos ao alcance do "*status*" de aposentado no RPPS, segundo a lei vigente ao tempo laborado, fiquem imunes a eventual exercício do poder legislativo que venha a alterar os pré-requisitos a tanto.

Vejam que a atual ordem jurídico constitucional também seguiu perfilhando esta trilha de separação do momento onde se consuma o direito material à aposentadoria no RPPS daquele em que os efeitos que deste direito material ***podem*** efluir, no instante em que deixou imunizado do raio de alcance do poder constituinte originário, todos quantos reuniram os pré-requisitos hábeis a se aposentar segundo as normas afetas a aposentação vigentes ao tempo da prestação laboral.

Segundo deixou assentado o constituinte originário em seu art. 17, do ADCT, da CR/88, "*os vencimentos, a remuneração, as vantagens e os adicionais, bem como os* ***proventos de aposentadoria que estejam em desacordo com a Constituição serão imediatamente reduzidos aos limites dela decorrentes****, não se admitindo, neste caso, invocação de direito adquirido ou percepção de excesso a qualquer título.*"

Ou seja: até o constituinte originário separou o direito material à aposentadoria já consumado segundo o ordenamento jurídico constitucional anterior sepultado, dos efeitos que deste direito material ***poderão*** ser irradiados segundo a atual ordem constitucional, observadas as limitações nela contidas.

Tendo em vista que o constituinte originário concebeu "*tetos*" remuneratórios para o funcionalismo, que à obviedade também eram aplicáveis àqueles que estavam percebendo proventos de inatividade do RPPS taxados segundo o princípio paritário, entendeu ele por bem, seguindo a trilha ditada pelo verbete da Súmula nº 359 do STF, com a redação que lhe foi proporcionada em 1973, também separar a causa (consumação do direito material à aposentadoria no RPPS) do efeito que ***pode*** derivar desta causa (percepção de proventos).

E, foi a partir da separação da causa (consumação do direito material à aposentadoria no RPPS) do efeito que ***pode*** derivar desta causa (percepção de proventos), que o constituinte originário deixou o direito material à aposentadoria já consumado à data da promulgação do texto constitucional republicano de 1988, imunizado ao exercício do próprio poder constituinte originário por ele, constituinte, exercido, deixando os efeitos que ***podem*** derivar desta causa, aí sim, sujeitos às limitações constitucionalmente fixadas.

Idêntica preocupação é visualizável nas três emendas constitucionais federais que alteraram o RPPS no plano constitucional vigente: a EC federal nº 20/98, em seu art. 3º, a EC federal nº 41/2003, em seu art. 3º; a EC federal nº 47/2005, em seu art. 3º;

Para deixar clara a "*mens legis*" dos legisladores constituintes reformadores federais de 1998, 2003 e 2005, eis aí a "*letra*" do art. 3º, das EC federais 20/98, 41/2003 e 47/2005, "*in verbis*":

> EC federal nº 20/98 e EC federal nº 41/2003 (redações idênticas):
>
> Art. 3º - "É assegurada a concessão de aposentadoria e pensão, a qualquer tempo, aos servidores públicos e aos segurados da previdência social, bem como aos seus dependentes, que, até a data da publicação desta Emenda, tenham cumprido os requisitos para obtenção destes benefícios, com base nos critérios da legislação então vigente."
>
> EC federal nº 47/2005:
>
> Art. 3º - "Ressalvado o direito de opção à aposentadoria pelas normas estabelecidas pelo art. 40 da Constituição Federal ou pelas regras estabelecidas pelos arts. 2º, e 6º, da Emenda Constitucional nº 41, de 2003, o servidor da União, dos Estados, do Distrito Federal e dos Municípios, incluídas suas autarquias e fundações, que tenha ingressado no serviço público até 16 de dezembro de 1998, poderá aposentar-se com proventos integrais..."

Com a transcrição do art. 3º, constante das EC federais nº 20/98, 41/2003 e 47/2005, identifica-se com clareza luminosa que o legislador constituinte reformador, ou derivado, deixou, na redação conferida ao art. 3º das duas primeiras emendas acima enunciadas, o direito material à aposentadoria no RPPS já consumado segundo regramento anterior, imune aos efeitos da própria emenda, tanto que deixou os destinatários da norma expressamente livres para, ***"...a qualquer tempo..."*** ("*letra*" das emendas), exercê-lo em sua plenitude, segundo a lei vigente ao momento em que o citado direito material se consumou, ao passo na redação conferida ao art. 3º, da terceira emenda também acima enunciada, o constituinte teve a mesma preocupação, deixando à salvo das regras do corpo permanente do texto constitucional àquela época reformado, que desatrelaram os proventos de inatividade do princípio paritário que historicamente sempre serviu de norte para sua taxação no RPPS, todos aqueles que adquiriram o direito material à aposentadoria segundo as regras de transição previstas nas emendas anteriores.

A respeito desta distinção trazida no enunciado do verbete da Súmula nº 359 do STF, acerca do momento em que se consuma o "*direito material à aposentadoria*", em relação ao momento em que a aposentadoria já consumada "*pode produzir seus efeitos jurídico-previdenciários*", que veio a inspirar a forma com que o constituinte originário concebeu a redação do art. 17, do ADCT, da CR/88, bem como veio a inspirar que o constituinte derivado, ou reformador, concebeu a redação proporcionada ao art. 3º das EC's federais nº 20/98, 41/2003 e 45/2005, valiosa é a lição trazida pelo Desembargador Elias Camilo Sobrinho, digno integrante da 3ª Câmara Cível do TJMG, em voto por ele brilhantemente proferido, dizimando o recurso de apelação nº ***1.0024.09.758.579-8/001***, publicado no DJ-e do dia ***28/07/2014***, "*in verbis*":

> "...Cumpre ressaltar que, conforme sabido, em observância ao princípio tempus regit actum, o pedido de concessão de benefícios previdenciários, dentre os quais o benefício de pensão por morte de (...), Oficial de Cartório Extra Judicial, deve ser analisado de acordo com a Lei vigente à época do óbito do serventuário.
>
> (...)
>
> Dessa forma, na espécie, para a apelante fazer jus à pensão, deve ser analisada a situação funcional do serventuário, como dito, á época do óbito, sendo necessária a demonstração do preenchimento dos requisitos exigidos até a publicação da Emenda Constitucional nº 20, de 16.12.1998.

Decreto Estadual nº 45.172/2009, que regulamentou o art. 3º da Lei Complementar nº 64/2002, estabelece:

"Art. 1º Os notários, registradores, escreventes e os auxiliares dos serviços notariais e de registro admitidos até 18 de novembro de 1994, não optantes pela contratação segundo a legislação trabalhista, nos termos do §2º do art. 48 da Lei Federal nº 8.935, de 18 de novembro de 1994, e que tenham cumprido todos os requisitos para usufruírem de benefícios previdenciários até 16 de dezembro de 1998, data de publicação da Emenda à Constituição da República nº 20, são vinculados compulsoriamente ao Regime Próprio de Previdência e Assistência Social.

Art. 2º O cômputo do tempo de serviço para fins de aposentadoria no regime próprio de previdência estadual de que trata o art. 1º não pode ultrapassar 16 de dezembro de 1998

Art. 3º Os escreventes e auxiliares dos serviços notariais e de registro não alcançados por este Decreto são segurados obrigatórios do Regime Geral de Previdência Social." (grifei)

De fato, com as alterações introduzidas no art. 40 da Carta Magna pela referida Emenda, a aposentadoria pelo Regime Próprio de Previdência Social passou expressamente a ser espécie de benefício concedido apenas aos "servidores titulares de cargos efetivos da União, dos Estados, do Distrito Federal e dos Municípios, incluídas suas autarquias e fundações", dentre os quais não se enquadram os oficiais dos Cartórios Extrajudiciais, que, conforme sabido, não ostentam o status de servidor público titular de cargo efetivo, razão pela qual, quanto a estes, aplicável a regra de aposentadoria relativo ao Regime Geral de Previdência Social prevista no §13 do mesmo dispositivo constitucional, como regra geral.

Entretanto, no caso em tela, quando do advento da EC nº 20/1998, o serventuário já preenchia os requisitos necessários à concessão de sua aposentadoria, época que já se encontrava com 34 anos de serviço, permanecendo ainda em atividade até 14.02.2009, época do óbito, totalizando 54 anos de trabalho. Ainda às fls. 44 há informações de que o serventuário efetuou contribuições para o IPSEMG de março de 1982 a junho de 2002, tempo suficiente para fins de aposentadoria por tempo de serviço, nos termos do disposto no art.40, III, "a" (30 anos, com proventos integrais) e "c" (25 anos, com proventos proporcionais), da Constituição Federal, em sua redação original, fato este incontroverso nos autos, razão pela qual a procedência do pedido inicial era medida que se impunha.

Destarte, reunindo o serventuário os requisitos necessários à aposentadoria por tempo de serviço através do Regime Próprio de Previdência Social do Estado de Minas Gerais, mesmo que não o tenha requerido, tendo em vista seu óbito em plena atividade, é assegurado o seu direito, conforme o disposto no art. 3° da Emenda Constitucional 20/98, que assim dispõe:

"É assegurada a concessão de aposentadoria e pensão, a qualquer tempo, aos servidores públicos e aos segurados do regime geral de previdência social, bem como aos seus dependentes, que, até a data da publicação desta Emenda, tenham cumprido os requisitos para a obtenção desses benefícios, com base nos critérios da legislação então vigente".

Portanto, o art. 40 da referida Emenda Constitucional ao restringir o regime próprio de previdência dos "servidores titulares de cargos efetivos", ao dispor: "Aos servidores titulares de cargos efetivos da União, dos Estados , do Distrito Federal e dos Municípios, incluídas suas autarquias e fundações, é assegurado regime de previdência de caráter contributivo e solidário, mediante contribuição do respectivo ente público, dos servidores ativos e inativos e dos pensionista, observados critérios que preservem o equilíbrio financeiro e atuarial e o disposto neste artigo", não revogou o direito daqueles servidores que já possuíam direito adquirido, quando de sua publicação.

No que tange à justificativa do apelado para o indeferimento do pedido, de que: "Ressaltamos que cabe ao interessado comprovar a não opção do escrevente pela contratação segundo a legislação trabalhista, nos termos do art. 48 da Lei Federal n° 8835/94 e, ainda, o recolhimento das contribuições previdenciárias ao RPPS", com a devida vênia, não há qualquer procedência, isto porque, caberia ao próprio Instituto fazer a comprovação de que o serventuário procedeu opção por regime diverso ao RPPS (art. 333, II do CPC); ademais, consta dos autos (fl.44) informações do IPSEMG que o serventuário contribui para esse instituto no período de março de 1982 a junto de 2002..." (grifos do autor)

Dentro deste panorama mais alargado, vê-se que é esta separação da causa (consumação do direito material à aposentadoria no RPPS), dos efeitos que ***podem*** efluir desta causa (percepção de proventos), feita em 1973 pelo próprio STF quando remodelou a redação do verbete de sua Súmula nº 359, e que visivelmente serviu de norte tanto a que o poder constituinte originário fosse exercido em 1988, quanto a que o poder constituinte derivado ou reformador fosse exercido em 1998 (quando do advento da EC federal nº 20/98), 2003 (quando do advento da EC federal nº 41/2003) e em 2005 (quando do advento da EC federal nº 47/2005), que tornam viável que o titular do direito material à aposentadoria possa pura e simplesmente dispensar a unidade gestora do RPPS, de pagar seus proventos, para que possa ele retomar sua trilha jurídico laborativa do "*status quo ante*" ao momento em que ele, por primeiro, requereu que o "*estado de fato*" de aposentado dele fosse convolado em "*estado de direito*" apto a produzir os efeitos jurídico previdenciários almejados (percepção de proventos).

Vejam todos que os efeitos que ***podem*** efluir do direito material à aposentadoria no RPPS já consumado, nada mais constituem que direitos patrimoniais disponíveis por seu titular.

A retomada da trilha jurídico laborativa pelo aposentado no RPPS que dispensa a unidade gestora do regime do pagamento dos proventos que antes percebia, também não é algo automático.

Como acima se disse, existem vários motivos que podem conduzir um aposentado no RPPS a usar do instituto da "*desaposentadoria*", não estando tal instituto necessária e intrinsecamente ligado à vontade do aposentado no RPPS em retomar sua vida jurídico laborativa.

Justamente devido à multiplicidade de hipóteses que podem conduzir um aposentado no RPPS a se valer do instituto da "*desaposentadoria*", que o titular deste direito subjetivo deve veicular sua pretensão à unidade gestora do regime sempre de forma motivada, explicando de forma detalhada os fins a que ele pretende se valer do instituto da "*desaposentadoria*".

5.3.2 Desnecessidade de lei formal para exercício do direito a "desaposentadoria" no RPPS – outra circunstância que entremostra que a retomada da vida laborativa é apenas efeito reflexo da "desaposentação" e não constitui fórmula de provimento derivado de cargo público:

Há doutrinadores e julgadores que tomam assento nos mais diversos tribunais da federação, entendendo que para viabilizar que o instituto da "*desaposentadoria*" possa ser utilizado com o fito do aposentado no RPPS retomar sua vida jurídico laborativa, necessário seria a existência de lei formal que autorizasse a Administração a "*recebê-lo de volta*" a seus quadros.

Para estes, o princípio constitucional da estrita legalidade (art. 37, "*caput*", da CR/88) constituiria obstáculo a que a Administração viabilizasse o uso do instituto da "*desaposentadoria*" com o fito do aposentado no RPPS retomar sua trilha jurídico laborativa.

Novamente o autor não consegue comungar do entendimento destes que têm uma visão muito restritiva das hipóteses em que seria dado ao aposentado no RPPS retomar sua vida jurídico laborativa valendo-se do instituto da "*desaposentadoria*".

Os motivos que conduzem o autor a discordar de quem tem esta visão restrita das hipóteses em que seria dado ao aposentado no RPPS valer-se do instituto da "*desaposentadoria*", são os seguintes:

Como acima restou minuciosamente descrito, o direito material à aposentadoria nasce no momento em que o segurado do RPPS reuniu todos os pré-requisitos a tanto.

E, também como foi arduamente dito acima, nem sempre o titular do direito material à aposentadoria já consumado, exerce imediatamente o direito de exigir da unidade gestora do regime previdenciário a que ele está jungido, que tal direito material produza todos os efeitos jurídico-previdenciários possíveis.

Ou seja: ficou claro, com a explanação acima feita, que pode perfeitamente o titular do direito material à aposentadoria já consumado, optar por permanecer trabalhando normalmente, sem que tenha qualquer sorte de prejuízo, pois poderá ele requerer que este direito material consumado, segundo regramento vigente à data da prestação laboral, produza os efeitos jurídico-previdenciários que lhe são próprios, quando e bem lhe convier.

Para estes, também sobreveio destacado, o constituinte derivado, ou reformador, idealizador da EC federal nº 41/2003 instituiu um benefício chamado de "*abono de permanência*", que visa exatamente premiar aquele que, embora seja titular do direito material à aposentadoria, opta por livre e espontânea vontade, continuar servindo à coletividade.

Vê-se que, desde 2003, a Administração vem, não incentivando que um titular do direito material à aposentadoria no RPPS requeira a unidade gestora do regime que seu "*estado de fato*" de inativo, que esta convole em "*estado de direito*" apto a produzir os efeitos jurídico previdenciários almejados, mas sim incentivando um titular do direito material à aposentadoria já consumado a continuar servindo a coletividade.

Identifica-se, já deste ponto de partida, que seria um contrassenso à própria vontade do constituinte derivado, ou reformador, expressa em 2003, ao conceber o chamado "*abono de permanência*", imaginar que a mesma Administração que incentiva de forma remunerada quem está faticamente aposentado e opta por permanecer trabalhando, não possa "*receber de volta*" no serviço público um aposentado no RPPS que, por primeiro, requereu à unidade gestora do regime que esta convolasse seu "*estado de fato*" de inativo em "*estado de direito*", daí começando a perceber os efeitos jurídico previdenciários que podem decorrer deste "*estado de fato*" (proventos de inatividade).

Há, entre aquele que hoje trabalha no serviço público e recebe o chamado "*abono de permanência*" instituído pela EC federal nº 41/2003 e, aqueloutro que se aposentou- no RPPS e passou a perceber proventos de inatividade, o seguinte traço de identidade: ambos reuniram todos os pressupostos à consumação do direito material à aposentadoria no RPPS.

De distinção, entre estes, existe apenas o fato de que um deles requereu à unidade gestora que este direito material à aposentadoria já consumado, começasse a produzir seus efeitos.

Quando este aposentado no RPPS que está percebendo proventos, se dirige à unidade gestora do regime e a dispensa do pagamento de proventos, não há dúvidas de que a situação jurídica dele retoma o patamar de igualdade daquele que hoje trabalha no serviço público e recebe o chamado "*abono de permanência*" instituído pela EC federal nº 41/2003.

Enxergando a "*vexata quaestio*" sob este ângulo, não poderia a Administração negar-se a "*receber de volta*" o aposentado no RPPS que usa do instituto da "*desaposentadoria*" para retomar sua trilha jurídico laborativa, observando-se por óbvio que deve ela realocá-lo exatamente no mesmo cargo público e no mesmo estágio evolutivo em que se encontrava quando seu "*estado de fato*" de inativo, por primeiro, começou a produzir efeitos, pois segundo vontade expressa do constituinte derivado, ou reformador, a Administração tem é que incentivar aquele que tem o direito material à aposentadoria consumado, a continuar servindo à coletividade.

Uma das formas que a Administração poderia cumprir com a "*mens legis*" da própria criação do chamado "*abono de permanência*" pelo constituinte derivado, ou reformador de 2003, idealizador da EC federal nº 41/2003, seria proporcionar concretude ao exercício do direito individual daquele aposentado no RPPS que lhe pleiteia a retomada da trilha jurídico-laborativa no serviço público, valendo-se do instituto popularmente conhecido como "*desaposentação*".

5.3.3 Iter procedimental constitucionalmente determinado para que o "direito material" à aposentadoria consumado possa produzir efeitos jurídico-previdenciários – circunstância que entremostra que a retomada da vida laborativa pode redundar de efeito reflexo de eventual denegação do registro do ato declaratório pela corte de contas, sem que esta retomada importe em provimento derivado de cargo público:

Outra forma que também teria de conduzir a Administração a idêntico comportamento, é facilmente visualizável quando se enxerga o "*modus operandi*" adotado pela máquina administrativa para conferir se um servidor público efetivo, quando requer à unidade gestora do RPPS que convole seu "*estado de fato*" inativo em "*estado de direito*", com o escopo de começar a receber os efeitos que podem efluir deste "*estado de inatividade*".

Quanto a esta questão, importante é relembrar que o ato administrativo que reconhece o "*status*" de aposentado no RPPS de um determinado servidor público efetivo, tem conteúdo meramente declaratório de um "*estado de fato*" pré-existente.

De igual importância, é relembrar que a publicação deste ato administrativo no "*Diário Oficial*" para atendimento do princípio constitucional da publicidade (art. 37, "*caput*", da CR/88) é que servirá de marco inaugural a que a Administração possa começar a pagar os proventos de inatividade, enquanto efeitos que ***podem*** efluir do "*estado de fato*" de inatividade no RPPS.

Quem invariavelmente pratica este ato administrativo que, quando publicado no "*Diário Oficial*" para atendimento do princípio constitucional da publicidade (art. 37, "*caput*", da CR/88), serve de marco inaugural à produção de efeitos que ***podem*** irradiar de um "*estado de fato*" de inatividade no RPPS, são os agentes políticos que, dentro da estrutura organizacional dos Entes Federativos, chefiam as unidades orgânicas de recursos humanos, muitas vezes reunidas numa Secretaria de Governo.

Ocorre que, este ato administrativo só se completa, quando for encaminhado ao Tribunal de Contas e este, após proceder à conferência de sua legalidade, promover o seu registro.

Digno de realce é que, enquanto todo este *iter* procedimental é percorrido até final registro do ato administrativo declaratório do "*status*" de aposentado de um servidor público no RPPS, este servidor público que optou por requerer que seu "*estado de fato*" de inativo fosse convolado em "*estado de direito*", percebe normalmente seus proventos.

Isto ocorre porque, embora tal ato administrativo dependa de registro no Tribunal de Contas para que se complete, o mero "*disparo*" deste *iter* procedimental pela autoridade de direito público competente traz consigo uma presunção "*juris tantum*" de legalidade que só é desfeita quando a Corte de Contas, no exercício de seu poder-dever de exercer o controle externo dos atos administrativos praticados pelo poder executivo, nega-se a registrá-lo por determinado motivo.

Quando a Corte de Contas nega-se a registrar o ato administrativo declaratório do "*status*" de aposentado no RPPS de determinado servidor, a consequência natural desta denegação do registro do ato pela Corte de Contas não se resume a meramente a estancar a produção de efeitos que estavam sendo espraiados do "*estado de inatividade*" que, por primeiro, sobreveio declarado pela autoridade de direito público incumbida a tanto, dentro da estrutura organizacional do Ente Federativo a que o servidor está vinculado jurídico-laborativamente.

Aqui, importante é sobrelevar que, quando a Corte de Contas nega-se a registrar o ato declaratório de aposentadoria de determinado servidor, não só são sobrestados os pagamentos dos proventos, mas determinado que ele retome o serviço público do "*status quo ante*" ao momento em que ele, por primeiro, requereu à unidade gestora do RPPS que convolasse seu imaginado "*estado de fato*" de inativo em "*estado de direito*" e obteve êxito em seu intento.

Vê-se que os efeitos decorrentes da denegação do registro de determinado ato de aposentadoria no RPPS pela Corte de Contas são bastante distintos daqueles que são irradiados quando a unidade gestora do RGPS, por exemplo, entender por bem anular determinado ato declaratório do "*estado de aposentado*" naquele regime de determinado trabalhador urbano.

Enquanto no âmbito do RGPS, eventual anulação do ato declaratório do "*status*" de aposentado naquele regime, pelo INSS, de determinado trabalhador urbano, não impõe ao último empregador deste, que o "*aceite de volta*", já no âmbito do RPPS, quando a Corte de Contas nega-se a registrar um ato administrativo declaratório do "*status*" de aposentado de determinado servidor no RPPS, é a empregadora deste servidor obrigada a "*recebê-lo de volta*" em seus quadros, a fim de que ele retome a vida jurídico laborativa do "*status quo ante*".

Ou seja: quando o servidor público requer à unidade gestora do RPPS que ela convole seu imaginado "*estado de fato*" em "*estado de direito*" através de ato administrativo de cunho declaratório deste "*status*" e obtém êxito, começando a partir da publicação deste ato administrativo no "*Diário Oficial*" (para atendimento do princípio constitucional da publicidade) a perceber proventos, enquanto efeitos do "*estado de fato*" de inatividade declarado, o contrato de trabalho dele, servidor público efetivo, para com a Administração, fica ao menos em tese suspenso, até que a Corte de Contas proceda ao registro do ato, até porque, se esta não fosse a melhor interpretação, eventual denegação do registro do ato administrativo declaratório do "*status*" de inativo deste servidor hipoteticamente considerado, não importaria em restabelecimento de sua situação jurídico-funcional do "*status quo ante*" e sim em perda de sua vinculação jurídico-laborativa.

Digno de realce é que, não obstante no parágrafo acima tenha se interpretado que, durante o lapso temporal compreendido entre a prática do ato administrativo declaratório do "*status*" de aposentado de determinado servidor público efetivo no RPPS, e o registro deste mesmo ato perante o Tribunal de Contas, o contrato de trabalho do titular do direito fica em tese suspenso, possibilitando sua retomada do "*status quo ante*" acaso denegado o registro, interpretação esta que deriva de um sentido lógico que permite o elo da causa ao efeito, não se divisa que se encontra dentro da órbita de poder do Ente Federativo que emprega aquele aposentado no RPPS, cujo ato administrativo declaratório deste "*status*" encontra-se pendente de registro perante o Tribunal de Contas, deliberar por intermédio de lei local, pura e simplesmente como retomará a condição de servidor público pelo antes declarado inativo, "*status*" este perdido quando a Corte de Contas negou-se a registrar o ato administrativo que o declarava justamente por considera-lo divorciado da realidade material que necessariamente teria de servir-lhe de norte.

Explicando melhor: pode o poder legislativo, por exemplo, determinar que durante todo o período em que este servidor público efetivo que requereu por primeiro fosse convolado seu imaginado "*estado de fato*" de inativo em "*estado de direito*", gerando a prática de ato administrativo declaratório deste "*status*" que sobreveio publicado no "*Diário Oficial*", esteve afastado do serviço público remunerado por proventos de inatividade, enquanto referido ato administrativo estava em fase de registro perante a Corte de Contas, seja computado para fins jurídico-previdenciários, de molde a que ele compute todo este "*pacote de contribuições*" que ele, até ali, teria vertido ao erário na condição de inativo, apenas para se solidarizar com a sanidade atuarial do regime, só que redirecionando o uso delas para fins de fomento da "*fonte de custeio total*" (art. 195, §5º, da CR/88), do benefício previdenciário, possibilitando que através da contagem deste "*pacote previdenciário*" ele retome o "*estado de fato*" de inativo.

Ainda assim, acaso exista esta previsão legislativa que é perfeitamente alinhada à previsão constante do art. 195, §5º, da CR/88 e, também, com o princípio da contributividade, cada vez mais fonte de inspiração do macrossistema da seguridade social no plano constitucional, este servidor público efetivo atingiria o "*estado de fato*" de inativo, mas remanesceria a obrigação da Administração de "*aceitá-lo de volta*" mesmo tendo ele retomado a condição fática de inativo.

Vê-se, por este segundo ângulo, que a obrigação da Administração de "*receber de volta*" aquele que teve o ato administrativo reconhecedor do "*status*" de inativo no RPPS a seus quadros, não deriva necessária e unicamente do fato dele, com a denegação do registro do ato pela Corte de Contas, retomar a condição de servidor público, pois existe toda a possibilidade dele, dependendo de autorização legislativa, computar todo o período de afastamento e retomar seu "*estado de fato*" de aposentado e, ainda assim, nestas condições, permanecer a Administração obrigada a "*recebê-lo de volta*" a seus quadros, se ele assim o desejar.

Vale dizer: a obrigação da Administração de "*receber de volta*" o aposentado no RPPS, cujo ato administrativo declaratório deste "*status*" não sobreveio registrado pela Corte de Contas, deriva do fato de que, despido do registro, o ato declaratório do "*status*" de inativo não pode mais produzir os efeitos jurídico-previdenciários desejados, o que demanda o retorno de todo o *iter* procedimental ao "*status quo ante*", momento em que o até então aposentado no RPPS estava trabalhando normalmente, na condição de servidor público efetivo.

Esteja ele no "*estado de fato*" de inativo quando desta retomada ao serviço público, ou não, tal fato se revela desimportante. O que importa é que os efeitos próprios da inatividade dependem, para que se perpetuem no tempo e no espaço, de que o ato administrativo declaratório do "*status*" de inativo já publicado no "*Diário Oficial*", gerando direito àquele segurado de já começar a perceber proventos, ainda que em tom de transitoriedade, seja registrado pela Corte de Contas. Denegado o registro do citado ato administrativo, todo o *iter* procedimental começa do "*marco zero*", daí a obrigação da Administração de "*receber de volta*" seu servidor, ainda que exista lei possibilitando que ele promova a contagem do tempo por ele contribuído ao RPPS durante o período em que se manteve na condição de declaradamente inativo pela Administração.

Enxerga-se, só daí, que se o Ente Federativo que antes empregava determinado servidor público sob vinculação estatutária que teve convolado seu imaginado "*estado de fato*" de inativo em "*estado de direito*", através de ato administrativo, fica juridicamente obrigado a "*recebê-lo de volta*" em seus quadros, acaso a Corte de Contas se negue a proceder ao registro do referido ato administrativo, exatamente do "*status quo ante*" ao momento em que ele deixou por primeiro o serviço público, ainda que neste retorno exista legislação que possibilite a este servidor o cômputo das contribuições vertidas durante o período de seu afastamento (já que o inativo contribui para o RPPS desde o advento da EC federal nº 41/2003), a reconduzi-lo de imediato ao "*estado de fato*" de inativo, que esta retomada de trilha jurídico laborativa não importa em provimento derivado de cargo público.

Como esta obrigação estatal se perpetua, ainda que juridicamente possível seja o cômputo pelo segurado de todas as contribuições vertidas durante o período de afastamento, a possibilitar que ele de imediato retome o "*estado de fato*" de inativo, não há como deixar de concluir que idêntica obrigação teria de assumir a Administração para com aqueles que, por mera liberalidade, requeressem à unidade gestora do RPPS, que esta sobrestasse o pagamento de seus proventos, pois tal qual os anteriormente descritos, retomariam a trilha jurídico laborativa no "*estado de fato*" de inativo.

Percebam que, o único traço distintivo desta obrigação estatal, nos dois casos acima citados traçando paralelismos, reside no fato de que uma delas decorre de mera consequência da denegação do registro do ato administrativo que reconhece o "*status*" de inativo de determinado servidor pela Corte de Contas e ocorre automaticamente, tal qual causa e efeito, tão logo a Corte de Contas denega o registro do ato, ao passo que a outra decorre da consequência de quem, embora tenha permanecido no "*estado de inatividade*", talvez até com o ato administrativo que reconheceu este "*status*" de inativo registrado perante a Corte de Contas, opta por abdicar transitoriamente do direito de perceber proventos, no exercício regular do direito constitucional de propriedade dele (art. 5º, XXII, da CR/88), usando do direito constitucional de petição que também lhe assiste (art. 5º, XXXIV, "*a*", da CR/88) como instrumento hábil à concreção do direito material, ficando aí em situação jurídico-funcional isonômica do anteriormente descrito, merecedor portanto de tratamento isonômico por parte da Administração.

Num e noutro caso, os ex-servidores públicos que se afastaram do serviço público para gozo dos efeitos de uma desejada inatividade, devem receber da Administração o mesmo tratamento, seja quando a Corte de Contas nega-se a registrar o ato declaratório do "*status*" de inativo e determina seu regresso ao serviço público para que, quando este completar todos os pré-requisitos necessários à inclinação ao "*estado de fato*" de inativo, possa ele ter o direito de subjetivo de refazer todo este *iter* procedimental com o fito de voltar a perceber os efeitos próprios de quem se encontra no "*estado de fato*" de inativo no RPPS, seja quando completado o ciclo com o registro do ato, resolve o servidor abdicar transitoriamente deste direito de permanecer em gozo de aposentadoria remunerada por proventos.

5.4 EFEITOS REFLEXOS DAQUELES DIRETOS, OCASIONADOS PELAS FORMAS USUAIS DE EXERCÍCIO DO DIREITO INDIVIDUAL À "DESAPOSENTADORIA NO SERVIÇO PÚBLICO"

5.4.1 Consequências mediatas ao momento em que o aposentado no RPPS requer à unidade gestora do regime sua "desaposentadoria", independentemente da finalidade que ele, no requerimento, declinar que pretende dela fazer uso

Como acima se disse e ora se repete apenas para bem iniciar este item, a aposentadoria no RPPS nasce da consumação dos pré-requisitos necessários a tanto, pelo servidor público.

Já o requerimento, dirigido à unidade gestora, determinando que ela convole este "*estado de fato*" de inativo já consumado em "*estado de direito*", a possibilitar que a partir daí seja deflagrado o procedimento administrativo hábil a que tal "*estado de fato*" produza os efeitos jurídico previdenciários desejados, constitui apenas o primeiro ato que marca o momento em que se torna juridicamente possível a produção de efeitos derivados de uma aposentadoria já materializada.

Quanto ao instituto da "*desaposentadoria*", ordinariamente ele constitui apenas um pedido de "*dispensa*" à unidade gestora do RPPS, a fim de que ela, salvo "*segunda ordem*", sobreste transitoriamente o pagamento dos proventos, enquanto efeitos jurídico previdenciários derivados do direito material à aposentadoria consumado.

Consoante acima se viu, existem várias formas de uso do instituto da "*desaposentadoria*", daí a necessidade de que, quando do exercício, o titular do direito individual decline a motivação que o conduziu a tanto, através do exercício regular de seu direito constitucional de petição (art. 5º, XXXIV, "*a*", da CR/88).

Uma vez feito tal requerimento de "*desaposentadoria*" à unidade gestora do regime, de forma motivada, através do exercício regular do direito constitucional de petição (art. 5º, XXXIV, "*a*", da CR/88), o titular do direito material à aposentadoria começa a sofrer as seguintes consequências mediatas ao exercício de tal direito individual, independentemente da finalidade:

> ***1º*** - o "*desaposentado*", quando retoma sua trilha jurídico laborativa, não tem de devolver à unidade gestora do regime absolutamente nada em termos remuneratórios, já que tudo quanto ele percebeu a título de proventos, enquanto efeitos que se irradiaram por primeiro do "*estado de fato*" de inativo, tinham a "*fonte de custeio total*" (art. 195, §5º, da CR/88) fomentada na forma constitucionalmente determinada. Ainda que esta retomada ao serviço público seja consequente de denegação de registro do ato administrativo que por primeiro declarou como existente este "*estado de fato*" pelo Tribunal de Contas, nada teria o ali servidor que devolver ao erário, já que se revela inimaginável possa ele sofrer as consequências da ineficácia de quem, na unidade gestora do regime, reconheceu de forma indevida que ele se encontrava no "*estado de fato*" de inativo, a permitir que ele começasse a perceber proventos de inatividade. Tratando-se esta hipótese última de ato ilícito praticado por quem reconheceu indevidamente, através de ato administrativo, que determinado servidor havia reunido os pressupostos necessários à materialização do direito à aposentadoria no RPPS, quando a realidade da vida funcional deste não permitia que a Administração reconhecesse seu "*status*" de inativo, quem deve responder administrativa e civilmente por sua desídia é o agente público que deu causa ao pagamento indevido de proventos (art. 37, §5º, da CR/88);

> ***2º*** - o "*desaposentado*", quando retoma sua trilha jurídico-laborativa, não tem direito de requerer lhe sejam devolvidas as contribuições previdenciárias vertidas ao erário durante seu período de afastamento, a título de contribuição previdenciária do inativo, já que tais contribuições previdenciárias tiveram o fato gerador consumado quando este passou a perceber proventos de inatividade e, enquanto beneficiário da seguridade social, passou à

condição de contribuinte para o RPPS com o fito de solidarizar-se para com todos quantos também dele participam numa, ou noutra condição, sendo tais contribuições, no máximo, passíveis de aproveitamento, se assim desejar o "*desaposentado*" e, existir legislação permissiva, para que numa sequência, elas também formem a "*fonte de custeio total*" (art. 195, §5°, da CR/88) dos proventos que num futuro ele venha a perceber como consequência de nova produção de efeitos oriundo do "*estado de inatividade*" deflagrado por requerimento à unidade gestora do regime, hipótese em que tais contribuições, inicialmente vertidas pelo inativo para solidarizar-se com o saneamento atuarial do regime, seriam utilizadas, antes disso, com o fito de viabilizar a regularização da situação jurídica dele próprio, enquanto partícipe do regime e merecedor de tratamento igualitário em relação a todos os demais partícipes dele, em virtude do princípio da "*universalidade*". Tal fato se revela inteiramente procedente, porque o princípio da solidariedade em matéria previdenciária, hoje, constitui exceção ao princípio da contributividade que serve de balizamento de todo o macrossistema da seguridade social constitucionalizado, sendo relevante aqui rememorar que a concepção de norma constitucional criadora da chamada "*contribuição previdenciária do inativo*" no âmbito do RPPS, através da superveniência da EC federal n° 41/2003, só ganhou alinhamento ao restante do corpo permanente do texto constitucional republicano, porque justificado que o inativo devesse continuar contribuindo para o regime tão só para com o saneamento dele pudesse também participar, solidarizando-se com todos os demais partícipes dele, o que deixa evidente que a regra geral é a de que as contribuições previdenciárias vertidas ao RPPS pelo servidor público servem para formar a "*fonte de custeio total*" do benefício dele (art. 195, §5°, da CR/88) e, somente se tais contribuições previdenciárias não tiverem esta serventia, aí sim, é que passa ele à condição de contribuinte solidário para o regime;

3º - o "*desaposentado*", tendo retomado sua condição de apenas titular do direito à aposentadoria no RPPS já consumado, poderá corrigir eventual equívoco cometido pela autoridade de direito público que, por primeiro, reconheceu seu "*status*" de aposentado no RPPS, como por exemplo, eventual descrição errônea do cargo público em que se reconheceu tal "*status*", eventual explicitação errônea do nivelamento e graduação que este se encontrava, naquele momento histórico, para que ato contínuo, se ele assim o desejar, possa requerer à unidade gestora do regime que convole este "*estado de fato*" novamente em "*estado de direito*" (ou seja, o primeiro efeito mediato à "*desaposentação*" é a possibilidade do "*desaposentado*" consertar, também através do exercício do direito constitucional de petição - art. 5°, XXXIV, "*a*", da CR/88 –, o ato administrativo que, por primeiro, declarou de forma equivocada este "*estado de fato*", gerando lesão a seu patrimônio jurídico previdenciário, "*in casu*" ao direito à percepção de proventos corretamente dimensionados);

4º - em virtude do conteúdo meramente declaratório do ato administrativo que reconhece o direito material à aposentadoria de determinado servidor público, não há se falar em prescritibilidade ou caducidade do direito deste titular do direito material à aposentadoria de requerer, como consequência de uma "*desaposentadoria*", seja o ato administrativo que declara o "*estado de fato*" existente no mundo jurídico, realinhado à realidade material que teria de servir-lhe de norte para ser declarado. Idêntico posicionamento vem reiteradamente sufragando o STJ acerca do benefício de pensão por morte do segurado, consagrando a tese de que, uma vez adquirido o "*direito material*" à conquista da benesse, pode seu titular requerer que o direito conquistado pelo implemento de seu fato gerador, possa produzir os efeitos jurídico-previdenciários desejados (vide "*agravo regimental no recurso especial*" nº ***885.497/SP***, relatado pelo ***Min. Vasco Della Giustina***, que é apenas um, entre múltiplos outros acórdãos do STJ acerca desta questão);

5º - dada a inexistência de prescritibilidade do direito de ação que tenha conteúdo declaratório / constitutivo e, a possibilidade jurídica deste "*desaposentado*" ver seu patrimônio jurídico previdenciário recomposto tão só requerendo de forma motivada à unidade gestora que esta diligencie para que o "*estado de fato*" de inativo torne a produzir efeitos jurídico-previdenciários, só que desta feita corretamente dimensionados segundo a norma que serviu de norte à consumação do direito material no mundo jurídico, a mesma possibilidade entreabre-se para aquele que se "*desaposenta*" com o fito de retomar sua trajetória jurídico-laborativa no serviço público, acaso esteja ele posicionado em cargo público, de nivelamento e/ou graduação diversa daquela que ele teria de encontrar-se no momento imediatamente anterior àquele em que ele, por primeiro, requereu à unidade gestora do regime que esta reconhecesse por ato administrativo de cunho declaratório, existente seu direito material à aposentadoria. A única diferença da primeira pretensão para com a segunda é o destinatário do pleito de realinhamento da atividade administrativa à realidade material originada do "*estado de inativo*" – na hipótese de vontade dele em tornar a requerer que este "*estado de fato*" torne a produzir os efeitos jurídico previdenciários possíveis e imaginários, o destinatário do pleito será a unidade gestora do regime, ao passo que se a vontade dele for retomar sua trajetória jurídico laborativa corretamente posicionado, o destinatário do pleito será seu superior hierárquico, a quem incumbirá, segundo a lei local, redirecioná-lo à unidade gestora de recursos humanos competente para deliberação;

6º - como o "*desaposentado*" que retoma sua trajetória jurídico -laborativa tem o direito de ver, neste retorno, consertada a situação jurídico-funcional que, por primeiro, serviu de norte a que a unidade gestora do regime praticasse ato administrativo reconhecedor deste direito material, ao padrão de legalidade que teria de servir-lhe de norte para tanto, para que num futuro possa novamente exercer seu direito de requerer à mesma unidade gestora que diligencie para que este "*estado de fato*", reconhecido e declarado de forma simétrica à realidade material, volte a produzir todos os efeitos jurídico-previdenciário possíveis e imagináveis, igual direito assiste a todo servidor público que ainda não atingiu o "*estado de fato*" de inativo e encontra-se posicionado em cargo público de graduação e nivelamento diverso daquele que deveria estar, dentro da estrutura orgânica estatal;

5.4.2 Possibilidade de, após a retomada da trilha jurídico-laborativa pelo "desaposentado", que este conserte eventual equívoco na situação jurídico funcional dele antecedente ao momento em que ele por primeiro requereu que seu "estado de fato" de aposentado produzisse efeitos – direito que decorre da unicidade da vinculação jurídico laboral

No item acima, foi possível identificar que um ex-servidor público que se aposentou de forma incorreta e, justamente por isto, encontra-se percebendo proventos mal taxados, pode se valer do instituto da "*desaposentadoria*" também para ver regularizada sua situação jurídico-funcional para, adiante, requerer à unidade gestora do regime que convole seu "estado de fato" em "*estado de direito*" de forma correta.

Se ex-servidor público aposentado pode ver consertada a situação jurídico funcional declarada pela Administração quando esta por primeiro convolou seu "*estado de fato*" em "*estado de direito*" utilizando-se do instituto da "*desaposentadoria*" para este fim, forçosa é a conclusão:

Todo servidor público que, porventura, entenda que está posicionado equivocadamente no plano de cargos de salários que lhe é próprio, ou quem sabe, equivocadamente posicionado no plano de carreiras que passou a abrigar seu cargo isolado, poderá a qualquer tempo pleitear a recondução de sua situação jurídico funcional ao estado de legalidade de que ela se viu desviada, ainda que tenha escoado prazo superior a 5 (cinco) anos, contados da entrada em vigor do diploma legislativo que teria de servir de norte à regularização de sua situação jurídico funcional.

Inexiste mínima condição de, nesta hipótese, sequer se imaginar em aplicação da teoria da "*actio nata*" para fins de aferição de eventual termo inicial da prescrição do fundo do direito à correção de posicionamento / enquadramento funcional do servidor público ativo, já que se o "*desaposentado*", quando retoma o serviço público, tem o direito de exigir que o "*estado de fato*" de inativo dele seja declarado, num futuro, em cargo público de nivelamento e graduação corretamente aferidos naquele momento, corrigindo-se aí eventual mau posicionamento e/ou enquadramento anterior, realinhando-se o ato administrativo declaratório deste "*estado de fato*" à realidade que teria de servir-lhe de norte, desarrazoado se afigura exigir que um servidor público ativo, que ainda não atingiu os requisitos necessários ao alcance do "*estado de fato*" de inativo, tenha que percorrer toda sua trilha jurídico laborativa percebendo vencimentos aquém do devido, aposentar-se percebendo proventos erroneamente taxados e, ter de fazer uso do instituto da "*desaposentadoria*" para retomar sua trilha jurídico laborativa e viabilizar o conserto de situação jurídico funcional.

Enxerga-se, aí, que uma melhor compreensão do instituto da "*desaposentadoria*" e, da multiplicidade de hipóteses em que ele pode ser utilizado por seu titular, pode redundar no sepultamento de uma praxe completamente viciosa da Administração Pública, que muitas vezes transforma os cargos isolados providos por seus servidores efetivos em cargos escalonados em forma de carreira, porém cria fórmulas tão "*mirabolantes*" para posicionamento deste servidor na carreira que passa a abrigar seu cargo isolado, que quando este "*acorda de seu sono letárgico*" e se apercebe que foi lesado patrimonialmente neste posicionamento, não consegue reverter este panorama seja nas vias administrativas, seja nas vias judiciais, quando ultrapassado mais de 5 (cinco) anos do advento do diploma legislativo criador da carreira.

Acaso o instituto da "*desaposentadoria*" possa ser visualizado, com a melhor maturação dos estudos acerca dele, como a "*segunda face*" da "*moeda*" chamada de "*aposentadoria no RPPS*", desta maturação há de emergir o entendimento de que não pode a Administração negar-se, sob pretexto algum, a corrigir situação jurídico funcional de determinado servidor que integre seus quadros, valendo-se do argumento de que prescrito ou decadente encontra-se tal direito, quando ela própria se conscientizar que num futuro, quando este servidor lesado num determinado momento histórico, aposentar-se no RPPS, começar a perceber seus proventos enquanto efeitos derivados deste "*estado de fato*" e, "*desaposentar-se*" com o fito de retomar sua trilha jurídico laborativa no serviço público, ela não terá como desvencilhar-se da obrigação de promover o realinhamento da situação jurídico funcional ao padrão de legalidade que deve servir-lhe de norte.

Máxime porque, quando ele novamente requerer à unidade gestora que convole este "*estado de fato*" em "*estado de direito*", restará para a Administração a obrigação de diligenciar para que o ato administrativo reconhecedor do direito à aposentadoria materializado esteja absolutamente vinculado à realidade material que deve servir-lhe de norte, dado seu conteúdo declaratório de um "*estado de fato*" pré-existente, ao qual ele se vincula como causa e efeito.

5.4.3 Multiplicidade de efeitos reflexos daqueles diretos do uso do instituto da "desaposentadoria" – possibilidade de rompimento de "velhos paradigmas" e eliminação de praxes administrativas viciosas – efeito moralizador do instituto

O advento do instituto da "*desaposentadoria*" no RPPS e, da multiplicidade de hipóteses com que ele pode ser utilizado, sem sombra de dúvida, faz com que o próprio instituto da aposentadoria no RPPS tenha de ser enxergado com novos "*olhos*", a inibir por exemplo que um determinado servidor público que eventualmente tenha se aposentado e esteja percebendo proventos mal dimensionados, tenha de ficar eternamente neste estado de desconforto material.

Vem o instituto da "*desaposentadoria*" no RPPS em boa hora, para romper definitivamente com velhos paradigmas, que colocavam "*nas mãos*" do servidor público, muitas vezes ignorante em matéria previdenciária, o "*peso*" da escolha da norma mais benéfica para gozo dos efeitos que decorrem do "*estado de inatividade*" alcançado, como se tal escolha fosse uma "*rua de mão única*", ou talvez "*rua sem saída*"...

Da mesma forma, vem o instituto da "*desaposentadoria*" no RPPS em ótima hora, para romper definitivamente com outros velhos paradigmas, que colocavam "*nas mãos*" do servidor público o "*peso*" da escolha por este, ou aquele regime remuneratório eventualmente posto à sua disposição, como se esta fosse também uma "*rua de mão única*", ou talvez "*rua sem saída*", a inibir que a qualquer instante ele optasse pela norma mais benéfica, já com "*olhos*" voltados para uma aposentadoria remunerada com proventos melhor taxados quanto possível.

Chega este instituto ao mundo jurídico para, numa síntese, retirar do servidor público o "*peso*" de eventual má escolha de determinada regra previdenciária por ele eleita para jubilar-se e, também, para retirar dele o "*peso*" que a Administração muitas vezes lhe impõe, de escolher entre este, ou aquele regime jurídico, em ambas as hipóteses antes tratadas como escolhas irreversíveis, mas que agora deixam de sê-lo, já que juridicamente possível o uso do instituto da "*desaposentadoria*" também para que, numa sequência, o faticamente aposentado possa sempre se valer das regras mais benéficas em termos remuneratórios, inibindo que por vilania de atividades administrativas estatais, servidores públicos sejam induzidos a más escolhas, invariavelmente por ignorar qual era a melhor delas, acarretando lesões patrimoniais antes tidas por irreversíveis, tudo isto para proporcionar "*pseudo*" concreção ao princípio da segurança nas relações jurídicas.

Acredita-se que a forma com que o excelso pretório dizimou o "*recurso extraordinário*" nº ***596.962***, oriundo do Estado do Mato Grosso, representativo da controvérsia nele debatida para fins de produção meta-individuais, nos termos do art. 543-B, §3º, do CPC (com a redação que lhe foi proporcionado pela Lei Federal nº 11.418/2008), um "*sinal*" indicativo de que, também lá no excelso pretório, quando este tiver de se debruçar sobre os efeitos do instituto da "*desaposentadoria*" no RPPS, ele muito provavelmente proporcionará ao instituto um tratamento símile à de uma "*segunda face*" do instituto da aposentadoria paritária.

Tal é a conclusão a que se chega, quando se vê que, para fixação do alcance dos limites de aplicabilidade do princípio paritário dos proventos de aposentadoria materializada segundo normas constitucionais diversas daquela que se encontra estampada na atual redação conferida pelo constituinte derivado, ou reformador, ao art. 40 da CR/88 (que veio a desatrelar os proventos de inatividade do princípio paritário que historicamente vem servindo de norte a seu dimensionamento), o Min. Dias Toffoli, enquanto relator deste "*leading case*" representativo exatamente desta controvérsia, assim pontuou, tomando como dele, as conclusões externadas pelo Min. Marco Aurélio, quando do julgamento do agravo regimental no recurso extraordinário nº ***385.016***, oriundo do Estado do Paraná, "*in verbis*":

> "APOSENTADOS – EXTENSÃO DE BENEFÍCIO – ARTIGO 40, §8º, DA CONSTITUIÇÃO FEDERAL. A pedra de toque da incidência do preceito é saber se em atividade os aposentados lograriam o benefício." (Primeira Turma, DJe de 30/11/07)

Vê-se que a forma com que o excelso pretório dirimiu o "*leading case*" representativo da controvérsia acerca dos limites do princípio paritário norteador do instituto da aposentadoria no RPPS até o advento da EC federal nº 41/2003, coloca o servidor público ocupante de cargo efetivo como "*paradigma*" para que tanto os aposentados neste mesmo cargo público, quanto os candidatos a "*desaposentação*", se ombreiem na situação jurídico-funcional dele, ativo, para todos os fins e efeitos de direito, inclusive os jurídico-remuneratórios.

Há, aqui, o reconhecimento expresso do excelso pretório de que o aposentado no RPPS que está percebendo proventos calculados paritariamente aos vencimentos de quem, no lugar dele, passou a ocupar o cargo público no qual ele se aposentou, são "*cara e semelhança*" um do outro, tornando o titular do direito a "*desaposentadoria*", portanto, como portador de um direito representativo da "*segunda face*" da "*moeda*" denominada *aposentadoria no RPPS*...

Noutro viés, vem o instituto da "*desaposentadoria*" como uma "*válvula*" posta à disposição do aposentado no RPPS para viabilizar que os proventos de inatividade , enquanto efeitos do "*estado de fato*" de inativo materializado permaneçam perenemente dimensionados o melhor possível, fato que também coloca este instituto perfeitamente alinhado ao princípio protetor da dignidade da pessoa humana, base sobre a qual se assenta todo o macrossistema da seguridade social constitucionalizado e, também, perfeitamente alinhado ao princípio constitucional da moralidade administrativa (art. 37, "*caput*", da CR/88), já que eliminará a possibilidade da Administração "*empurrar nos ombros*" do candidato a aposentadoria no RPPS o "*peso de uma escolha*" antes tida como irreversível e, que ele muitas vezes exercia literalmente "às cegas", faltante cultura jurídico previdenciária suficiente para agir de forma diversa.

VI
CONSIDERAÇÕES FINAIS

6.1 O INSTITUTO DA "DESAPOSENTADORIA" – CRIAÇÃO DOUTRINÁRIA QUE VEIO AO "MUNDO JURÍDICO" PARA PRODUZIR MUITO MAIS REFLEXOS QUE OS TIMIDAMENTE ALMEJADOS QUANDO DE SUA CONCEPÇÃO

Com efeito, não há dúvidas de que o instituto impropriamente conhecido como "*desaposentadoria*", foi concebido em princípio doutrinariamente e, após acolhido por expressiva parte da jurisprudência dos tribunais, pelo grande apelo social que a aplicação do instituto desperta, principalmente no maior e mais importante patrimônio jurídico dos aposentados no RGPS, que são seus proventos de inatividade.

Uma vez reafirmada a impossibilidade de um aposentado no RGPS tornar a aposentar-se à conta daquele mesmo regime por óbice de natureza constitucional, jamais arredado do texto constitucional republicano de 1988 por opção político-constitucional dos legisladores constituintes federais que foram se sucedendo nas legislaturas compreendidas entre 1988 e 2014 e, não tendo o excelso pretório sinalizado positivamente diante das arguições de inconstitucionalidade (***ADI's*** ***2110*** e ***2111***) que lhe foram postas com o escopo de eliminar do "*mundo jurídico*" o chamado "*fator previdenciário*" concebido por lei federal por enquanto ainda reputada validamente legislada no ano de 1999 (Lei Federal nº 9876/99), tanto que denegou o pedido formulado "*initio litis*" de suspensão liminar da eficácia da norma impugnada, grande parte da doutrina começou a refletir mais profundamente até que ponto o trabalhador brasileiro que já havia se aposentado, passou a perceber proventos de inatividade e regressou ao mercado de trabalho na condição de empregado, tornando-se por este viés novamente contribuinte obrigatório do RGPS, teria de se solidarizar para com o regime.

Para grande parte destes doutrinadores, a União Federal, no afã de cada vez mais fortemente repartir os ônus do chamado "*rombo da previdência*" entre empregados e empregadores, que juntamente a ela constituem a tríade que mais fortemente serve de financiadora do macrossistema da seguridade social legislado (art. 195, "*caput*", da CR/88), acabou não repartindo propriamente os dito ônus de forma "*cristã*" (leia-se igualitária), mas sim deslocado tais ônus para aqueles que, tendo já se aposentado, resolveram voltar a trabalhar e regressar a condição de contribuinte do regime.

Tendo em vista o forte impacto social que o chamado "*fator previdenciário*" despertou no principal patrimônio previdenciário do aposentado no RGPS e, dos ruinosos efeitos da defasagem do valor de compra dos proventos de inatividade em relação ao custo dos bens de consumo e serviços disponíveis ao cidadão brasileiro, defasagem esta decorrente da inexistência de instrumento jurídico hábil à recomposição do poder de compra dos proventos proporcionalmente, ao menos, à oscilação dos preços dos bens, produtos e serviços que fomentam a vida deles, expressiva fatia de aposentados regressou ao mercado de trabalho não por opção, mas sim porque seus proventos acabaram tão corroídos que, em tempo, conduziria esta fatia da sociedade a um empobrecimento tão agudo que, de beneficiários da previdência social, trespassariam a assistidos da seguridade social.

Esperava-se, neste instante, que o Estado se fizesse presente não para tentar repartir o empobrecimento desta fatia populacional e, tentasse evitar que por conta dos efeitos do exercício de atividade legislativa plena, o brasileiro em gênero acabasse nivelado econômico financeiramente "*por baixo*", homogeneizando a sociedade organizada numa "*classe média*", que passou a abrigar tanto os antes "*mais ricos*", quanto os antes "*mais pobres*", numa única "*zona*", ***até porque do ponto de vista orçamentário, é sabido e consabido que deve a Administração extrair dos orçamentos de investimento e fiscal (art. 165, §5º, I e II, da CR/88 – redação atual) e não do orçamento da seguridade social (art. 165, §5º, III, da CR/88 – redação atual), as fontes para cumprir com o objetivo do Estado Brasileiro que se***

encontra insculpido no art. 3º, III, da CR/88, consistente em "erradicar a pobreza e a marginalização e reduzir as desigualdades sociais e regionais" (art. 165, §7º, da CR/88 – redação atual).

Ou seja: esperava-se que o Estado não se valesse da "*desculpa pueril*" de que encontra-se ele com o orçamento da seguridade social "*estourado*", para com lastro nesta "*desculpa pueril*" conceber programas governamentais que, numa síntese, produzem um efeito confiscatório no patrimônio jurídico previdenciário dos aposentados no RGPS (lesivo já de início ao princípio capitalista sobre o qual se assenta a defesa da propriedade privada no texto constitucional republicano – art. 5º, XXII, da CR/88), numa tentativa de nivelar todos os partícipes do regime "*por baixo*", tentando fazer crer à sociedade brasileira em geral de que tais medidas eram consentâneas ao objetivo do Estado Brasileiro de *"...reduzir as desigualdades..."* (art. 3º, III, da CR/88) ainda que fosse igualando todos numa "*zona mediana*" e, ***deixando literalmente todos numa "zona de escuridão" quanto ao fato de que não pode o Estado cumprir com este objetivo republicano que se encontra descrito no inciso II, do art. 3º, do texto constitucional republicano, através de programas governamentais que se valem do orçamento da seguridade social para serem implantados***.

Também de todo censurável a atitude de quem se vale desta "*desculpa pueril*" para conter gastos públicos na base do "*vale tudo*", deixando toda a sociedade brasileira novamente numa "*zona de completa escuridão*" quanto ao uso indevido de programas governamentais que têm como objetivo finalístico *"...reduzir as desigualdades..."* do Estado Brasileiro (art. 3º, III, da CR/88), ***valendo-se do orçamento da seguridade social como fonte dos recursos hábil a proporcionar atividade executiva a tais programas, apenas por vislumbrar que a ampliação das despesas públicas decorrentes de concessão de benefícios da seguridade social não impõem ao Ente Federativo que os concede a obrigação de apresentar, antes disso, a fonte de receita adicional à corrente, que se encontra em sede de execução orçamentária, que fará jus a tal incremento do endividamento público gerador de "despesas de caráter continuado" (art. 17, "caput" c/c 24, §1º, I, da Lei Complementar federal nº 101/90 – "Lei de Responsabilidade Fiscal")***

Noutro giro: esperava-se do Estado que ele não "*descontasse*" todos os múltiplos problemas por que passa a economia, nos "*ombros combalidos*" dos aposentados no RGPS e, procurasse sanear as contas públicas "*cortando gastos*" que advêm dos orçamentos de investimentos e fiscal, já que estes sim são os constitucionalmente concebidos para que dali façam emergir as fontes de recursos hábeis ao desenvolvimento de programas governamentais das mais variadas naturezas que tenham, também como objetivo finalístico, ainda que este não seja o único, o de cumprimento do objetivo perseguido pelo Estado Brasileiro de "*...reduzir as desigualdades...*" (art. 3º, III, da CR/88), ***sem que para tanto ele tenha de sequer tisnar nos direitos sociais dos beneficiários da seguridade social, como acabou acontecendo de forma absolutamente inconstitucional e, sobretudo, agressiva à razão de ser do próprio Estado Brasileiro organizado em forma de pessoa jurídica de direito público interno, que é seu povo, fonte primária de todo o poder que a seguir sobreveio legislado...***

O que se esperava do Estado é que ele se fizesse presente para, utilizando-se dos instrumentos legislativos já existentes e, com respaldo neles, promovesse a implantação de políticas públicas de redistribuição de rendas que viessem a retirar o "*pobre*", da "*zona de pobreza aguda*" que se encontrava, sem contudo retirar o "*cidadão médio*", do estado "*mediano*" que se encontrava na vida em sociedade, deslocando-o à zona de "*pobreza*", ainda que não tão aguda por ainda lhe remanescer capacidade física e saúde para retornar ao mercado de trabalho, ***tudo isto usando dos "meios corretos" e juridicamente postos à disposição dos gestores públicos para alcance dos resultados desejados ("in casu" valendo-se dos recursos orçamentários corretos para que dele originassem as receitas hábeis à concretização das finalidades de cada um destes programas)***.

Dentro de toda esta contextualização, é preciso aqui dizer que o surgimento do instituto impropriamente conhecido como "*desaposentadoria*" ocorreu no âmbito doutrinário para socorrer os beneficiários do RGPS, não foi por uma "*obra do acaso*"...

E, não foi fruto de "*obra do acaso*", porque historicamente os aposentados no RPPS sempre tiveram seus proventos sujeitos às mesmas oscilações dos vencimentos que o ocupante do cargo público que serviu de referência para a aposentação está percebendo, dada a autoaplicabilidade do princípio paritário que, também historicamente, serve de balize para que a aposentadoria no RPPS produza os efeitos jurídico-previdenciários almejados...

Com o advento da EC federal nº 41/2003 e, o desatrelamento promovido pelo constituinte derivado, ou reformador, dos proventos de inatividade do aposentado no RPPS do princípio paritário que historicamente sempre serviu de norte para sua revisibilidade no tempo e no espaço, a comunidade jurídica como um todo começa a se despertar para o fato de que tal reforma constitucional também veio ao "*mundo jurídico*" para "*nivelar por baixo*" ambos os regimes de previdência que coexistiam no macrossistema da seguridade social brasileira, cada qual contendo características que historicamente os desigualaram, ***deixando para todos a impressão que é certeira, de que todos quantos futuramente vierem a se aposentar no RPPS com direito a percepção de proventos desatrelados do princípio paritário que historicamente serviu de guia para o dimensionamento deles, muito provavelmente experimentarão os mesmos problemas que hoje vivenciam os aposentados no RGPS, ainda que venham os mesmos a perceber verba previdenciária complementar do "fundo de aposentadoria" que se determinou fosse concebido pela Administração no §14, do art. 40, da CR/88 (redação atual)***.

Imagina-se que o deslocamento para o instituto da "*previdência complementar*" da obrigação previdenciária em grande parte já custeada em comunhão de esforços pelo servidor público e pela Administração que serve de tomadora de serviços dele, importará para o servidor público um ônus que antes ele não tinha, que é o de promover o autofinanciamento de seu "*benefício complementar*", sem que a Administração tenha de lhe devolver tudo quanto dele recebeu, em termos de custeio, para que pudesse ele, quando preenchidos todos os pressupostos fático-jurídico constitucionalmente delineados para ficar no "*estado de fato*" de inativo no RPPS e, em condições de vir a perceber da unidade gestora do regime proventos de aposentadoria calculados segundo o máximo que o patrimônio jurídico-previdenciário dele pode lhe render, ***fato que aqui o autor denomina de "estelionato" governamental, completamente descompassado com o***

princípio da moralidade, esteio da atividade administrativa moderna (art. 37, "caput", da CR/88), que deveria coibir práticas tão vergonhosas arquitetadas por quem, travestido de falso agente público, age em nome próprio e com interesses personalíssimos, passando longe do que razoavelmente seria dele esperado.

Acaso tudo quanto já se encontra custeado pelo segurado do RPPS, a fim de que este pudesse, num futuro, quedar-se à inatividade remunerado por proventos paritários aos vencimentos de quem, no lugar dele (aposentado), passou a ocupar o cargo público que serviu de paradigma para a aposentação dele, fosse "*em parte*" entregue pela Administração ao "*fundo de previdência complementar*" para servir de "*fonte de custeio*" do benefício previdenciário complementar que o constituinte reformador, ou derivado, determinou fosse concebido para que ele pudesse complementar a verba previdenciária oficial de molde a, somadas ambas, seus ganhos ficassem equânimes aos vencimentos de quem hoje ocupa o cargo público que serviu de paradigma para a aposentação, ***não estaria aqui o autor a dizer que a previsão contida no art. 40, §14, da CR/88 (redação atual), que desloca para o "fundo de previdência complementar" que se determinou fosse concebido pelos Entes Federativos justamente para resgate da capacidade aquisitiva daquele que vai se aposentar secundado nas regras da EC federal nº 41/2003, desatreladoras do instituto da aposentadoria no RPPS, do princípio paritário que historicamente lhe serviu de guia, constitui um autêntico "estelionato" governamental***.

Dada a "*dura realidade*" de que, em verdade, o constituinte derivado, ou reformador de ***2003***, pura e simplesmente retirou do segurado do RPPS toda a segurança que este tinha, de que num futuro, quando alcançasse os pressupostos fático-jurídico necessários à consumação de seu direito material à aposentadoria à conta daquele regime, ficaria ele com o direito à percepção de proventos de inatividade perenemente imunes à corrosão de seu poder de compra em virtude do princípio paritário que historicamente vinha lhe servindo de protetor, ***foi que o autor dedicou-se também ao estudo do instituto impropriamente conhecido como "desaposentadoria", imaginando que num futuro próximo, os aposentados do RPPS que estiverem percebendo proventos desatrelados do princípio paritário, precisarão fazer uso deste instituto, inicialmente concebido no plano doutrinário para***

socorrer os beneficiários do RGPS, para tal qual estes últimos, não terem de regressar compulsoriamente ao mercado de trabalho para que, com os frutos do trabalho, poderem resgatar a inteireza dos orçamentos domésticos que abastecem suas vidas, bem como a de seus familiares.

E, foi no estudo do instituto impropriamente denominado de "*desaposentadoria*", que o autor nele identificou não apenas uma "*válvula*" para evitar a corrosão dos proventos de inatividade no âmbito do RPPS, ***mas uma "válvula" que tem inúmeras outras serventias que não podem ser desfrutadas pelo beneficiário do RGPS, na esteira de tudo quanto nos capítulos acima sobreveio minuciosamente descrito***.

Enxergou o autor e, neste trabalho técnico-jurídico procurou demonstrar com bastante cuidado e método, que todos (repete-se: todos) os argumentos de que hoje se valem aqueles que perfilham entendimento de que juridicamente impossível se afigura o uso do instituto impropriamente concebido por "*desaposentadoria*" para aqueles que estão aposentados e percebendo proventos do RGPS aquém do montante que o patrimônio jurídico previdenciário deles pode fomentar, ***não se revelam aplicáveis a quem deseja fazer uso deste instituto para incrementar a "fonte de custeio" de seu benefício no âmbito do RPPS***.

Isto porque, no âmbito do RPPS, inexiste o chamado "*fator previdenciário*", inaplicável é o princípio da universalidade na atividade arrecadatória da "*fonte de custeio*" dos benefícios lá concebidos e, aí talvez a "*pedra de toque*" viabilizadora do uso do instituto impropriamente conhecido por "*desaposentadoria*" por quem deseje dele fazer uso no RPPS, consistente no fato de que o aposentado no RPPS que está percebendo proventos de inatividade, não se limita a ser meramente beneficiário do regime, continuando, mesmo no gozo dos efeitos de uma aposentadoria consumada, na condição de contribuinte do regime, ainda que apenas para solidarizar-se com seus partícipes, ***fato que deixa o aposentado no RPPS imunizado do argumento de que, eventual exercício do direito à impropriamente denominada "desaposentadoria", por exemplo, para integralizar proventos inicialmente taxados apenas proporcionalmente ao tempo de serviço e/ou contribuição, acarretaria desequilíbrio atuarial do regime***.

Todos os argumentos supra servem para identificar que o instituto impropriamente conhecido como "desaposentadoria" deveria ter sido por primeiro estudado e, também por primeiro implantado, para os aposentados no RPPS, já que as barreiras que vêm sendo postas para exercício deste direito àqueles que são aposentados no RGPS, não atingem aqueloutros, fato que permitiria uma amplificação dos estudos, como ora o autor se propôs a fazer neste trabalho técnico-jurídico, para exercício deste mesmíssimo direito para fins diversos daquele que, no âmbito do RGPS, só tem aplicabilidade una...

6.2 – NECESSIDADE DE SE PROMOVER UMA RELEITURA DO INSTITUTO DA "APOSENTADORIA NO SERVIÇO PÚBLICO" A PARTIR DA QUEBRA DE VELHOS PARADIGMAS GERADA PELO ADVENTO DO INSTITUTO IMPROPRIAMENTE CONCEBIDO EM SEDE DOUTRINÁRIA SOB A DENOMINAÇÃO DE "DESAPOSENTADORIA"

Dadas às múltiplas facetas que o instituto impropriamente conhecido como "*desaposentadoria*" possui, a viabilizar que seja ele utilizado para diversas finalidades pelos aposentados no RPPS, no item 6.1 se disse e aqui se repete que o instituto deveria ter sido criado e, mais fortemente estudado, para gerar efeitos no RPPS, já que no âmbito do RGPS, tal instituto tem aplicação bem mais restrita.

Como a evolução das ciências humanas nem sempre ocorre de forma retilínea, ou consoante recomenda o mais aguçado senso de previsibilidade, os doutrinadores conceberam o instituto da "*desaposentaria*" com um objetivo muito restrito e, apenas para aquinhoar aqueles que estivessem em gozo de aposentadoria no RGPS, quando poderiam eles ter concebido o instituto da "*desaposentadoria*" já antevendo a multiplicidade de facetas que ele pode conter, em especial para aqueles que se encontram no gozo da aposentadoria no RPPS.

Independentemente do que conduziu os doutrinadores a restringir seus estudos, quando o lógico era que eles fossem é amplificados ao máximo, fato é que foi desta forma que o instituto impropriamente conhecido como "*desaposentadoria*" foi concebido no âmbito doutrinário.

Sem querer procurar saber o porquê da pouca aspiração dos doutrinadores, quando conceberam o instituto impropriamente conhecido como "*desaposentadoria*", a princípio destinado apenas para aqueles que estavam em gozo de aposentadoria no RGPS e, ainda assim, para uso restritíssimo, fato é que ela ocorreu.

Justamente por isto, o que neste trabalho técnico-jurídico se procurou fazer foi amplificar o estudo do instituto da "*desaposentadoria*", partindo de um "*minus*", representado pela forma restrita com que ele foi concebido no plano doutrinário.

Consoante se pôde perceber do conjunto deste trabalho técnico-jurídico, a amplificação dos estudos do instituto impropriamente conhecido por "*desaposentadoria*", geraram no autor a sensação de que pode tal instituto, se bem disseminado e aceito pela comunidade jurídica como um todo, pode servir de verdadeiro "*marco divisor de águas*" no âmbito dos estudos que giram em torno do serviço público e a aposentadoria no RPPS.

Tal sensação conduziu o autor, já neste trabalho técnico-jurídico, a mudar de muitas, das impressões que ele tinha como sedimentadas acerca do tema "*aposentadoria no serviço público*", impressões estas que vieram estampados no livro por ele publicado no ano de 2011, pela Editora Del Rey, que porta aquele título.

Confiante de que o estudo crítico do direito tem mesmo de romper barreiras e, fruto do rompimento de barreiras, alterar convicções antes sedimentadas, gerando evolução do pensamento científico, o autor já se adianta e informa aos leitores que promoverá uma reestruturação do livro "*aposentadoria no serviço público*" por ele publicado em 2011, pela Editora Del Rey, para que adiante possa ele ser republicado, já portando esta nova visão mais amplificada da matéria gerada a partir do desenvolvimento destes trabalhos técnico-jurídicos.

Vejam todos que também aqui se confirma a máxima de que a evolução das ciências humanas nem sempre ocorrem de forma retilínea, ou consoante recomenda o mais aguçado senso de previsibilidade, pois também o autor pretende, partindo deste trabalho técnico-jurídico, rever posições antes sedimentadas e publicadas.

6.3 APLICABILIDADE DO INSTITUTO IMPROPRIAMENTE CONCEBIDO POR "DESAPOSENTADORIA" ÀQUELES QUE SE ENCONTRAM APOSENTADOS NOS REGIMES PRÓPRIOS DE PREVIDÊNCIA EVENTUALMENTE CONCEBIDOS PELOS MUNICÍPIOS BRASILEIROS, PERCEBENDO PROVENTOS DE INATIVIDADE:

O autor resolve no capítulo último deste trabalho técnico-jurídico, fazer uma ressalva, que tem de ser feita, relativamente a forma como os aposentados no RPPS que eventualmente tenha sido concebido pelos municípios integrantes da federação brasileira, podem fazer uso do instituto impropriamente conhecido por "*desaposentadoria*".

A ressalva aqui deve ser feita e, em tópico apartado, porque durante o desenvolvimento deste trabalho técnico-jurídico (mais especificamente no Capítulo III, itens 3.1 e 3.2 deste trabalho) o autor procurou demonstrar que, nem o constituinte originário, nem o derivado ou reformador federais, outorgaram competência para que os municípios integrantes do pacto federativo sobre o qual se assenta o Estado Brasileiro recriado no plano constitucional após 05/10/1988, concebessem regimes próprios de previdência para abrigar seu funcionalismo.

Defendeu-se, neste trabalho técnico-jurídico, a ideia de que todos os municípios deveriam promover um realinhamento paulatino de suas atividades administrativas ao padrão de legalidade que deveria ter-lhes servido de guia, para tanto "*enxugando*" os regimes próprios de previdência que inconstitucionalmente conceberam, dentro da medida do possível, com o fito de promover o encaixe dos novos servidores públicos que acessassem o serviço público por concurso público de provas e/ou provas e títulos (art. 37, II, da CR/88), de determinado momento histórico a ser fixado em diante, direto no RGPS.

E, aqui se defendeu a implantação paulatina destas medidas por parte dos municípios que, na contramão da ordem constitucional, conceberam regimes próprios de previdência para abrigar seu funcionalismo, no afã de evitar que a recondução imediata e radicalizada da atividade administrativa municipal ao padrão de legalidade / constitucionalidade que ela se viu desviada, redundaria em prejuízo de quem, em verdade, é a maior vítima da vilania municipal: seus servidores públicos ocupantes de cargos efetivos que acessaram validamente o serviço público e foram enquadrados como contribuintes do RPPS municipal invalidamente legislado não por opção, mas por imposição legal invalidamente concebida pelo parlamento municipal (invalidade decorrente de inconstitucionalidade material da lei criadora do RPPS).

Não obstante esteja no mínimo sublinear de que, defronte esta ideia, o autor não poderia retirar daqueles que se aposentaram no RPPS municipal e estão percebendo os efeitos próprios do "*estado de fato*" de inativo, que são seus proventos de inatividade, a possibilidade deles se valerem do instituto impropriamente concebido no plano doutrinário por "*desaposentadoria*", para os mesmos fins que, aqui neste trabalho técnico-jurídico, se defendeu fossem juridicamente passíveis de uso pelo aposentado no RPPS de outros Entes Federativos validamente concebidos, de todo saudável é que aqui se afirme o que, no mínimo, encontra-se descrito sublinearmente.

É procurando na clareza e, sobretudo, na coerência, que o autor ressalva que, todos aqueles que se encontram aposentados em RPPS´s concebidos por municípios e, estejam percebendo os efeitos passíveis de efluirem deste "*estado de fato*" de inativo, podem perfeitamente se valer do instituto da "*desaposentadoria*" para todos os fins que acima tanto se defendeu ele pode ser utilizado, máxime porque impedir o exercício deste direito, em virtude de "*faute de service*" da atividade administrativa municipal, significaria punir quem, em verdade, é a grande vítima da vilania municipal, o que se revela algo de todo inaceitável quando o tema em voga são os direitos previdenciários do servidor, que têm suas origens no princípio constitucional protetor da dignidade da pessoa humana...

6.4 DESFAZIMENTO DE IMPROPRIEDADES SEMÂNTICAS COMUMENTE UTILIZADAS POR OPERADORES DO DIREITO PREVIDENCIÁRIO – MEDIDAS REPUTADAS IMPORTANTES PELO AUTOR PARA EVITAR DESVIRTUAMENTO DE DETERMINADOS INSTITUTOS JURÍDICOS

No Capítulo I deste trabalho técnico jurídico o autor, de antemão, disse e ora repete que se faz necessário desfazer uma série de impropriedades semânticas que corriqueiramente são vistas em peças processuais, trabalhos jurisdicionais e, mesmo, trabalhos técnico-jurídicos como artigos e livros.

O autor insiste em "*bater nesta tecla*", por entender que o operador do direito tem a obrigação, no exercício de seus misteres, de adotar as terminologias juridicamente adequadas para redigir qualquer texto que contenha conteúdo material afeto às ciências jurídicas.

Até mesmo quando o operador do direito vai, por exemplo, redigir um artigo para um jornal, para comentar determinado assunto que tenha conteúdo material afeto às ciências jurídicas, não lhe é dado deixar de adotar as terminologias juridicamente adequadas para tratar este, ou aquele assunto.

Nesta hipótese, deve o operador do direito se valer das expressões jurídicas escorreitas para discorrer sobre a matéria e, adiante, fazer uma "*tradução do juridiquês*" para um linguajar mais acessível ao leitor...

Veja que, nem para tornar mais acessível a leitura de, por exemplo, um artigo dotado de conteúdo jurídico, a leitores leigos, o autor entende que o operador do direito está dispensado de se valer das expressões jurídicas adequadas, quando às mesmas se referir, ainda que num trabalho que tenha como destinatário o público leigo.

Tamanho rigor para com o uso correto das terminologias jurídicas, não é fruto de um rigor exacerbado do autor, menos ainda apego a "*filigranas jurídicas*".

Explica-se: todo o rigorismo apregoado pelo autor tem um único objetivo, que é o de evitar que, do excesso de uso coloquial de determinadas palavras, os próprios operadores do direito acabem se desviando da real significância de determinados institutos jurídicos.

Exemplo claro: durante todo este trabalho técnico-jurídico, o autor vem insistindo para o fato de que o instituto da "*desaposentadoria*" foi impropriamente batizado com esta nomenclatura, daí porque em todas as oportunidades em que se referiu ao instituto, o autor teve o cuidado de usá-lo entre aspas.

Procurou-se, neste trabalho técnico-jurídico, demonstrar que o instituto impropriamente batizado por "*desaposentadoria*", não importa em desfazimento de uma primeira aposentadoria, para viabilizar uma segunda, tendo em vista que a aposentadoria no RPPS constitui "*estado de fato*" que, enquanto tal, não tem como ser desfeito "*ab ovo*".

Outro exemplo: durante todo este trabalho técnico-jurídico, o autor procurou demonstrar como é equivocado o pensamento de alguns, que enxergam no instituto impropriamente denominado de "*desaposentadoria*", algo equivalente a "*renúncia*" de uma primeira aposentadoria consumada, para viabilizar o alcance de uma segunda melhor dimensionada.

Também aqui, procurou-se chamar a atenção de que o instituto impropriamente conhecido como "*desaposentadoria*", ao menos da forma como hoje é conhecido, importa num pedido veiculado por um aposentado no RGPS, no sentido de que ela sobreste transitoriamente o pagamento dos proventos, enquanto efeitos que estão sendo irradiados do "*estado de fato*" de aposentado, para que feito este sobrestamento, o titular do benefício possa adicionar à "*fonte de custeio*" que viabilizou poder ele, em momento anterior, perceber proventos, mais contribuições previdenciárias a viabilizar sejam seus proventos decorrentes do mesmo "*estado de fato*" de aposentado ficarem mais bem dimensionados.

A terminologia jurídica correta a ser empregada para quem requer à unidade gestora do regime o sobrestamento, até "*segunda ordem*", do pagamento dos proventos que lhe vêm sendo destinados, é dispensa, não renúncia ao direito.

Quanto ao emprego indiscriminado da expressão "*servidor público aposentado*", o autor também não pode concordar.

Só constitui realmente servidor público aposentado aquele que, tendo preenchido todos os pressupostos constitucionalmente dele exigíveis, adquire o "*estado de fato*" de aposentado, ou melhor, o direito material à aposentadoria, mas opta por continuar em plena atividade do seu cargo público, servindo à coletividade.

Já aquele que preencheu todos os pressupostos constitucionalmente dele exigíveis para conquista do direito material á aposentadoria e vai além, requerendo à unidade gestora que convole este "*estado de fato*" em "*estado de direito*", de molde a que ele comece a produzir os efeitos jurídico previdenciários próprio do estado de inatividade, a comunidade jurídica deve denomina-lo de ex-servidor público que se encontra no gozo de aposentadoria, já que ele nesta condição não serve mais profissionalmente à coletividade, perdendo portanto a condição de servidor público e, ao começar a perceber proventos, entra em gozo dos efeitos do estado de inatividade.

Transparece algo de somenos importância o desfazimento destas impropriedades semânticas cometidas pelos operadores do direito, mas a própria história pregressa da vida republicana brasileira revela que, foi a partir da utilização de uma terminologia imprópria aos fins colimados, que o Presidente Jânio Quadros renunciou ao mandato eletivo em ***25/08/1961***.

A respeito deste episódio que por décadas ficou acobertado pelo mistério do porquê de tal atitude, posteriormente atribuída pelo próprio Presidente Jânio Quadros a "*forças ocultas*" que ele jamais, enquanto vivo esteve, disse quais eram, valioso foi o esclarecimento de Saulo Ramos[1], trazido em sua obra literária "*Código da Vida*", "*in verbis*":

> "...Passei a entender por que Jânio tanto falava em De Gaulle, que renunciara à chefia do Governo da França e voltara aclamado pelo povo, impondo uma Constituição nova, aprovada em plebiscito, e não pelo Parlamento. E mais: escrita todinha pelo genial jurista Debret. O êxito do velho marechal francês fascinou os políticos de sua geração. Quando Jânio foi eleito, fazia apenas dois anos que De Gaulle voltara ao poder, depois de uma renúncia espetacular. E Jânio quis conseguir resultado semelhante em seis horas.
>
> Mesmo sem ser chamado, meti-me nesta discussão e, claro, igualmente emocionado, como todos se achavam naquele instante, expliquei nervosamente e em voz alta, quase aos gritos, que renúncia de mandato eletivo em nada se compara com pedido de demissão de servidor público. Era pessoal, ato autônomo de vontade, unilateral, renúncia de mandato, igual à renúncia de procuração que o primeiro advogado do Sr. Olavo Brás fizera para abandonar a causa.
>
> E a renúncia da Presidência da República entregue ao Congresso Nacional constituía apenas uma comunicação de afastamento definitivo do cargo, para que não se caracterizasse o abandono. A partir daí, aplicava-se o processo constitucional de substituição. O substituto era João Goulart. Estava na China. O cargo seria,

1 RAMOS, Saulo. Código da Vida, Ed. Planeta, 2ª ed. P.25/27.

então, assumido interinamente pelo presidente da Câmara, Deputado Ranieri Mazzili, até que o Vice-Presidente voltasse ao território nacional e fosse empossado.

Fui fuzilado por muitos olhares. Então, sugeri que ouvissem o professor Vicente Ráo. Jânio mandou consultar o mestre. E conferiu. O advogado calouro tinha razão, o que, aliás, não chegava a ser grande proeza jurídica, pois era óbvio em Direito Constitucional.

Logo a seguir, a teoria funcionou na prática: Auro de Moura Andrade, presidente do Congresso Nacional, cumpriu a Constituição, declarou extinto o mandato de Jânio, deu posse a Mazzili para exercício interino da Presidência da República. O resto todo mundo sabe.

Jânio, ainda em Cumbica, pediu-me para providenciar uma passagem de navio para a Inglaterra, de preferência num cargueiro modesto, que tivesse cabine de passageiro. Passei a missão para Oswaldo Martins, líder sindical em Santos, e para Mário Covas, meus companheiros do movimento janista naquela querida cidade marítima. Providenciaram. Embarque alguns dias depois. Enquanto isso, Jânio ficaria na casa de um amigo no Guarujá.

Ao nos despedirmos, ainda em Cumbica, perguntei-lhe se podia fazer uma última sugestão. Qual?

- Mande o major devolver a faixa!

Aos gritos e broncas, deu sua última ordem ao ajudante militar, acusando-o de estar tramando um ridículo golpe de Estado. Acabamos, nós que assistíamos a cena, sentindo pena do ajudante-de-ordens. Anos depois, instalada a ditadura, Jânio foi cassado. Fui visita-lo, em gesto de solidariedade. Lembramos daquela passagem em Cumbica. E ele me disse:

- Foram buscar a faixa de volta com uma diferença. Em 1961, houve uma tentativa de furto por parte de um oficial. Agora, consumou-se um roubo a mão armada. Você acha que eu tive culpa?

- Mais ou menos – disse eu, que estava ali para confortar um amigo com os direitos políticos cassados.

- Mas você é testemunha de que eu mandei devolver a faixa! Por isso me cassaram. Foi vingança do major.

- Nada disso, meu caro. Você, que é formado em Direito, mas não advoga, confiou na solução do Horta, que jurava por Deus ser necessária a aprovação do Congresso no caso de renúncia do Presidente da República. Veja o que pode causar o erro de um advogado.

- Mas o Pedroso Horta é um excelente advogado.

- É. Creio ser um dos melhores criminalistas do país. O problema, porém, é o Direito Constitucional, no qual a maioria dos criminalistas fica apenas no habeas corpus e no direito de ampla defesa.

Desde aquela época, tenho muito medo ao ver um colega, advogado criminalista, no Ministério da Justiça. E torço para que não tenha de resolver questão de alta relevância institucional..." (Saulo Ramos, "in" "Código da Vida", Ed. Planeta, 2ª ed., p. 25/27)

Como os historiadores de escol dizem reiteradamente que a "*história é cíclica*", prefere o autor aqui, neste trabalho técnico-jurídico, insistir para que os operadores do direito usem as terminologias corretas quando, no dia a dia, se referirem a questões dotadas de significância jurídica, medida reputada pelo autor como saudável tanto para melhor inteligibilidade de cada um dos institutos referidos, quanto para evitar que, eventual mau uso das terminologias jurídicas, possa redundar em situações catastróficas, como a de que se viu vitimado o Presidente Jânio Quadros, quando renunciou ao mandato eletivo imaginando que sua manifestação de vontade dependeria de ratificação do Congresso Nacional para produzir efeitos e que o parlamento brasileiro de então não convalidaria sua manifestação de vontade externada, o que segundo ele fortaleceria seu poder, que nesta senda de raciocínio conduziria a uma "*onipotência*".

6.5 PROCESSO ELETRÔNICO – SOLUÇÃO OU MEDIDA PALIATIVA PARA A SOBRECARGA DO APARELHO JUDICIÁRIO???

A leitura atenta de todos os capítulos que, juntos, formam este trabalho técnico- jurídico, deixam entremostrar claramente que, para o autor, o grande problema do exercício deficiente dos poderes constituídos da república pelos órgãos que, constitucionalmente estão incumbidos a tanto, está no descompasso entre a forma com que referidos poderes se encontram estruturados, defronte o rol de atribuições que lhe foram impostas pelo constituinte.

Para o autor, o Poder Judiciário vivencia um problema estrutural sem precedentes na história republicana, sendo que nenhuma das medidas legislativas que foram concebidas, até este instante, para conter a "*judicialização*" dos conflitos de interesses, se revelaram eficientes...

Há quem aposte na implantação do processo eletrônico como uma fórmula hábil a compatibilizar a sobrecarga do trabalho judiciário com a estrutura orgânica que ele atualmente possui...

Respeitando quem comunga deste entendimento, o autor não consegue enxergar na implantação do chamado processo eletrônico a solução definitiva para problema de tão grande envergadura.

E, o autor não consegue enxergar nesta "*válvula*" posta a disposição do cidadão para exercício mais célere do direito de agir, uma solução definitiva para "*curar*" o "*mal da lentidão*" que historicamente aflige o aparelho judiciário brasileiro, porque até mesmo para operar o processo eletrônico, a figura humana do "*juiz*", do "*promotor de justiça*", do "*advogado*" e do "*serventuário da justiça*", têm de se fazer presentes para impulsionar o novo veículo eletrônico do processo.

Há pouco tempo, o autor estava dialogando com um magistrado mineiro acerca desta questão e, dele ouviu algo que lhe transpareceu perfeito: após a implantação do processo eletrônico, acaso o Poder Judiciário não invista em amplificação de seus quadros, a única diferença que o jurisdicionado assistirá será o da mudança do local onde se identifica o "*entupimento da máquina judiciária*" – hoje mais fortemente sentido nas "*secretarias dos juízos*", onde "*pilhas e mais pilhas de processos físicos se acumulam nas prateleiras*" e, amanhã, com a implantação do processo eletrônico, sem amplificação das estruturas orgânicas judiciárias, será sentido no gabinete do "*juiz*", que permanecerá sendo único destinatário da pretensão acionada, independentemente do meio que ela tenha sido veiculada – físico ou eletrônico – onde todas as "*pilhas e mais pilhas de processos físicos, agora digitalizados*", ficarão "*entupidas*", desta feita nos arquivos dele de computador;

É comungando deste raciocínio que ouvi de um magistrado mineiro que hoje titulariza uma comarca de entrância intermediária, que o autor considera a implantação do processo eletrônico, isoladamente considerada, um equívoco, a menos que junto a tal implantação, houver ampliação das estruturas judiciárias que serão as incumbidas de operar o sistema...

A reflexão quanto ao custo x benefício da implantação do processo eletrônico, em Entes Federativos que têm comarcas acéfalas de "*juiz*" e "*promotor de justiça*" por "*anos a fio*", como é a situação por que perpassa historicamente o Estado de Minas Gerais, deve ser amplificada, para evitar gastos inúteis de recursos públicos.

Com o escopo de comprovar o alegado, veja o que noticiou o site "*www.g1.globo.com*[2] no dia ***26/09/2013***, acerca exatamente deste problema estrutural vivenciado pelo Poder Judiciário mineiro, "*in verbis*":

> "A falta de juízes titulares em algumas comarcas do Sul de Minas tem feito acumular o número de processos que precisam ser despachados. Moradores de Muzambinho (MG), por exemplo, estão tendo problemas no atendimento dos processos no Fórum da cidade. O único juiz titular do município não está conseguindo analisar e julgar a grande demanda que já chega a oito mil processos.
>
> Além de Muzambinho, o juiz Flávio Schmidt também responde pelos processos em Juruaia (MG). Segundo ele, em 2001 o Tribunal de Justiça de Minas Gerais criou a segunda vara na cidade e desde então estava autorizada a nomeação de mais um juiz, mas até o momento nada saiu do papel.
>
> "Nós poderíamos ter um prazo curto para a solução desses processos, entre 60 e 90 dias. Mas hoje nós temos processos que demoram um ano. Isso porque se um novo processo entra hoje, nós temos oito mil na frente dele", diz Schmidt.
>
> O mesmo problema acontece em Monte Belo (MG). De acordo com a Ordem dos Advogados do Brasil (OAB), a comarca da cidade está há um ano sem juiz e os processos são analisados apenas uma vez por semana pelo juiz titular de Alfenas (MG). Outro problema é a falta de defensores públicos já que, para que um advogado particular assuma o caso como defensor, depende do juiz assinar a nomeação.

---

2 http://g1.globo.com/mg/sul-de-minas/noticia/2013/09/falta-de-juizes-titulares-faz-acumular-processos-nas-comarcas-da-regiao.html.

> Cansada de tantas reclamações, a presidente da subseção da OAB em Muzambinho e Monte Belo, Izabel Cristina da Silva, levou as reivindicações ao TJMG. Ela pede a nomeação de dois juízes para atuarem nas duas cidades.
>
> "Segundo o presidente do tribunal, no inicio do próximo ano nós poderemos ter a nomeação de um juiz titular em Monte Belo e a instalação da segunda vara em Muzambinho", afirma Izabel.
>
> Região
>
> De acordo com o Tribunal de Justiça de Minas Gerais, 11 das 72 comarcas no Sul de Minas estão sem juiz: Bom Sucesso, Brasópolis, Bueno Brandão, Cabo Verde, Cambuquira, Cruzília, Itamogi, Itumirim, Jacuí, Monte Belo e Monte Sião. Todas essas comarcas sem juízes titulares possuem um juiz substituto que vai pelo menos uma vez por semana na cidade para despachar.
>
> De acordo com informações da assessoria do Tribunal de Justiça, a última posse de juízes foi no dia 5 de abril de 2013. Na ocasião 96 novos profissionais começaram a trabalhar. O próximo concurso já está em fase de organização, mas ainda não tem data definida para ser realizado." (http://g1.globo.com/mg/sul-de-minas/noticia/2013/09/falta-de-juizes-titulares-faz-acumular-processos-nas-comarcas-da-regiao.html)

Dado este cenário, conclui o autor: para ele, antes que se implante em tom de definitividade o processo eletrônico, no afã de que o meio eletrônico, visto "*de per si*", teria o condão de "*curar*" o "*mal da lentidão*" que hoje contamina o exercício do poder judiciário em gênero, imagina o autor que seria de todo saudável amplificar os debates, da cúpula do Poder Judiciário, para com a comunidade jurídica, a fim de identificar as reais carências de que ressente o sistema judiciário como um todo, para a seguir conceber um plano que não seja restrito a meramente alterar o meio da veiculação da pretensão acionável, mas vá além, criando condições para que possa haver celeridade na tramitação do processo mesmo na via eletrônica, fato que continua a depender, ao menos enquanto o "*computador não trabalhar sozinho*", sem seus operadores, das figuras humanas do "*advogado*", do "*juiz*", do "*promotor de justiça*" e dos "*serventuários da justiça*", para ganhar funcionalidade mínima...

6.6 SUGESTÃO DO AUTOR PARA MELHORIA DA ATIVIDADE JURISDICIONAL EM MATÉRIA PREVIDENCIÁRIA:

Inicia o autor este item deste Capítulo, ressalvando que uma das questões que podem melhorar a velocidade da atividade jurisdicional, é a implantação paulatina do processo eletrônico, acoplado à melhoria tanto quantitativa, tanto qualitativa, do quadro de pessoal que servirá de operador do sistema.

Quando o autor fala aqui em "*operador do sistema*", está ele a se referir a "*advogados*", "*juízes*", "*promotores de justiça*" e "*serventuários da justiça*"...

Imagina-se que, para qualificação dos acima chamados "*operadores do sistema*", as entidades de classe que congregam "*advogados*", "*juízes*", "*promotores de justiça*" e "*serventuários da justiça*", devem justapor esforços para massificar esta "*nova cultura*" do processo eletrônico e, proporcionar qualificação a todos estes segmentos para que ele, processo eletrônico, possa funcionar agilmente, fato que para o autor depende intrinsecamente dos "*operadores do sistema*".

Para o autor, a boa funcionalidade da máquina judiciária depende de boas ferramentas que a tornem ágil, mas só com elas, a "*máquina permanecerá emperrada*"...

Como antes dito, a boa funcionalidade da máquina judiciária depende de boas ferramentas que a tornem ágil, acoplado a "*operadores do sistema*" que estejam bem qualificados para tanto.

E, para qualificar os "*operadores do sistema*", não há outra solução que não a do treinamento, que deve ser promovido numa comunhão de esforços das entidades representativas dos "*advogados*", "*juízes*", "*promotores de justiça*" e "*serventuários da justiça*"...

Outra sugestão interessante, está na criação de varas especializadas em dizimar esta, ou aquela matéria, especificamente considerada...

Pensa o autor que "*passou da hora*" de se criar foros especializados no trato das questões previdenciárias...

Por incrível que pareça, o Tribunal Regional Federal da 1ª Região, há alguns anos, deu "*um passo*" importantíssimo neste sentido, para tanto destacando a 28ª e 29ª Varas Federais de Belo Horizonte/MG para dirimir única e exclusivamente questões afetas a previdência social, mas de repente, quando a experiência estava surtindo ótimos efeitos, deu "*dois passos para trás*" extinguindo estas duas varas privativas em deslindar conflitos previdenciários, numa atitude que para o autor até hoje se revela incompreensível...

Como, para o autor, esta experiência feita pela Justiça Federal de Belo Horizonte/MG surtiu ótimos efeitos, ainda que por motivos diversos e não sabidos, hoje não mais existam as duas varas especializadas em deslindar matérias previdenciárias no foro federal desta Capital, sugere ele que a Justiça Estadual também procure no destaque de "*julgadores*" especializados para deslindar matéria previdenciária, uma fórmula capaz de gerar ao mesmo tempo agilidade e qualidade nos trabalhos jurisdicionais, o que viria atender de certo modo ao princípio assecuratório da duração razoável do processo (art. 5º, LXXVIII, da CR/88).

Quanto a Justiça Federal, que ela "*dê outros dois passos atrás*" e, reinstale as duas varas especializadas no trato da matéria previdenciária, que tão bons frutos estava produzindo no âmbito da Seção Judiciária de Minas Gerais.

Acredita o autor que a eficiência dos trabalhos judiciários em matéria previdenciária está na junção de três fatores: ***I*** - implantação do processo eletrônico paulatinamente à melhoria qualitativa e quantitativa dos "*operadores do sistema*"; ***II*** - criação de varas especializadas no deslinde de matérias previdenciárias nos foros da Justiça Estadual e Federal; ***III*** - qualificação de "*julgadores*" especializados.

VII
MENSAGEM FINAL

Tal como o fez, quando publicou o livro "*aposentadoria no serviço público*", no ano de 2011, pela Editora Del Rey, o autor entende como necessário que, após tantas questões que acima foram debatidas, ele procure se reportar aos leitores deste trabalho técnico-jurídico de forma clara e objetiva quanto as conclusões passíveis de serem extraídas deste trabalho técnico-jurídico.

E, é procurando se comunicar direto ao leitor, numa "*mensagem final*" deste trabalho técnico-jurídico, que o autor se julga no dever de dizer o seguinte:

Não teve ele a presunção de se transformar num doutrinador que jamais foi, menos ainda de ensinar quem quer que fosse.

Objetivou-se, neste trabalho técnico-jurídico, única e exclusivamente entreabrir um saudável diálogo para com a comunidade jurídica, a fim de que seus membros retirassem as "*vendas*" que muitas vezes "*cegam seus olhos*", a lhes permitir enxergar o instituto impropriamente conhecido como "*desaposentadoria*" segundo suas verdadeiras nuances.

Outro objetivo deste trabalho técnico-jurídico foi trazer para a classe dos advogados, enquanto titular da capacidade postulatória, mais subsídios acerca do instituto impropriamente conhecido como "*desaposentadoria*", permitindo o exercício de seus *munus* de forma mais responsável e, sobretudo, eficiente para atendimento de seus clientes.

Aqui, neste particular, o alcance deste objetivo se reveste de especial importância, pois a imensa falta de compreensão da comunidade jurídica dos porquês em matéria previdenciária decorre, grande parte, de exercícios de capacidades postulatórias promovidos apenas na "*trilha*" de eventual precedente jurisprudencial, fato que muitas vezes ajuda a disseminar mais ignorância que despertar a necessidade de um maior estudo da matéria.

Enquanto advogado militante, o autor se vê na obrigação de chamar seus pares, que tal como ele, são operadores do direito previdenciário, a também procurar no estudo mais aprofundado das questões que constituem a "*pauta do dia*" em matéria previdenciária, como é o caso do instituto impropriamente conhecido como "*desaposentadoria*", uma "*válvula*" capaz de trazer mais subsídios para os destinatários de toda pretensão acionada, que são os magistrados, evitando que do mau exercício da capacidade postulatória redunde numa má prestação jurisdicional e, via de consequência, perecimento de direitos que poderiam ter sido reconhecidos, se mais eficientemente postulados, com a tecnicidade necessária.

Acaso todos estes objetivos tenham sido alcançados, o autor entende ter cumprido bem seu "*papel*", que foi a de puramente compartilhar suas impressões personalíssimas acerca da matéria em foco para com os leitores, crédulo de que, somente com a troca de experiências é que a sociedade civil organizada e os próprios operadores do direito ganharão consciência da importância de se estudar com maior profundidade o direito previdenciário, fazendo dele uma disciplina autônoma daquela que lhe serviu de raiz - que é o direito administrativo - para que um dia, quem sabe, possamos viver num país que contenha uma "*agenda previdenciária suprapartidária*" e, os direitos dos aposentados, deixem de ser encarados como direitos da terceira idade, ou de terceira geração, através da massificação de uma nova cultura, hoje mais disseminada nos países de cultura securitária mais densa (refere-se ao autor aos Estados Unidos e Grã Bretanha), que é a de que previdência é direito de quem deseja se prevenir de um evento futuro e incerto, a permitir a criação de um "*sem número*" de benefícios previdenciários, cada qual para cobrir este, ou aquele evento futuro e incerto, atingindo as necessidades peculiares de cada cidadão, visto em sua singularidade, talvez aí atendendo da forma mais plena o princípio protetor da dignidade da pessoa humana...

REFERÊNCIAS

Leis Delegadas. (2003 a 2007). Belo Horizonte, Minas Gerais, Brasil.

BURGER, J. W. (1225). *Constituição dos Estados Unidos* . Fonte: http:// wikipedia.org/wiki/Constituição

CALAMANDREI, P. (1975). *Eles, Os Juízes, Vistos por Nós os Advogados.* Livraria Clássica.

COELHO, L. F. (s.d.). *Teoria Crítica do Direito.*

Estatuto do Idoso. (s.d.).

Lei Orgânica de Assistência Social - LOAS. (s.d.).

MONTEIRO, O. T. (s.d.). Sinopse do livro Introdução ao pensamento Jurídico crítico.

PIRES, G. O. (s.d.). *"in" "O Pensamento Jurídico Crítico: A Teoria Crítica o Direito.* Fonte: www.claudiorozza.com.br.

RAMOS, S. (s.d.). Código da Vida.

SANTIAGO, R. V. (2011). *Aposentadoria no Serviço Público.* Belo Horizonte: Del Rey.

WOLKMER, A. C. (s.d.). Introdução ao Pensamento Jurídico .

WOLKMER, A. C. (s.d.). *Teoria crítica no Direito, o Pensamento Jurídico crítico.* Fonte: www.diretonet.com.br.

Impresso em julho de 2017

Impresso por:

META
SOLUTIONS
www.metasit.com.br